陕西党史教育读本

陕西省哲学社会科学重点研究基地核心价值观培育与红色文化基因传承协同创新研究中心组编

核心价值观培育与红色文化基因传承系列丛书（三）

万生更 潘秀红 著

核心价值观培育与红色文化基因传承系列丛书

HONGSE SHAANXI

红色陕西

陕西新華出版
陕西人民出版社

图书在版编目（CIP）数据

红色陕西 / 万生更，潘秀红著. -- 西安：陕西人民出版社，2022. 10

（核心价值观培育与红色文化基因传承系列丛书）

ISBN 978-7-224-14670-7

Ⅰ. ①红… Ⅱ. ①万… ②潘… Ⅲ. ①革命传统教育-研究-陕西 Ⅳ. ①D642

中国国家版本馆 CIP 数据核字（2023）第 033568 号

责任编辑： 许晓光
封面设计： 姚肖朋

红色陕西

著　　者 万生更　潘秀红
出版发行 陕西新华出版传媒集团　陕西人民出版社
（西安市北大街 147 号　邮编：710003）
印　　刷 西安盛业印务有限公司
开　　本 787 毫米×1092 毫米　1/16
印　　张 13. 75
字　　数 240 千字
版　　次 2022 年 10 月第 1 版
印　　次 2022 年 10 月第 1 次印刷
书　　号 ISBN 978-7-224-14670-7
定　　价 68. 00 元

■ 总　序

陕西省哲学社会科学重点研究基地——核心价值观培育与红色文化基因传承协同创新研究中心为中共陕西省委宣传部、陕西省社科规划办批准，于2016年1月在陕西学前师范学院设立的省级哲学社会科学重点研究基地。基地以马克思列宁主义、毛泽东思想、邓小平理论、“三个代表”重要思想、科学发展观、习近平新时代中国特色社会主义思想为指导，以社会服务为要务，以科学研究为发展根基，以资政和政策研究为主攻方向，以人才培养为基础，以协同创新为动力，着力研究核心价值观培育与红色基因传承的重大理论问题和现实问题，进行核心价值观培育与红色基因传承的实践探索。

社会主义核心价值观是中国特色社会主义的文化精髓和当代中华民族的精神底蕴，体现了仁人志士的夙愿，体现了革命先烈的理想。红色文化是孕育社会主义核心价值观的根脉源泉，红色文化具有引领社会价值追求、凝聚思想共识功能。红色基因是红色文化的内核，要在传承红色基因中培育和弘扬社会主义核心价值观。

培育和践行社会主义核心价值观不传承红色基因就会迷失方向而失去社会主义性质。红色基因是框定社会主义核心价值观性状的生命线，红色基因以思想、文化形态存在并传承，既具有文化基因的共同特征，又具有独有特征，它具有保证核心价值观的社会主义方向、丰富核心价值观的精神内容、引领核心价值观的真善美风尚、夯实核心价值观共同理想基础的作用。

红色基因体现于社会主义核心价值观中。社会主义核心价值观回答了我们要建设什么样的国家、建设什么样的社会、培育什么样的公民的重大问题。红色基因历史地丰富并最终孕育出这些重大问题的答案，以生命线的地位和异彩缤纷的内容具体体现在社会主义核心价值观中。社会主义核心价值观是红色基因框定的国家价值目标、社会价值取向、个人价值准则。

多卷本核心价值观培育与红色文化基因传承系列丛书，汇聚各方面专家学者之力，聚焦核心价值观培育和红色基因传承，集中进行社会主义核心价值观研究、革命文化研究、红色基因传承研究、红色经典传播研究（美术方向、音乐方向、文学方向等)、红色文化产业发展研究、红色基因传承与意识形态建设研究。在对核心价值观培育和红色基因传承中的理论和实践问题进行全面研究的同时，重点打造青少年核心价值观培育和红色基因传承的研究优势和特色，对青少年核心价值观培育和红色基因传承发挥积极的引领作用。

通过编辑出版多卷本核心价值观培育与红色文化基因传承系列丛书，努力把核心价值观培育与红色基因传承协同创新研究中心建设成为研究方向明确、研究队伍实力雄厚、研究特色鲜明、研究水平较高、研究成果丰硕的核心价值观培育传播阵地、红色基因传承创新基地、思想理论战线上的新型智库。

陕西省哲学社会科学重点研究基地核心
价值观培育与红色文化基因传承协同创新研究中心
首席专家　万生更

前 言

陕西拥有丰富的红色文化资源。西北根据地是土地革命战争后期全国硕果仅存的一块完整的革命根据地，是中国共产党领导革命处于危难之际的再生地。在中国共产党领导中国革命的28年中，陕西有13年是中国革命的大本营。在中国革命的各个时期，在三秦大地的每一寸土地上都有中国共产党领导广大人民群众战斗的足迹，革命前辈、革命先烈的鲜血和汗水浸透了这片黄土地，在陕西留下了丰厚的红色文化资源，既有中国共产党人和人民大众进行革命活动的文献、文物、革命战争旧址遗址、纪念地等物化形态的文化资源，又有伟大的革命精神、革命传统、革命历程以及中国共产党组织在革命战争年代中的政治、经济、文化、思想形态、规章制度和红色风情等精神文化资源。

《红色陕西》展示了陕西灿烂的红色文化。陕西红色文化是陕西文明发展的历史长河中，中国共产党人和广大人民群众用生命和鲜血凝成的一朵美丽的浪花，是不同于传统历史文化的新文化，红色文化的创造主体和享有主体是中国共产党领导下的无产阶级和广大人民群众，它是无产阶级和广大人民群众在争取民族独立和民主自由的斗争中所形成的知识、情感、伦理、价值、信仰、制度和规范，以及他们的物质表现形态。

文化的核心是一定的价值观及其具体化规范，红色文化资源的本质是一种精神性资源，不管是红色遗址还是红色文物，其存在的价值就在于其包含的一定的价值观及其具体化规范。

陕西红色文化具有“追求理想的献身精神、艰苦奋斗的创业精神、独立自主的探索精神、爱国为民的忠诚精神、团结奋斗的合作精神”等精神内涵，具有“民主、共富、进取、尚荣”的价值观。陕西红色文化所拥有的崇高的文化精神、先进的价值取向、真善美相统一的文化内涵，代表了当代中国社会和人类文明的发展方向，对广大民众具有坚定文化自信、升华思想、激扬精神、醇化道德、陶冶灵魂的功能，对陕西社会具有凝聚、动力、导向和整合功能。

陕西红色文化在陕西文化中占主导地位。它一方面有着深厚的历史底蕴，是对陕西优秀历史文化的继承，另一方面，它又不断地以时代精神丰富着自己，体现着时代和社会的发展要求，为陕西文化发展提供价值标准、是非标准、道德标准，引导当代陕西文化的发展方向。

为贯彻习近平总书记“把红色资源利用好、把红色传统发扬好、把红色基因传承好”的讲话精神，落实中共陕西省委提出的“强化红色文化教育功能”，我们撰著了本书，以“弘扬陕西红色文化，讲好陕西红色故事，彰显陕西新形象”为主旨，展示了中国共产党领导人民在三秦大地上进行的波澜壮阔的伟大斗争，介绍了陕西的革命历程、红色传统、红色精神，展示红色陕西的光辉形象和陕西灿烂的红色文化。

■目 录

第一章　初心使命

中国共产党人的初心和使命，就是为中国人民谋幸福，为中华民族谋复兴。1921年7月，中国共产党成立。魏野畴、李子洲、王尚德、刘天章、雷晋笙、刘含初等参加过“五四”运动，接受了马克思主义的陕籍青年，在陕西广泛传播马克思主义，为中共陕西组织的建立与发展做了思想上和干部上的准备。1924年6月，西北地区最早的社会主义青年团赤水支部成立。1925年10月，陕西最早的中共组织——中共西安特别支部成立。中共陕西地方组织一成立即成为陕西革命事业的坚强堡垒，初心和使命是激励中国共产党人朝着实现中华民族伟大复兴的宏伟目标奋勇前进的根本动力。

第一节　推翻帝制

1911年10月10日，武昌起义爆发，10月22日，陕西革命党人在陕西率先响应，很快光复西安和大部分州县。它拉开了西北各省起义的序幕，波及晋、豫、甘三省，影响至宁、青、新等地，从政治上、军事上给了清王朝以沉重打击，调动了清军主力，有力支援了南方革命政权，在辛亥革命史上占有重要的地位。

一、西安的光复

井勿幕

在辛亥革命前，陕西反帝反封建的革命形势，如烈火干柴，处于一触即燃之势。1905年，同盟会在日本东京成立后，在日本留学的陕西青年井勿幕等人，纷纷加入同盟会，追随孙中山进行革命活动，并于1906年秋在东京成立了“同盟会陕西分会”。随着全国革命形势的迅速发展，井勿幕等同盟会员先后回陕，从事革命的宣传和鼓动工作。1908年，“同盟会陕西分会”在西安成立，全省同盟会员很快发展到近千人，而且在思想、组织上做好了起义的准备。辛亥革命前夕，西安城已处于“山雨欲来风满楼”之势。“不用掐，不用算，宣统不过二年半”等歌谣到处流传，使得清朝地方官吏提心吊胆、惶惶不可终日。

张凤翙

武昌起义爆发的消息传至陕西，使陕西革命党人士气大振，磨刀霍霍，加紧进行武装起义的准备。陕西的封建官僚在嗅到革命的血雨腥风后，准备在西安城中大肆搜捕革命党人，提前剿灭革命势力。

鉴于当时的危机形势，革命党人决定“先发制人”，提前发动新军起义。1911 年 10 月 22 日黎明，同盟会、新军、哥老会主要首领钱定三、张伯英、张凤翙、张云山、万炳南等 30 余人在西安西郊林家坟秘密开会，推选曾任督练公所委员、三十九混成协司令部参谋兼二标一营管带的张凤翙为总指挥，钱定三为副指挥，领导起义。在承担此历史重任后，张凤翙当众宣布：“大家叫我干，我就担当起来干吧。我对大家只有一个要求，……要同心协力，不分彼此，今天听到‘午炮’（当时 12 点放一声炮报时）就行动起来，第一步先占领军装局。”10 月 22 日上午 10 时左右，在张凤翙、钱鼎、张伯英等领导下，新军分三路进城，首先进攻军装局。正好这天护理巡抚钱能训和各司道以及军事参议官等都在咨议局开会，军装局内毫无准备，张伯英等率队进抵军装局，巡防队少数官兵不敢抵抗，纷纷从后门逃走。起义军占领了军装局以后，得到大批武器弹药，立即分头攻占了城内各衙署和军事要点。

满城内八旗将军衙署废墟

战斗打响后，驻防旗兵将军文瑞从咨议局逃回满城，令旗兵把六个城门紧紧关闭，沿城布满守兵，同起义军严阵对峙。在西安的清朝其他官吏，都逃到商民家中隐匿起来，巡防营全部反正，几乎没有遇到什么抵抗，起义军就顺利地占领了除满城以外的西安城。10 月 23 日拂晓，起义军乘胜向满城发动进攻。在起义军的强大攻势下，清军纷纷弃械，或逃或降。文瑞见大势已去，投井自杀。当日下午 3 时，起义军攻破满城，西安全部光复。

秦陇复汉军临时指挥部旧址军械局

10 月 24 日，各方起义将领在军装局开会，组织临时司令部，确定革命军称“秦陇复汉军”，同时派遣各学堂学生回各州县，宣传革命，组织民团，光复地方。并且广贴安民告示，晓谕百姓绅商民等，其文曰：“各省起义，驱逐满人，上应天命，下顺人心，宗旨正大。第一保民，第二保商，第三保外人。汉回人等，一视同仁。特此晓谕，其各放心。”又以张都督名义发布檄文，历数清朝 260 年来的罪恶，号召各州县响应革命。

10 月 27 日，“陕西秦陇复汉军军政府”正式成立，推举张凤翙为大统领，钱鼎和万炳南为副统领。

攻下西安，摧毁了清政府在陕西的中枢系统，为全省的光复奠定了基础。各地革命党人、哥老会和广大群众从临潼、富平、潼关等关中地方各县，到陕北的榆林、神木、府谷、延安和陕南的安康、汉中等地纷纷发动起义，陕西全省光复。

二、捍卫共和的战斗

陕西光复，清廷震惊，遂派大军从东西两路扑来，妄想一举将陕西革命扼杀。陕西人民为了粉碎清军的进攻，进行了艰苦激烈的战斗。

潼关是陕西的东大门，是通往豫、晋必经的关口，是历来兵家必争之地。西安光复不久，驻潼关巡防营管带胡明贵率部起义，于 11 月 2 日夺取潼关；3 日，

潼关东城门楼外景

清廷派豫军进攻潼关，胡明贵拼死拒抗，终不能敌，潼关失守。张凤翙遂派张钫领兵取潼关，11月11日，张钫收复潼关，乘胜追击，出函谷关，进抵灵宝。清廷派赵倜率毅军步马炮十八营增援灵宝，两军激战于盘豆镇，革命军失利西撤，敌军追至潼关，用山炮向城内不断轰击。革命军苦战三日，死守不成，遂退出潼关。

东路形势危急，为防敌人长驱直入，张凤翙立即亲自率队救援，并调陈树藩、陈殿卿、王荣镇等策应。12月初，誓师于华阴东门外，三面出击，进攻潼关。守敌损失惨重，弃弹遗尸，乘夜退出，潼关二次收复。

此时，北路的井勿幕、陈树藩，亦已攻克山西运城，张钫与其相约，准备两面夹击，毅军闻讯，仓皇溃逃。张钫率部紧追，于1912年1月9日，占领河南观音堂，前锋到达渑池。革命军隔黄河南北成犄角之势，清廷重镇洛阳受到严重威胁。毅军败退，失地四百里，中原震动，袁世凯在北京惊慌不安。急调兵增援，令北洋军第二镇统制王占元、第六镇协统周符麟调集大军，并配野炮、山炮五六十门，向革命军反扑。革命军先后在渑池、观音堂等地与清军激战数次，失利后退回潼关。16日，敌军步骑兵在强大炮火掩护下，进攻潼关城，战至19日，革命军终因弹尽，被迫退出潼关。潼关第三次失守。

潼关失守后，张钫败走南山，陈树藩退往高陵。北洋军占领潼关后，并没有继续西进。井勿幕、陈树藩、张钫三支革命军共约一万人齐集华阴，积极组织反攻，收复潼关。但张凤翙受袁世凯的诱惑，2月12日东出视师，坚主议和，反对反攻。不久，南北议和成功，清室退位。2月18日，双方派代表在协议书上签字，北洋军退出潼关。

革命军在东路潼关与敌人激战的同时，在西路乾州（今乾县）也同敌人展开了激烈的战斗。西安光复后，清廷令逃往甘肃兰州的前陕甘总督升允署理陕西巡抚，督办军务。升允亲自率领大军，一路由平凉取道千阳，进犯凤翔。革命军副统领万炳南率队十余营前往抵御，为甘军所败，千、陇失守，万炳南退守凤翔。张凤翙闻讯派王荣镇、杨茹林及曹印侯的敢死队支援。1911年12月17日，曹印侯率敢死队大败甘军于柳林镇，升允的甘军逃回千阳。

升允率领的另一路甘军向长武进犯，进攻西安。在敌人占领了长武后，革命军兵马大都督张云山率部八百精兵亲自出战，并调王占元游击队赴援。但由于增援部队的分裂，因而酿成冉店桥（在长武县东 20 里）战役的惨败。冉店桥战役后，升允率甘军长驱直入，革命军在蒿店、监军镇等地御敌，皆大败。彬州、永寿相继被敌军所占。张云山率军退守乾州。

甘军在乾州城外诈降

军民庆祝乾州保卫战胜利

张云山退守乾州后，封闭城门，全力防守，敌军屡攻屡败。升允无计可施，竟令管带罗开福到北门外跪地举枪诈降，妄图趁机冲进城内。张云山识破阴谋，督队予以迎头痛击，诈降敌军仓皇逃走。诈降失败后，升允又暗挖地道，企图炸塌城墙，也被城内发觉截击而未得逞。敌人既不敢冒进，又不甘撤退，相持到 1912 年 1 月间，南北议和之后，袁世凯电令升允休战，但升允密不发表，而是加紧进攻，三面包围乾州。然而张云山固守益坚，乾州城内人民也积极支持，输粮送草，自愿参加战斗，帮助革命军守城。敌军多番进攻，都被击退。升允悲伤地说：“我以总督统帅大军，原期一直进攻省城，消灭革命军，谁料一小小州城，竟然将我挡住数月之久，未能进取！”在无可奈何的情况下，只得将乾州绕过，直趋西安。到咸阳时，南北议和成功，清帝退位，升允奉诏书后，遂引军北去，西路战事宣告结束。

三、革命尚未成功

陕西的辛亥革命，和全国一样，也因资产阶级右派、立宪派和旧官僚的窃权而失败了。

张云山

西安光复前夕，井勿幕等同盟会中坚人物，正分散在全省各地，组织革命力量，发动会党、刀客准备起义。西安起义成功，张凤翙被推为秦陇复汉军大统领。10 月 27 日，临时军政府成立时，资产阶级右派、立宪派、旧官僚，利用他们已加入革命队伍的有利条件，极力排斥革命派和哥老会势力，在军政府下设的军令府、参谋处和民政府中，实权都被他们掌握。虽然资产阶级革命派也争得了一些职位，但没有实际权力。就连革命元勋、陕西同盟会实际负责人井勿幕也被排挤在外。在地方，一些县份的政权，一开始便被旧官僚所把持。

和全国一样，陕西的资产阶级革命派，由于本身永远不可克服的弱点和没有广大工农群众的支持，在与右派及旧反动势力的斗争中，不得不败下阵来。如国民党陕西支部成立时，选井勿幕为支部长。但因内部不和，井勿幕无法工作，终以办石油为名离开陕西，远赴南京、上海。不久，宋向辰、胡景翼等革命党的中坚人物，也都先后被迫离开陕西，有的出国“留学”，有的出省“考察”，有的避居他省。没有离开陕西的，有的受到排挤打击，有的惨遭杀害，真是所谓“革命军起，革命党消”。

西安东城门

随着袁世凯复辟帝制步伐的加快，便处心积虑要以北洋嫡系势力取代张凤翙陕西督军的地位。1914 年初，白朗起义军进入陕西，袁世凯以“追剿”白朗为名，派其亲信北京军政执法处处长陆建章任第七师师长，兼“剿匪”总司令，率军入陕。先用武力威胁，后借口张凤翙“剿办”白朗不力，免去了他的督军职位，给以“扬威将军”空衔，召入北京将军府住闲。陆建章任陕西督军后，疯狂地镇压革命，而且遣散、改编了陈树藩部的全部陕军。从此，陕西便在北洋军阀反动政权的直接控制下，陕西半殖民地半封建的社会性质没有改变。

陕西的辛亥革命虽然失败了，但它启发了陕西人民的民主主义觉悟，使陕西成为西北民主革命的策源地和大本营，这对后来的国民革命、建立农村革命根据地、抗击日本帝国主义的侵略等等，均产生了重大影响。

知识链接

陕西辛亥革命先驱井勿幕　1888 年生于铜川市广阳镇井家原（今属铜川市印台区），他被孙中山先生誉为“西北革命巨柱”。在留学日本时加入同盟会，后奉孙中山之命回陕发展组织，任陕西支部长。1906 年再赴日本，在东京成立同盟会陕西分会。1910 年春奉同盟会总部令，回陕西组织起义；同年秋南下香港，参与筹划广州起义，广州起义失败后，回陕西与哥老会党人张云山、万炳南等密谋，准备起义。辛亥革命爆发后，任陕西军政府北路安抚招讨使。1913 年参加“二次革命”，讨伐袁世凯，失败后避居日本。1915 年赴云南参加护国战争，任熊克武部参谋长。1918 年 11 月赴三原就任陕西靖国军总指挥，12 月 23 日被叛徒杀害，时年 30 岁。

第二节　开启新路

“五四”运动既是近代中国社会发展的转折点，也是近代陕西历史发展的一个时代节点；辛亥革命虽然失败了，但革命者并没有偃旗息鼓，陕西的知识精英们在这个节点上开始重新寻找方向，开启了近代陕西新的文化创造之路。

一、三秦学子初觉醒

1919 年 5 月 4 日，北京爆发了伟大的“五四”运动，在 6 月 3 日以后发展为以工人为主体的全国性工人罢工、学生罢课、商人罢市的群众反帝爱国运动。当时中国的先进分子，

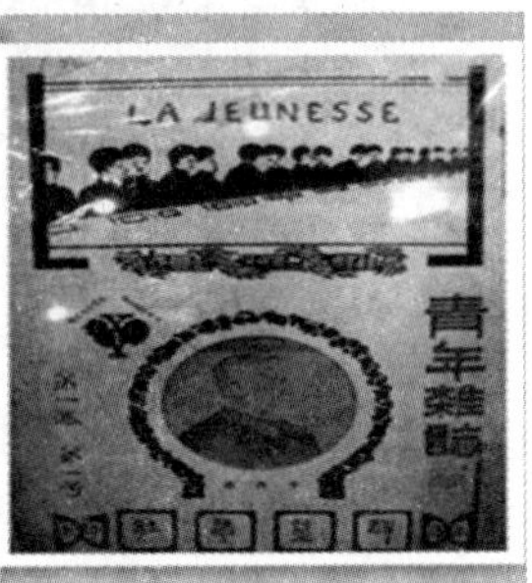

陈独秀创办的《青年杂志》（后改为《新青年》）

几乎没有谁不曾受到过“五四”运动的影响。瞿秋白在“五四”运动后不久写道：“‘五四’运动陡然爆发，我于是卷入漩涡。孤寂的生活打破了。”当时在北京读书的陕西籍学生也都卷入了旋涡，积极投身“五四”运动。

“五四”运动发生时，统治陕西的反动军阀陈树藩是当时人们公认的全国最坏的两个督军中的一个（另一个是湖南的张敬尧）。在陈树藩的残酷统治下，陕西文化教育发展十分落后，只有陕西法政专门学校一所高等学府，陕西许多学生只有到北京、天津、上海、武汉等大学较多的城市接受大学教育，其中以到北京的人数最多，约百名。他们中的许多人参加了5月4日在天安门广场举行的抗议示威游行。刘天章、李子洲是北京大学学生会的干事，刘天章、李子洲、杨明轩、杨钟健、呼延震东、刘含初、郝梦九等参加了火烧赵家楼、痛打章宗祥的斗争。在“五四”当日被反动军警逮捕的32人中有杨明轩和郝梦九两个陕西学生。在“六三”开始的大逮捕中，刘天章、刘含初等人被捕。

1919年5月7日，北京高等师范学校学生将被捕获释的学生举起（左六为陕西学生杨明轩）

李子洲不仅是“五四”运动的积极参加者、先锋战士，更是这一伟大运动的组织者、发动者之一。李子洲协助李大钊，做了大量具体、细致的工作，推动了“五四”运动的发展。

北京以外的陕籍学生也投身当地的反帝爱国运动，在上海求学的雷晋笙、严信民等，在武汉求学的王尚德等，积极同当地学生一起奋起斗争。

旅京读书的陕籍学生在这场规模空前的群众运动中，真正看到了实现中华民族伟大复兴的力量源泉所在，他们把“五四”运动的消息传回家乡。大学毕业后，魏野畴、李子洲等放弃了在大城市工作的优越生活，返回陕西，为家乡人民的解放而奋斗，成为陕西早期共产党组织的创建者、马克思主义的传播者、革命运动的领导者。

二、“五四”风云激荡陕西

“五四”运动中的西安学生集会

1919年，陇海铁路还未通到潼关。由于交通不便，我国在巴黎和会上的外交失败和北京学生5月4日举行抗议示威游行的消息，经过在北京读书的陕籍学生的宣传和报纸的介绍，5月10日以后才陆续传到西安。学生们首先行动起来，在街头贴出了“打倒日本帝国主义”“还我青岛”“吾陕学生，素称爱国，高举义旗，焉能后人。振臂而起做北京学生之后盾”的传单，成为陕西爱国运动的先导。同学们积极行动起来，自动组织了“十人救国团”等抵制日货团体。他们把自己平日用的日制茶缸、茶壶、日用化妆品等都交出来当众毁掉；有的把家里用的东洋草帽、凉席等也带到学校烧毁；更有些患近视眼的同学把自己戴的东洋眼镜也掷之于地，摔得粉碎。

陕西督军陈树藩视学生的爱国行为为“胡闹”，在陕西省长官公署发行的《秦中公报》上，全文刊载了北洋军阀政府镇压北京学生运动的大总统令，扬言对不服从的学生，要采取逮捕直至枪决的非常手段。

反动派的气势汹汹是吓不倒革命青年的，西安的学生们高呼着“外争国权，内惩国贼”“宁做断头鬼，不做亡国奴”等口号，在5月下旬举行了声势浩大的示威游行，游行队伍在文庙（今陕西碑林博物馆所在地）举行了大会。会上讲演的同学激昂慷慨，声泪俱下。一个蒲城籍的学生讲到激动处，以头撞击讲台，顿时鲜血四溅，会场气氛更加炽烈，有人撕下绸布大褂下襟，咬破中指，血书“还我青岛”等字；整个文庙内“打倒日本帝国主义”“惩办卖国贼”的口号声不绝于耳。

西安学生的反帝爱国运动迅速波及全省，渭北、陕北、陕南等地的学生也纷纷举行游行、请愿、演讲活动。靖国军总司令部驻地三原县的学生教职员、市民、商人及军队和政府工作人员举行了三天的示威游行，参加人员达六七千人；许多年过花甲的老人也参加了游行，并向人们阐明“天下兴亡，匹夫有责”的道理。高陵县召开了西北救国会成立大会，《民国日报》介绍大会“先期制就旗帜百四五十面，上书‘提倡国货，抵制日货’‘头可断，青岛不可亡’‘莫谓秦无人，欲救国舍我其谁！’等字样”；人们悲愤激切，控诉帝国主义对我国的侵略罪行。在陕北，“五四”发生的前一年从北京高等师范毕业回榆林中学任教的杜斌丞向学生和群众宣讲了“五四”运动的内容和意义，组织学生和群众拒用日货，上街游行，使“五四”运动的革命激流，以榆林中学为中心，逐渐波及陕北各地。在陕南，汉中联中、农校、女校、南郑县中学一致罢课，联合各界集会，声援北京学生爱国运动。西乡、城固等县也都开展了宣传和抵制日货的活动。

三、以死抗争的爱国壮举

大凡陕西人，有一个共同的称谓，这就是“陕西愣娃”。近代陕西才子、比较文学专家吴宓，曾将陕西“愣娃”这种群体性格概括为：生、冷、蹭、倔。他们认死理，拼命硬干，八头牛也拉不回，倔犟劲上来敢把天戳个窟窿。在“五四”运动中，屈武和汪世衡以他们的爱国壮举，诠释了“陕西愣娃”的性格特征，传递了爱国主义的正能量。

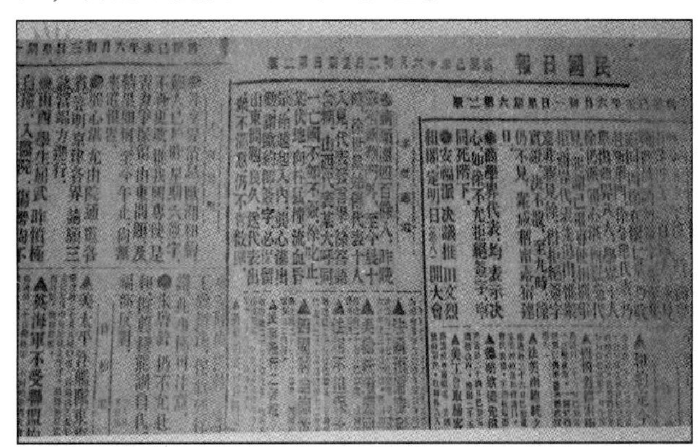

《民国日报》1919年6月29日、30日对屈武“血溅总统府”的报道（注：误认为屈武是山西人）

为加强同全国学生运动的联系，6月下旬，陕西省学生联合会选派会长屈武和李伍亭北上，参加北京学生的请愿斗争。

屈武和李伍亭到北京后与陕西旅京学生联合会负责人李子洲、刘天章取得了联系，拜见了李大钊，认识了当时北京大学学生会负责人段锡朋、许德珩等人，代表陕西学生，同全国各地学生一起，在北京进行了英勇斗争。

6月27日，北京各界代表数百人在新华门总统府前联合请愿，陕西学联代表屈武被推为面见总统的十个代表之一。28日，总统徐世昌被迫接见10名请愿代表。学生们向徐世昌当面提出了“拒签和约，惩办卖国贼，释放被捕学生”三条要求，徐世昌对学生们的正当要求采取敷衍的态度说：“你们年纪太轻，没有政治经验，容易受别人利用；国家积弱，不能操之过急；学生们爱国心切，陈述意见，情有可原，如果聚众滋事，那就不对了，你们要安心读书，国家大事政府自有权衡。”代表们对徐世昌的答复不满，当场同他争辩起来。屈武满怀义愤地对徐世昌说：“现在国家都快要亡了，今天丢青岛，明天丢山东，后天可能丢整个华北，如果政府再不想办法，不答应我们的要求，我们只好以死力争！”说罢，就猛然一头撞向墙壁，顿时血流如注。屈武“血溅总统府”的消息传出后，进一步激起了广大人民群众的愤怒，终于迫使北洋政府答应拒绝在巴黎和约上签字。

屈武

国民党元老于右任先生把屈武“血溅总统府”的壮举，比作战国时期楚国的著名政治家屈原忧国忧民的精神，比作春秋时期楚国大夫申包胥舍己为国，赋诗云：“忧同屈正则，事类申包胥”，并把女儿嫁给了他。孙中山先生赞誉屈武为“血溅总统府的青年英雄”。

在屈武“血溅总统府”后，在日本又发生了陕西留日学生汪世衡殉国事件。

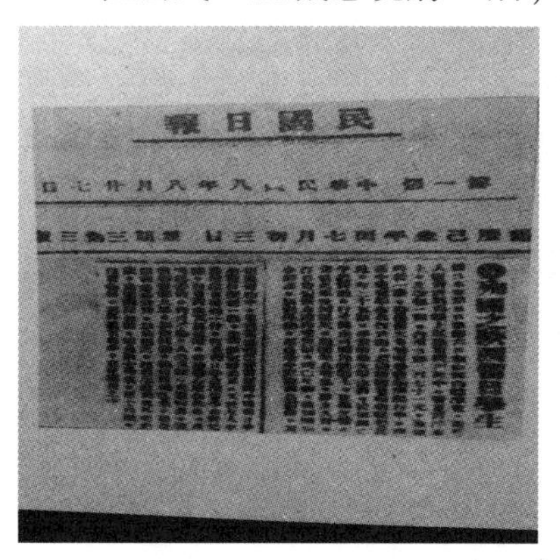

《民国日报》1919 年 8 月 27 日对汪世衡殉国的报道

汪世衡是西乡县人，虽然家境贫寒，但学习刻苦，曾在西北大学读书，后官费留学日本。在他留学日本期间，恰值我国与日本签订了“二十一条”不平等卖国条约，汪世衡内愤国贼，外恨强权，在他的《国将胡适——忘中原不堪回首，誓雪耻死也甘心》的文章中，表现了他强烈的反日仇日情绪，表示誓将以死报国。“五四”运动爆发后，在 7 月初他毅然归国参加反帝斗争，途经日本冈山县上道郡百间川铁桥上时，想到“国耻当前，内讧不息，举国昏昏”，欲以死唤醒国人，遂从火车上投河而死，壮烈殉国。当时上海的《民国日报》以“殉国之陕西留日学生”为题报道了汪世衡的殉国壮举。汪世衡自杀殉国的噩耗在国内引起了学生和广大群众的极大义愤，激发了人们更加强烈的爱国热情，进一步推动了反帝爱国运动的发展。

经过“五四”运动的洗礼，陕西青年学生走上了与工农运动相结合、与社会实践相结合的道路，推动陕西社会进行彻底变革的新的文化力量正在酝酿成长，随着马克思主义在陕西的传播和共产党领导人民革命实践的开展，一种不同于陕西传统历史文化的新文化产生了。

知识链接

巴黎和会 1919年1月18日，胜利的协约国集团为解决战争所造成的问题以及奠定战后的和平，在法国巴黎的凡尔赛宫召开会议。这个和会是胜利国举行的和会，又是个大国操纵的和会，德国等战败国和苏俄被排斥在会议之外。和会上签订了处置德国的《凡尔赛和约》，同时还分别同奥、匈、土等国签订了一系列和约。它们构成了凡尔赛体系，确立了一战后由美、英、法等主要战胜国主导的国际政治格局。中国作为战胜国的代表出席会议，但是巴黎和约却把德国在山东的一切特权转让给了日本。中国人民对这种行为忍无可忍，爆发了轰轰烈烈的“五四”运动，迫使中国代表团发表了一项声明：“山东问题不解决，我们决不在和约上签字！”

第三节 播撒火种

“五四”运动前，新文化启蒙运动主要是传播资产阶级民主主义思想；经过“五四”运动的震荡，新文化运动逐渐发展成为以宣传马克思主义为主流的思想解放运动。在那个年代，中国一部分最有觉悟的知识分子创办刊物、著书立说，传播马克思主义学说已经成为社会的一抹亮色；与此同时，陕西籍进步青年也通过创办的刊物，在陕西积极传播马克思主义，马克思主义成为开辟陕西新时代、创造新文化的思想武器。

一、初播火种

辛亥革命期间，陕西留日学生在日本创办《秦陇》《夏声》《关陇》及《陕北杂志》等刊物，并将刊物秘密运回国内发行。于右任在上海先后创办了《神州》《民呼》《民吁》《民立》诸报；同盟会员和进步知识分子在陕西创办了《兴平报》（后改为《帝州报》）、《教育界》《丽泽随笔》等进步报刊。这些刊物，宣传民主主义思想，揭露帝国主义的侵略罪行和清政府的腐败卖国，激发人民群众的革命情绪，成为革命党人的宣传工具。

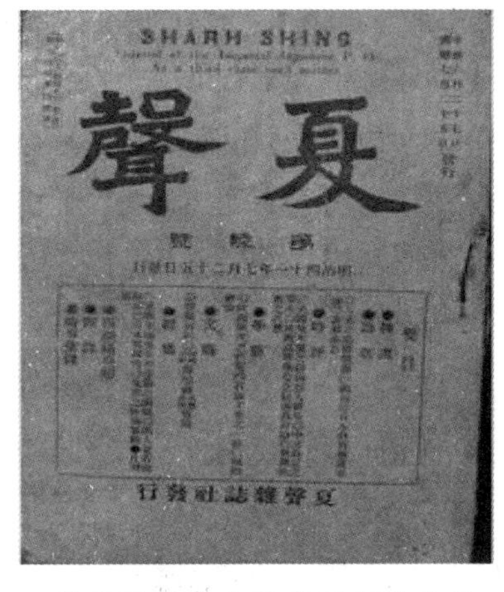

陕西同盟会会员在日本出版的《夏声》杂志

辛亥革命失败后，那些信奉资产阶级民主主义思想的陕西进步人士开始把目光转向指导俄国革命胜利的马克思主义。马克思主义在陕西的早期传播也是从资产阶级民主主义分子开始的。早在 1908 年，在日本留学的陕籍学生、中国同盟会陕西分会主要领导人井勿幕，在《夏声》第三号和第七号上发表了题为《二十世纪之新思潮》的长篇文章，文中提到了马克思主义并较为详细地介绍了流行欧洲的各派社会主义学说，认为“今欲去弱肉强食之禽兽世界，而抵和平幸福之文明世界，非采用社会主义绝不能达此目的”。然而，井勿幕对社会主义能否在中国实行心存疑虑，担心社会主义“在欧美各洲或因斯能脱生灵于苦海，在吾国或因斯反而陷黎庶于悲境”，充分表现了中国旧民主主义革命者认识上的局限性。

西安较早宣传马克思主义的报纸《鼓昕日报》

十月革命后，陕西具有民主倾向的报纸，不顾陕西当局的禁令，刊载传播马克思主义学说的文章，介绍马克思主义。在靖国军势力范围的渭北一带，于右任等对社会主义和马克思主义的传播给予了默许，民主空气更是活跃，新思想的宣传比较自由，一些学校在俄国十月革命纪念日，还公演《列宁传》等话剧，介绍新思潮和社会主义的宣传品，还扩散到部分军队中去；《启明日报》《捷音日报》《正义日报》等报纸对发生在俄国的十月革命和马克思主义都给予了关注，其中尤以《正义日报》“阐发革命理论，介绍中外学说，对社会主义思想尤多宣传”。在军阀陈树藩统治的西安地区，由《长安日报》改版的《西北日报》，从 1919 年 9 月到 1920 年 10 月，连续数十次以社论、代论或专件的栏目，刊登了《马克思之价值说剩余价值说及其批判》《理想的社会主义与科学的社会主义》《社会主义之一斑》等文章及十月革命后苏俄国内形势的消息报道。《鼓昕日报》从 1920 年 7 月创刊，到 1921 年 4 月停刊，态度鲜明地宣传社会主义，刊发了《布尔塞维克主义论》《俄国联工会之实力》《八点钟劳动的理论与实际》以及李大钊《各国妇女参政运动》的演讲词等文章；席石生的《布尔塞维克主义论》称颂俄国社会主义运动为“万国社会主义史上之奇光异彩”，介绍了马克思主义的国家学说，指出了布尔什维克主义是不可抗拒的历史潮流。

但是，这一时期，陕西对马克思主义的宣传还处于萌芽和起步阶段，表现为宣传马克思主义的报纸数量不多，发行量也很少，一些报纸宣传内容为民主主义的思潮，许多马克思主义的宣传文章还仅仅是把马克思主义作为一种学说来宣传，且多为客观介绍。

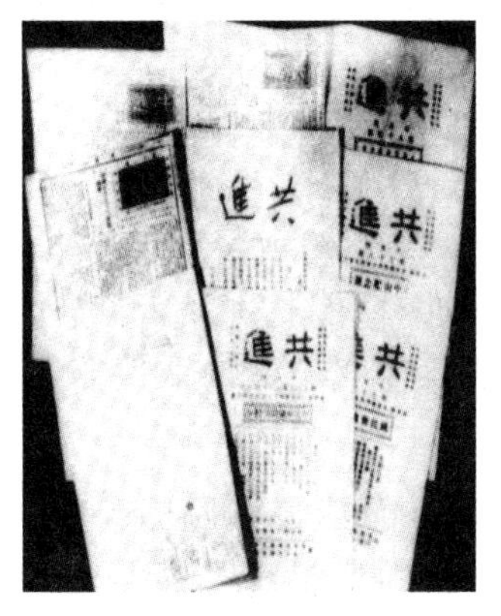

旅京陕西学生创办的《共进》杂志

二、燎原之势

毛泽东曾经指出中国共产党是拿起马克思主义这一民族解放武器的倡导者、宣传者和组织者。陕西也是如此，旅外读书的陕西革命青年在加入中国共产党后，创办了许多以陕西为主要发行对象的刊物，积极向家乡传播马克思主义。1921 年 10 月，在北京，陕西籍进步学生刘天章、李子洲、魏野畴等主办《共进》杂志；在天津，武止戈、屈武等在 1922 年创办《贡献》月刊，陕北教育促进会天津分会创办《促进》和《改进》；在上海，雷晋笙、严信民等人创办《秦铎》，还有其他旅沪学生创办的《汉钟》《南针》等杂志，这些刊物不同程度地刊载了宣传马克思主义学说的文章。

在这些林林总总的刊物中，由共进社主办的《共进》杂志创办时间最长，影响最大，尤为引人注目。

《共进》创刊于 1921 年 10 月 10 日，它经历了一个由油印刊物《秦劫痛话》到《秦钟》再到《共进》的演进过程。1922 年 10 月 10 日，在《共进》杂志创办一年后，旅京陕西青年的政治性社团——“共进社”应运而生，《共进》杂志

《贡献》杂志

从此成为这一社团的机关刊物。

刘天章

《共进》杂志从1921年10月创刊到1926年9月停刊，时间长达五年，出刊105期，是一份在当时情况下连续出刊时间最长的刊物，它的分支机构遍及京、沪、汉、穗以及陕西西安、三原、渭南、华县、榆林、绥德、延安、南郑等地，销量达3500多份。《共进》杂志紧密结合陕西实际，有力地支持了陕西人民的革命斗争；积极宣传马克思列宁主义，为陕西无产阶级革命运动的开展做了思想上的启蒙工作，培养和锻炼了大批青年。

1926年3月18日，在段祺瑞执政府门前游行示威中，北大陕籍学生张仲超是共进社第一个为革命献身的烈士；以后，不少共进社成员相继为革命英勇牺牲。共进社的主要领导人李子洲、刘天章、魏野畴、杨明轩、武止戈等人都在陕西早期革命运动中发挥了先锋作用，其中李子洲、魏野畴、武止戈还是陕西党团组织最早的奠基人，共进社的成员中，也出现了刘志丹这样一些著名的无产阶级革命家。

三、杰出的播火者

陕籍旅外知识分子在宣传马克思主义的同时，积极参加革命运动，他们中的许多人都加入了中国共产党，在大学毕业后他们放弃了在北京、上海、天津、武汉等大城市工作的机会，回到陕西，以学校为阵地，通过领导学生运动和实际的建党、建团活动，创办报纸刊物，引导学习《共产党宣言》《国家与革命》等马列著作和《向导》《共进》《新青年》等进步书刊，使马克思主义的传播进一步和实际斗争相结合。从1924年到1925年间，陕西各地以共产党人为主，创办的报刊如百花竞开，主要有魏野畴主办的《青年文学》（后改为《青年生活》），雷晋笙、崔孟博等主办的《西北晨钟》，蒲子政、亢惟恪等主办的《渭北青年》，何镜清、黄宪之等编辑的《新社会报》，王森然等创办的《榆林之花》《塞声》，魏野畴、张秉仁、关中哲等创办的《西安评论》。这些报刊与旅外学生创办的刊物，互相配合，交相辉映，对推动马克思主义在陕西较为广泛的传播起了重要的作用。这一时期陕籍共产党员中传播马克思主义的杰出代表当属魏野畴和李子洲。

1921年秋，魏野畴在北京高师毕业后回到陕西，利用学校讲坛宣传革命思想。1922年春，他到西安成德中学任教。1922年下半年至1923年初，他又应邀

李子洲

到北京编写《中国近世史》教科书，在此期间，经李大钊、刘天章介绍，加入了中国共产党。1923 年上半年，魏野畴受聘到陕北榆林中学任教，在课堂上积极向学生宣传科学社会主义思想。魏野畴不但在政治上、思想上关怀和帮助学生，而且还领导学生成立“文学研究会”“社会科学研究会”以及“学生自治会”等群众团体，并出版全校性的革命刊物——《塞声》和《榆钟》等杂志，同军阀井岳秀的爪牙们所办的《醒狮》（“同善社”的机关刊物）相对抗。在群众工作方面，他不辞劳苦地组织和领导了一支宣传队，步行到陕北各地和内蒙古去宣传革命真理。他还领导部分师生组织成立了“平民学校”，吸收城市贫民子弟免费上学，并亲自给这些贫苦学生上课，还用自己的部分薪金给这些同学购买学习用具和书报杂志。魏野畴在榆林中学教书约一年时间，虽没有受党的委托，直接负起发展党员、建立党组织的任务，但他广泛地宣传革命思想，培养了革命的骨干力量，为在陕北建立党组织奠定了良好的思想基础和组织基础。1962 年，毛泽东在接见孔从洲时，谈到魏野畴，给了很高的评价，说“魏野畴是老同志，有学问，他还有著作，我读过，写的有水平，陕西历史上人才是不少的”。

魏野畴

1923 年初，李子洲由李大钊、刘天章介绍加入中国共产党，他是西北地区最早参加中国共产党的党员之一。1923 年夏，李子洲北大毕业后，应原渭北中学校长郝梦九之邀到陕西渭北中学任教，任训育主任兼国文教员，向学生讲授《新青年》等刊物的文章，宣传唯物史观；半年后，陕北榆林中学校长杜斌丞请他到榆林中学担任训育主任。1924 年秋，陕西省教育厅又任命李子洲为绥德师范（当时叫“陕西省第四师范学校”）校长，他到任后，一方面聘请进步知识分子，如杨明轩、王懋廷、田伯英、常汉三、李瑞阳、何寓础等著名共产党员和学界名人到学校任教；一方面帮助学生组织了“陕北青年社”，出版《陕北青年》杂志，同王懋廷、杨明轩等一起，在学校建立和发展共产主义青年团支部和中国共产党绥德师范小组，在师生中吸收了李瑞阳、霍世杰、赵通儒、王兆卿、白明善、马瑞昌、张肇勤等 10 多人为党团员，并以绥师为据点，向陕北各地输送干部，先后派王懋廷、呼延震东等到榆林和延安，吸收党团员建立党团组织，发展革命运动，发动了陕北22个县的学生，建立了“陕北学生联合会”。李子洲在绥师担任校长的过程中，他以公开的身份响应孙中山先生关于召开国民会议的号召，在绥德县组织了“陕北国民会议促成会”；为了贯彻党的统战政策，他派人帮助国民党，建立了陕北国民党的特别党部。1925年，他还派杨明轩赴西安参加筹建“中国国民党陕西省党部”的工作；召集绥德县各民众团体的代表开会，成立了“绥德县民众团体联合会”，统一了群众团体的领导，推动了群众革命斗争的发展。

马克思主义在陕西的传播，使陕西人民开始用马克思主义这一新的思想武器，分析陕西社会的历史和现实问题，对自身命运和未来发展前途有了新的认识。在马克思主义的指导下，在陕西人民争取民主自由的革命斗争中，红色陕西诞生了。

知识链接

陕西第一位共产党员刘天章　1893年12月出生于陕西省高陵县，1918年夏考入北京大学，作为北大学生会负责人之一参加了“五四”运动。1921年7月，经李大钊介绍加入中国共产党。1924年6月，刘天章从北大毕业，协助李大钊在北京做党的工作。1925年秋，刘天章任中共豫陕区委委员兼军委委员。1927年2月，刘天章任中共陕甘区委候补委员，负责宣传工作，并兼任陕西《国民日报》社长。“四一二”反革命政变后，他利用《国民日报》揭露和批判蒋介石的背信弃义。同年7月8日，被国民党反动当局扣押，在狱中秘密组织监狱党支部，他担任支部书记。1929年夏，在蒋、冯分裂军阀混战的形势下获释出狱。1930年10月，刘天章受中共北方局派遣前往山西，先后担任中共太原特委书记、山西省委书记、组织部部长等职。1931年10月21日，刘天章等因叛徒出卖被捕，11月13日，刘天章在太原英勇就义，时年38岁。

第四节　坚强堡垒

近代以来，陕西人民为实现民族独立、民主自由、人民幸福的梦想，进行了前赴后继的英勇斗争，而未能取得胜利的根本原因，除了缺乏先进的指导思想外，还缺乏一个坚强有力的领导核心。中国共产党第一次全国代表大会之后，陕西早期党的组织也相继成立，凝聚了革命力量，成为陕西新时代的开创者，开辟红色陕西历史的播火者。

一、陕西建立最早的团支部

1919年到1921年，王尚德在武汉中华大学读书时，曾和同窗好友恽代英、林育南、李求实、吴化之等共同创办了“共存社”“利群书店”“时钟社”等群众团体，接受了马列主义思想。1922年8月，王尚德毕业后，接受董必武、陈潭秋的指示，回到家乡渭南县赤水镇发展党团组织，创办了“赤水两等职业小学”，通过教学活动向学生宣传革命思想，并以学校为基地，举办平民夜校、乡村教育社和青年励志社等群众团体，宣传马列主义和革命道理，吸收一批进步青年加入团组织，并于1922年秋成立了社会主义青年团赤水小组，发展了张宗逊、程养谦、武维化、何思杰、姚俊明、郭士斌、薛应麟、姚明学、姚志哲、杨纯德等一批团员。

王尚德

1924年5月30日，团中央派武止戈到赤水视察工作，向王尚德传达了团中央关于在赤水建立组织的指示，王尚德等人遂于6月中旬正式建立了陕西第一个团支部——社会主义青年团赤水支部，成立了支部干事会，王尚德任书记，直属团中央领导。

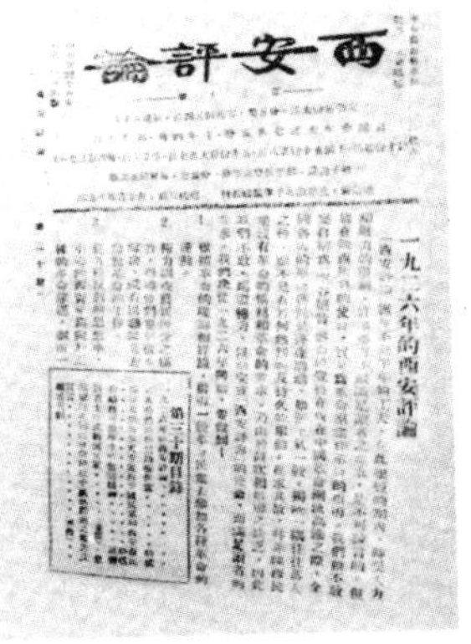

西安評論

共青团西安地委机关报《西安评论》

在赤水支部建立的过程中，魏野畴、李子洲、吕佑乾、雷晋笙、崔孟博等也在陕西各地进行了建团工作，从当年的6月到1925年10月间，陕西各地相继建立了中国社会主义青年团西安第一支部、第二支部，中国社会主义青年团绥德特别支部、三原特别支部、澄城特别支部、西安临时支部、西安特别支部等组织。

1925年11月13日，经共青团豫陕区委批准，吴化之在团西安特支的基础上建立了共青团西安地区执行委员会，下辖关中地区团组织。1925年底

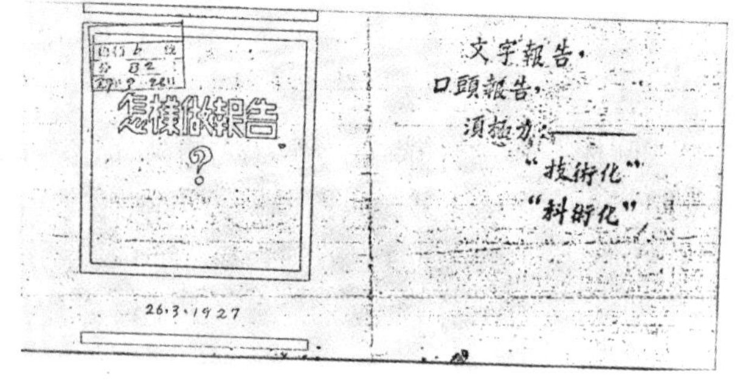

怎樣做報告？

26.3.1927

文字報告，
口頭報告，
須極力：
“技術化”
“科學化”

中共陕甘区委文件

到 1926 年春，共青团绥德地委和三原地委先后建立。各地团组织的建立和发展，为党组织的建立创造了条件。

二、中国共产党陕西组织的建立

1925 年 10 月，中共中央在河南开封组建了中共豫陕区委，王若飞任书记，黄平万为副书记，萧楚女、马玉夫、刘天章、王荷波、张昆弟等为委员，领导河南、陕西党的工作。同年秋，中共北方区委派共产党员安存真来陕西做军事工作，并指示其在西安进行整顿党团组织工作。同时，中共豫陕区委也委托由上海赴陕西负责整团的共青团中央特派员吴化之在西安建立党的组织，安存真和吴化之在西安首先整顿了团组织，并于 10 月组建了中共西安特别支部，安存真、吴化之先后任书记，魏野畴、雷晋笙等为委员，直属豫陕区委领导。同时，陕北地区也建立了党的组织。

李子洲在大学毕业回陕前，李大钊亲自给他交代了建党任务。李子洲回陕后积极在陕北地区进行建党活动，最早建立的中共组织是绥德省立第四师范学校中共支部，中共绥德支部（后改为特支）建立后，先后派人在榆林、宜川等地建立组织。1926 年 5 月，党、团北方区委派耿炳光到陕北地区巡视工作，于 6 月间在中共绥德特支的基础上组建了中共绥德地方执行委员会，田伯英任书记。白明善、杜嗣尧、王兆卿、乔国桢、李瑞阳、王懋廷、张肇勤、李登霄、刘志丹、常黎夫、刘澜涛等都是在这一时期加入党组织，成为后来陕西革命的领导者。

耿炳光

1927 年 1 月，中共中央和共青团中央决定成立党、团陕甘区委，领导陕西、甘肃等地的党、团组织。2 月 25 日在西安桃胡巷召开了陕甘区委全体委员会议，研究召开陕甘区委第一次代表大会及正式成立陕甘区委的问题。3 月 14 日至 18 日，中共陕甘区委第一次代表大会在西安中山学院举行，会议选举耿炳光任书记，魏野畴负责宣传工作，李子洲负责组织工作。中共陕甘区委下辖西安、绥德、榆林、延安、三原、渭南、泾阳等地委和 41 个特支，西安地委由陕甘区委兼理，全省党员人数达到了两千余人。同时共青团陕甘区委也宣告成立，曹趾仁任书记。团陕甘区委下辖西安、泾阳、渭南、绥德、延安、三原等地委和 37 个特支，并在杨虎城部队也发展了共产党员和共青团员。

党团陕甘区委成立之后，统一了关中和陕北地区党团的领导，把陕甘的革命运动推向了一个新的阶段。

三、中共陕西省委成立

为了加强对陕西革命斗争的领导，1927 年 5 月，中共中央做出了成立中共陕西省委的决定，5 月 14 日，中央任命耿炳光为中共陕西省委书记；5 月 20 日，又任命黄平万为省委宣传部部长，李子洲为组织部部长。但当时因形势逆转，白色恐怖严重，所以没有召开全省党员代表大会，7 月 11 日，在西安红埠街秘密召开了省委成立会议。参加会议的有耿炳光、黄平万、魏野畴、李子洲和团省委书记张金印。会议确定耿炳光任省委书记，李子洲负责组织，崔孟博负责宣传，魏野畴负责军事，亢惟恪负责农运，张金印为团省委书记。会议讨论了当前形势和党的策略，决定继续整顿党的组织，转入秘密斗争，尽量保存革命力量，坚持革命斗争。中共陕西省委机关设在红埠街 9 号，由中共中央直接领导，活动范围包括陕西全省和宁夏银川以南、甘肃兰州以东的地区。

中共陕西省委的成立，使陕西革命运动在大革命失败后的严峻形势下有了新的领导核心，陕西省委先后组织和领导了清涧起义、渭华起义、旬邑起义、礼泉农民“交农”围城斗争、淳化群众占领县城的斗争、三原农民的“交农”斗争、澄城农民驱逐地方军阀赵桂堂的斗争等，由于敌强我弱，再加之这些起义和斗争在平原地区，离国民党反动统治中心西安太近，都遭到失败。

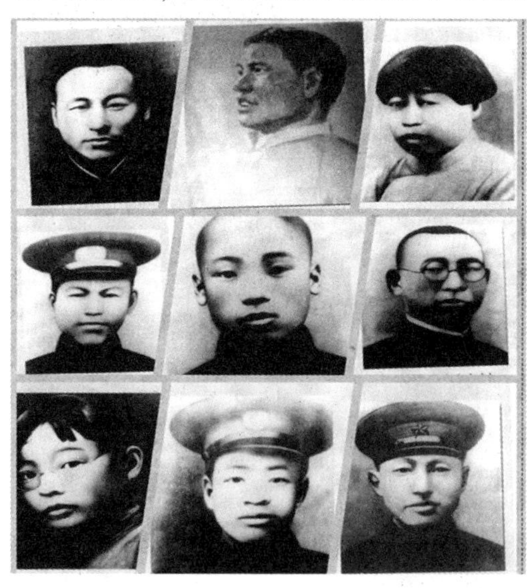

西安九烈士

面对陕西革命运动的蓬勃发展，国民党陕西当局疯狂镇压革命势力，他们派出大批密探，侦查党的各级机关住址；在西安全城实行宵禁；军警到处横行，勒令“街上行人，不准三五成群，不准交头接耳，违者以军法论。”在白色恐怖下，中共陕西省委先后 15 次遭受破坏，主要大破坏有三次：1928 年 11 月，省委遭遇第一次大破坏，省委书记潘自力被捕，团省委书记马云藩被捕叛变，代理省委书记李子洲等被捕；1930 年 10 月，省委遭遇第二次大破坏，由于叛徒告密，党、团省委负责人吉国桢、贾拓夫等

30 多人被捕；1933 年 7 月，省委遭遇第三次大破坏，省委书记袁岳栋、二十六军政委杜衡叛变投敌。

虽然如此，共产党人的斗争精神始终未减，革命的火种并没有熄灭。1928 年 3 月，陕西省委秘书处被敌人捣毁，秘书处的李嘉谟、校明济、徐九龄（女）、方鉴昭（女）、任醴等五位同志被捕，国民党西安反动当局残忍地将他们同共产党员王德安、王文宗、冀月亭、李维俊等一起在西安北关一带活埋。烈士们牺牲时的场景十分悲壮，方鉴昭等人高呼口号："你们只能埋葬我们的肉体，却埋不了我们信仰的共产主义！"反动派残忍地将其舌头割断。正是这些时代精英抱定坚定的信念，为心中的理想而继续奋斗，他们的战斗历程、精神状态、价值取向、行为规范等形成了一种新的文化形态——陕西红色文化。没有中国共产党的领导，就没有陕西人民为新生活的斗争及其所取得的伟大胜利，就没有陕西红色文化的产生。

知识链接

陕西马克思主义的先驱者王尚德　1891 年出生于陕西省渭南县，1921 年加入社会主义青年团，后加入中国共产党。负责建立了陕西省第一个社会主义青年团支部——渭南赤水特别支部，并任支部书记。1926 年在黄埔军校政治部工作。1927 年任陕西省农民协会总会筹备处负责人、鄂豫边特委委员。后任国民联军驻陕总部出版局局长等职。1937 年以后，王尚德利用办赤水职业学校，安置和掩护了党的大批干部，输送了许多进步青年去延安"抗大"学习。在漫长的征途中，他曾两次被敌逮捕，受尽酷刑，但他立场坚定，大义凛然。1946 年 8 月 13 日，国民党军统特务以卑劣的手段，将王尚德暗杀。

第五节　大革命中的"西安红城"

在中国传统文化中，红色具有特殊的意义，一方面象征喜庆、欢乐和吉祥，另一方面具有除旧革新之意。由于红色的这些特殊内涵，早在中国古代，红色就是革命的象征了，封建社会时期农民起义中就有叫"红巾军""红灯照"的。在 1924 年 1 月国共合作正式形成后，随着国共合作统一战线的发展，陕西地区广大人民群众反对封建军阀和帝国主义的国民革命迅速发展起来，陕西成为全国大革命运动最发达的省份之一，古城西安焕发出了新的生机和活力，原为清代的"满城"被改名为极具政治意义的"红城"，与广州、武汉遥相呼应，成为西北地区大革命的中心，当时有“南有武昌，北有长安”的说法。

一、西安的反围城斗争

1926年春，正当国民革命迅速发展之际，盘踞中原的北洋直系军阀吴佩孚，为收秦陇于掌中，达到进可南伐广东、退可据守陕甘要地之目的，于4月2日任命豫西镇嵩军首领刘镇华为“讨贼联军陕甘总司令”，率镇嵩军8个师10万人马西入潼关，消灭陕西地区的国民军，攻占西安，夺取关中。4月15日，刘镇华在占领陕西东部各县后，进抵西安城下发起猛攻。

李虎臣

在刘镇华重兵进逼西安城下的紧急关头，陕西国民军将领杨虎城（三军三师师长）等人与共产党员魏野畴在渭北重镇三原县举行会议，制定了“固守西安，策应北伐”的方针，安排了整个抵抗刘镇华的军事部署，决定分兵坚守西安、咸阳、三原。4月18日，杨虎城率兵5000人进军西安，与原先在西安城内的李虎臣（陕西军务督办、国民二军十师师长）等部共守城池。西安反围城斗争的战幕由此拉开。为便于指挥，团结对敌，根据杨虎城的建议，守军1万余人一律取消原有番号，改称陕军，公推李虎臣为总司令，杨虎城等为副司令。守军还通电全国，决心“坚守长安，誓歼嵩匪，完成国民革命”。为表达坚守西安的决心和对守城必胜的信念，杨虎城赋诗道：“西北大风起，东南战血多。风吹铁马动，还我旧山河。”

杨虎城

镇嵩军本是惯匪集团，烧杀淫掠，无所不为。特别是在猛攻失败之后，刘镇华又于5月15日将西安城四面合围，企图以久困的办法使西安不攻自破。为了防止城内军民出来抢粮，刘镇华还将西安周围数万亩快要成熟的小麦放火烧毁。由于长期受困，守城的困难越来越大，弹药缺乏，燃料不足，粮荒尤为严重，一切可以食用的动物、植物、皮革制品、药材乃至油渣，均被搜罗殆尽。可以取暖的木料、树木也都被烧得一干二净。计整个守城期间军民战伤饿死者高达5万之众，占当时西安城内15万人口的三分之一，饿殍载道，尸骸狼藉，惨不忍睹。昔日繁华的市区疮痍满目，城外数十里外无人烟。曾亲历围城的赵文杰在《西安城坚守记》中描述："10月中旬，突降大雪，居民饥寒交迫，饿死者与日俱增，有一天路毙的竟达数百人。街头可以看到倚门而立的、坐于墙角的、躺于路上的、均系饿死之人。入冬以后，更是饿殍载道，无人收埋。这时，西安已经没有狗了。(入夜) 除城上间有火光外，城内一片漆黑，形同死城。"

在西安军民生死存亡的关头，1926年9月17日，国民军首领冯玉祥接受李大钊"进军西北，解西安围，出兵潼关，策应北伐"的建议，制定了"固甘、援陕、联晋、图豫"的行动方针，分兵两路进军陕西。在绥远五原誓师，就任国民军联军总司令，率全军加入国民党，参加国民革命。随后冯玉祥任命孙良诚、方振武为援陕正副总指挥，率部进军陕西，解西安之围。西安城内守军也主动出击，11月28日凌晨，刘镇华部不支溃逃，上午7时，西安城四门洞开，被围8个月之久的西安城解围。

二、革命公园

杨虎城与西安军民公祭围城死难的军民

围城期间，西安军民每天生活在枪林弹雨中。镇嵩军用尽一切办法破城，如：组织敢死队、架云梯、爬城、挖地道、凿涵洞、收买国民军官兵等。但都被守城官兵拼死打退，敌军一次也没有得逞。每逢有大的攻防战，"两虎"都同时出现在战斗最激烈的地方，指挥作战，士兵在他们的激励下作战格外英勇，先后经历东关地道战、7月22日与敌敢死队的登城战及小雁塔争夺战等惨烈战斗，终于达到坚守待援、克敌制胜的目的。

陕西人民以极大的革命热情、忘我的献身精神，用汗水、鲜血和生命绘制了一幅支援国民联军参加北伐战争的壮丽画卷。

革命公园的东大冢

计整个守城期间军民战伤饿死者达5万之众，昔日繁华的市区疮痍满目，城外数十里外无人烟。但英勇的陕西军民，在李虎臣、杨虎城的领导下，在中国共产党的大力支持和真诚帮助下，克服重重困难，守住了西安这座不屈的历史名城，牵制了10万之众的北洋军阀镇嵩军部队，使吴佩孚不仅不能从西北取得人力物力的援助，反而在侧背受到严重威胁，在战略上援应了广东革命政府的北伐战争。

守城战士

西安解围后，国民联军驻陕总部选择在今西安东新街的一块荒地修建革命公园，将散埋在各处的军民枯骨数万具（其中军人约二三成，其余为老百姓），集中收葬，并举行陕西革命大祭及公葬。大祭当天，参会者背来两万多袋黄土堆成东西两冢，安葬守城死难军民，并在墓地修建了高15米、占地169平方米的“革命亭”，还将墓地周围400余亩地辟建为“革命公园”。墓碑背后镌刻于右任手书《中吕醉高歌》：“名城高挂残晖，燕子犹寻故垒，兵民负土坟前泪，争祭当年饿鬼。”

革命公园的牌坊

三、千年古城变红城

随着国民联军入陕和西安解围，陕西反帝反封建的国民革命进入了新高潮。于右任仿效莫斯科的红场，把西安的皇城更名为红城，作为全市民众活动的中心。红城四周城墙全部刷成红色，东大街铺面和钟楼也一律用红油漆刷过。甚至连值勤警察的帽子和指挥棒，也一律为红色。以红城为中心，市内大街小巷写满了革命标语，如：“实行三民主义拥护国民政府！”“打倒帝国主义，打倒卖国军阀！”“铲除土豪劣绅！”“各界民众组织起来完成国民革命！”等等。

西安红城图

其中，于右任先生书写在红城南城墙上的“打倒帝国主义！铲除卖国军阀！”和写在国民党省党部大门两边的“一切权力归于党”“一切权力归于民众”等大幅标语，最为突出和具有吸引力。于右任支持了革命群众运动，革命群众运动又感动和鼓舞了于右任。“革命军中一战士，苍髯如戟似少年”，于右任先生用简练的诗句道出了自己当时革命的作为和心情。

西安这座封建王朝统治的千年古都，出现了红红火火的革命景象。

国民联军司令部旧址

1927 年 1 月，国民联军驻陕总司令部成立。这是在中共中央和北方区委的直接领导下，西安党组织团结国民党左派成立的具有战时军政府性质的统一战线政权，其中心任务是领导陕西人民进行军事的、政治的革命斗争，彻底打垮封建势力、军阀统治和一切反革命分子的反抗，完成国民革命。国民党左派于右任为总司令，邓宝珊为副总司令。许多在陕西的著名共产党员都担任了重要职务，魏野畴任政治部副部长，史可轩任政治保卫部部长，杨明轩任教育厅厅长，王尚德任印刷局局长，马文彦任总部秘书。

在共产党的支持与推动下，驻陕总部仿效俄国十月革命的经验，破旧立新，除弊兴利，宣布法规，使省政出现新的气象。

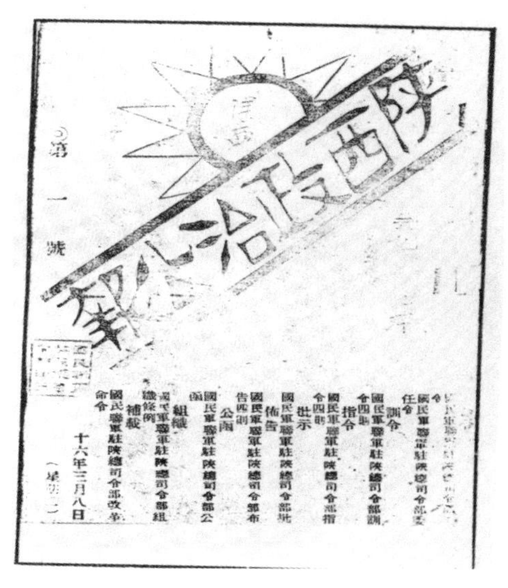

陕西政治公報

第一號

十六年三月八日

訓令　國民聯軍駐陝總司令部訓令四則

指令　國民聯軍駐陝總司令部指令四則

批示　國民聯軍駐陝總司令部批示

佈告　國民聯軍駐陝總司令部布告四則

公函　國民聯軍駐陝總司令部公函

組織　國民聯軍駐陝總司令部組織條例

補救　國民聯軍駐陝總司令部改革命令

国民联军机关报

总司令部还在西安创办了中山军事学校和中山学院，前者主要是培养军事干部，由史可轩担任校长，邓希贤（即邓小平）担任政治部主任，许权中任总队长，高克林任特支书记。后者的主要任务是培养党政军群等各方面的工作干部，刘含初任院长，李子洲任副院长，徐梦周为教务长，王子休为训练处长，任警斋为总队长，吴化之为特支书记，吴岱峰为区队长，教员和党员大部分都是共产党员和青年团员。中山军事学校和中山学院为国共两党培养了一大批军政干部，推动了陕西反帝反封建革命斗争的发展，西安也成为中国西北革命运动的中心。1927 年 2 月上旬，西安工人俱乐部宣告成立，陕西邮务工会、印刷工会、制造局工会、电话工会也相继成立；5 月 1 日，陕西全省总工会正式成立，指导全省工人开展革命运动；5 月 30 日，陕西省农民协会在西安宣告成立；6 月 1 日至 8 日，全陕第一次农民代表大会在西安召开。广大群众在红城举行了全省性的反英运动、平民教育运动、拥护国民革命军出师北伐运动等各种社会政治活动。有人将西安比之为 1925 年的广州和 1926 年的武汉，曾有“南有武昌，北有长安”之说。

知识链接

大革命 也称作国民革命，是 1924 年至 1927 年中国人民在中国共产党和中国国民党合作领导下进行的反帝反封建的革命斗争。孙中山改组了国民党，使国民党成为国共两党统一战线的组织形式，把旧三民主义发展为新三民主义，建立了国民革命军，进行了轰轰烈烈的北伐战争，并取得了胜利，推翻了北洋军阀的反动统治。但由于国民党右派蒋介石发动“四一二”反革命政变、汪精卫发动“七一五”反革命政变，大肆屠杀共产党员和革命群众，建立了大地主大资产阶级的反动统治，中国社会依然保持半殖民地半封建的社会性质，大革命以失败而告终。

第二章　血沃三秦

在蒋介石、汪精卫先后叛变革命后，冯玉祥出于维护自己在西北的统治地位的需要，亲笔致书蒋介石，表示唯蒋介石马首是瞻，公开倒向蒋介石一边。冯玉祥也在陕西进行“清党”，强迫在国民党陕西省党部和国民革命军第二集团军驻陕总部任职的共产党员离职并离开其统治区域；为了抹掉革命标记对人们的思想影响，下令将西安“红城”改为新城；公共场所中“联俄、联共、扶助农工”的标语也被清除，轰轰烈烈的陕西大革命失败。但是，中共陕西省委继续高举革命的大旗，在三秦大地燃起了武装斗争的熊熊烈火。

第一节　西北地区武装反抗国民党统治的第一枪

为贯彻党的“八七”会议和省委“九二六”会议精神，实行土地革命、武装反抗国民党反动派的总方针，中共陕西省委领导了清涧起义，打响了西北地区武装反抗国民党反动统治的第一枪，在陕西党组织领导武装斗争的历史上写下了光辉的一页。

一、打入敌人部队

自 1916 年起，陕北就在反动军阀井岳秀的统治下。井岳秀虽是陕西同盟会著名领导人井勿幕的同胞兄弟（井岳秀排行为十，井勿幕排行十一），受井勿幕的影响，他也参加了辛亥革命，但在统治陕北的 20 年中却一直顽固地坚持反共立场始终不变。

井岳秀

早在大革命时期，共产党员李象九、谢子长、史唯然、阎揆要、李瑞阳就在井岳秀部第十一旅开展兵运工作。在共产党的影响下，十一旅旅长石谦逐渐倾向革命，支持共产党员在该旅的活动，使中共党团组织有了较大的发展，在石谦旅成立了由唐澍任书记，李象九、谢子长为委员，由中共陕西省委直接领导的党团委员会，部队党员达110多人，许多班、排长由共产党员担任。至此，石谦旅12个连中有8个受中共掌握。党团组织除了定期召开党的小组会、支部会外，还经常召开时事报告会、讲演会、辩论会，激发官兵的革命斗志；组织骨干分子到部队驻地附近各乡进行宣传，组织农民协会，领导农民反对拉夫拉差，反抗苛捐杂税，反对官方放赌。谢子长还在安定县举办农民运动讲习所，培养农运干部。安定县农民协会拘禁和审判了恶绅宋运昌、李跃辉、王伯扬等，没收了他们的财产，鼓舞了贫苦农民的斗争热情，沉重地打击了地方反动势力。谢子长因此被当地群众称为“谢青天”。

石谦墓

冯玉祥追随蒋介石反共后，井岳秀步其后尘，在陕北地区捕杀共产党人和进步人士，封闭进步团体。井岳秀对石谦更是忌恨，必欲除之而后快。1927年8月18日，井岳秀过生日，石谦到榆林前去拜寿，井岳秀乘机派其侄子将石谦打死，嫁祸于人，解除了石谦卫队长的职务。8月20日，石谦的遗体运抵清涧，全体官兵列队持枪，在城外三里地的岔口，迎灵入城，在清涧县的城隍庙内，李象九、谢子长带领排以上的军官，为石谦举行祭奠。

石谦死后，井岳秀即委任其亲信营长康子祥代理旅长。此时石的旧部，人心浮动，群情激愤，党组织也进一步加强宣传工作和组织工作，以石谦被杀为契机，因势利导，决定发动起义。

二、会师宜川

唐澍

为加强对起义的领导，党成立了领导起义的军事委员会，唐澍任军事委员会书记，李象九为起义总指挥。在起义前自10月8日起即封锁清涧城，将所有进城的牲口、驮骡扣起来，准备起义时驮运物资。11日下午4时，起义军事委员会召开部队委员和排以上干部会议，唐澍传达了省委关于发动起义的指示，宣布了军事委员会的具体部署：驻清涧的四个连首先起义，然后会合驻宜川县城的另一个连，南下取宜川，与驻宜川县城的其他三个连会合。起义总指挥李象九下达命令，封闭了五大商号（即三合店、恒盛王、集义店、兴泰店、永丰源）的银柜，6 点半全城戒严，割断电线，打开五大商号的烟土库，全部没收。

12 日清晨，驻清涧的李象九营部和四个连（以谢子长为连长的第十二连、以白润泽为连长的第六连、以雷进才为连长的第五连、以韩起军为连长的十一连）在一片“为石旅长报仇”的口号声中，在清涧县城打响了武装起义的枪声。李象九宣布了南下攻打宜川的命令，起义部队在李象九、谢子长带领下，转战延川、延长。13 日，起义部队同驻延川城内的王有才连里应外合，占领延川县城。抵达延长县城附近时，谢子长一面派班长周增玉等携带“公事”进城联系，麻痹敌人；一面亲率先头部队快速前进，以奇袭的方式歼灭了驻防延长城的营长齐梅卿两个连并一个营部。起义部队处决了齐梅卿，继续向宜川推进。

清涧起义中的谢子长

宜川城内有康子祥旅部及其控制的五六个连，共产党员李瑞成等领导的第十连、第九连和骑兵连等也驻在城内。就在清涧起义的当天晚上，李瑞成即带领十连分三路突然冲进敌人营区，打死敌连长雷克让等多人。经一夜激战，控制了半个县城及西门、北门，与敌人形成对峙状态。15 日下午，唐澍、李象九、谢子长、白明善带领清涧、延川起义部队到达宜川城外，与城内起义部队相配合，向敌人发起进攻。守军旅长康子祥见势不妙，带十几人弃城而逃。3 支起义部队会师宜川，人员发展到 1700 余人。

占领宜川后，起义领导人之间发生了意见分歧。唐澍、谢子长主张打出革命红旗，清理部队，纯洁组织，各级军事指挥员改由党团员担任，部队下一步应向北发展，攻打延安。李象九则认为，打出红旗很难立足，主张仍用井岳秀十一旅的名义，容易保存力量，必要时可以接受改编，同时不同意纯洁组织，主张保留全体旧军官。为此，唐澍去西安向省委请示汇报，部队则在宜川城徘徊。唐澍走后，李象九就把十一旅的旗号打了出来，旅长李象九，下辖三个营，谢子长、韩起胜、李瑞成分任营长。军事部署为：李瑞成、王有才带两个连驻防虎头山；韩起胜、赵万德带两个连驻守凤翅山；白雨山带一个连驻守城内的七郎山，谢子长率营部驻守城内。

清涧起义使井岳秀万分恐慌，急令所部延安驻军第二师师长高双城加紧围攻宜川，高双城调集了二三千人，一部由北面进攻，一部在南面断起义军之退路；同时，还给起义部队一些连排长写信，许以高官厚禄，煽动叛变。战斗先在城外凤翅山打响，韩起胜部抵抗不到20分钟就放弃了阵地，退到城内七郎山；于是全军开始突围，经过激烈的战斗，才夺得了一条退路；但这时虎头山又失守了，李瑞成、王有才只身逃回。部队连夜撤退，驮骡战马，听见枪声，惊吓得到处乱跑，银圆、辎重武器丢得遍地皆是。到天亮时，才撤到宜川、韩城交界的孙家沟休息，这时雷进才妄图率部叛变。谢子长、雷恩钧等查明情况之后，立即将雷进才予以枪决。两天后突围部队到达韩城的西庄镇，只剩下300多人。这时，李象九擅自接受了军阀王保民的改编，称独立旅。

三、打出革命军队红旗

清涧起义指挥部旧址

这时中共陕西省委还不知道起义失败，又派唐澍、白乐亭和阎揆要去宜川。省委的计划是起义部队在宜川站住脚，然后调许权中部和甄寿山部到陕北，以控制陕北。唐、白、阎去宜川行到白水的窑河镇，才知道李象九守宜川失败，部队退到韩城。他们三人遂又奔赴韩城，这时部队已被驻韩城的杨虎城部后方留守司令王保民改编为独立旅。唐澍等到韩城后对李象九没有进行积极的团结和说服教育工作，认为他是右倾，所以形成了“分家”的僵局，经过十几天的准备，根据省委指示：成立了军委，由唐澍、谢子长、白乐亭、史唯然、阎揆要等参加；决定把部队拉到陕北清涧、安定一带党和群众工作基础好的地方，开展游击战争；必要时打出红旗，举行第二次武装起义。根据省委的指示，12月31日，部队又重新在韩城举行了第二次武装起义，打出了“西北工农革命军游击队”的红旗，总指挥唐澍、副总指挥谢子长、参谋长阎揆要。进一步提出了“打倒贪官污吏”“打倒土豪劣绅”的响亮口号。

起义爆发后，为了摆脱王保民的约束，部队决定由西庄出发，经临真镇、延川、延长到清涧、安定一带，开展游击战争。1928年1月1日，部队从西庄向宜川方向进发，半路上听到两个赶牲口的老百姓说宜川城内十分空虚，因此根据这个极不真实的情报，临时决定攻打宜川。于是部队没有休息，连夜行军80里地，天明与敌人接火时才发现，宜川城内敌人驻军不是一个连而是一个营，还有一个旅部。由于寡不敌众，加之长途行军，部队非常疲劳，打仗时有的战士都瞌睡在城墙上或工事里，很多农民出身的战士，没有作战经验，地方观念严重，因而失散很多。战不能胜，只得撤退，而在撤退的过程中，又遭敌人多次袭击，伤亡很大，东西辗转，最后于1928年1月下旬，到达陕甘交界的合水县豹子川，仅剩下二三十人。中共陕西省委决定唐澍、谢子长、闫揆要等回西安向省委汇报，其他同志分散隐蔽。

清涧起义是党在西北发动的第一次规模较大的武装起义。由于党处在幼年时期，缺乏政治斗争和军事斗争的经验，不懂游击战争，加之没有群众斗争的配合，起义最终遭到失败。清涧起义虽然失败了，但它打击了国民党的反动统治，锻炼了干部，教育了人民，对陕北地区的革命运动产生了积极的影响。

知识链接

血沃三秦的燕赵壮士唐澍　1903年生，河北省易县南贾庆（现归徐水县）人。1924年加入中国共产党。黄埔军校一期毕业，是共产党早期的军事指挥员之一。历任省港罢工委员会工人纠察队总教练兼模范大队大队长、国民联军政治学校政治部主任。1927年到陕西参加中共陕西省委军委的领导工作。曾任陕北军事委员会书记、西北工农革命军总司令等职。是清涧起义和渭华起义的主要领导人之一。1928年7月在指挥战斗中牺牲于洛南。后人写诗颂扬唐澍：“易水多豪俊，唐澍剖丹心。堂堂人中杰，碧血沃三秦。”

第二节　西北地区第一个县级红色政权

为配合渭华起义，中共陕西省委领导号召在全省普遍发动起义。1928年5月6日，在中共陕西省委领导下，中共旬邑区委以抗粮“交农”为口号发动农民起义，建立了西北地区第一个县级苏维埃政权。

一、革命形势一触即发

旬邑位于渭北高原的山区地带，辛亥革命以来，这里连年兵祸，“灾祸迭见，十室十空，哀鸿遍野，悲惨情状，闻者酸鼻，听者坠泪，郑侠复生，恐不能绘其梗概。昨岁八月，黄、韩（指甘军黄得贵、韩有禄旅）以数千之众，全数入境，分布各乡市镇。既派粮秣，又摊饷款，种种剥削，层出不穷。以疮痍未起之民，自顾不暇，何堪遭此蹂躏。似此荼毒，在此时期，人民在积冤之下，敢怒而不敢言，只得忍气吞声，徒唤奈何而已”。加之民国十八年、民国十九年连遭年饥，农民生活极为困苦。所以从1919年以来，这里的人民多次“交农”罢耕、殴打富绅，但统治者并未吸取教训，反而变本加厉地进行镇压。

1928年5月旬邑起义人员合影

在西安成德中学、中山学院上学的许才升、王廷碧、樊凤贤等在1925年先后回到旬邑，分别在宝塔高小以及吕家村、郝村、丈八寺等地小学，一面教书，一面积极开展革命活动，宣传马列主义，建立党的组织。1925年秋在旬邑小学建立了第一个党的支部。1926年春，因同县教育局局长发生争执。许才升等到西安请示工作，中共陕西省委遂以组建国民党县党部的名义，第二次派许才升返回旬邑，公开发展

旬邑起义指挥部旧址

农民协会，开展革命活动。许才升组织学生、农民游行示威，向县政府请愿，要求清理地方财政，取消苛捐杂税，反对拉伕拉差，收回教育权，并提出“打倒土豪和土匪军队”的口号，因此遭到反动政府极力镇压，许才升又第三次离开旬邑。

为了对抗反动政府的镇压，许才升在1927年1月组织了大规模的游行示威，提出了“免除苛捐杂税”“禁止迫害农民协会”“打倒贪官污吏”“淘汰土匪式的军队”等口号，这次游行虽遭失败，但对人民教育很大。广大群众认识到要推翻反动统治，只有揭竿而起，举行起义。

1927年秋，中共陕西省委又派吕佑乾、吕凤岐、王浪波等到旬邑，成立了党的区委，吕佑乾任区委书记，吕凤岐、蒲玉阶任委员，领导全县的宝塔小学、县政府、郝村、东涧村、魏洛村等五个支部，30多个党员，进一步加强了党的领导。旬邑起义就是由党的这支力量领导和发动的。起义的策源地是郝村，郝村党支部包括郝村、蒲社、庄合、班村、涧湾等5个村庄的党员，共10人。1928年3月，中共陕西省委又发出指示，要求各地党组织开展游击战争，由部分农民暴动过渡到全陕西的总暴动。并决定将旬邑划归渭北区，准备举行暴动，以配合“渭华起义”。于是许才升、吕佑乾等分别到各地发动群众，紧张地进行起义的准备工作。

二、鸡毛传贴举行暴动

旬邑暴动烈士纪念碑顶的七位烈士塑像

1928年5月5日，许才升到郝村召集支部会议，传达省委指示，准备发动起义。会后，用鸡毛传贴的方式，星夜动员18个村庄，140多人，以抗粮“交农”为口号，举行暴动。5月6日，在许才升的领导下，140多名共产党员和革命群众以大刀、长矛、梭镖为武器，首先在郝村集合，以鼓为号，举行起义。当即捕杀了土豪劣绅程茂育和省上派来的催粮委员，随后暴动队伍路经吕家村、陈家村，到赵家村集中，准备向县城进发，起义群众达380多人。于是许才升等研究了行动计划，对起义农民进行了简单的编队，并成立了暴动指挥部。许才升任总指挥，程永盛、程国柱任

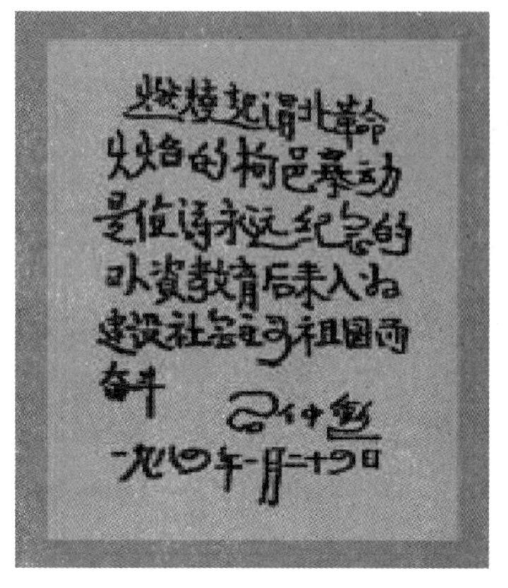

习仲勋为纪念旬邑暴动题词

副总指挥，率领部队经坡头、二台直逼县城东门。当时旬邑县城只有警察把守，我地下党吕佑乾、崔维龄等在城内策应，以火为号，砸开城门铁锁，接应起义军攻入县城，然后分三路进攻县政府、粮秣局、天主教堂和监狱。当即杀死县粮秣局局长等四人，救出了被捕的共产党员王廷碧、王日省等人，释放了全部“犯人”，赶走了天主教神父和洋人，杀了县长李克宣和其他几个群众痛恨的官差。起义总指挥部随即领导和发动群众开仓放粮，救济贫民。并在城内召开群众大会，书写大幅标语，宣传革命道理。

起义军占领县城后的第二天，除留少数人驻守县城安定社会秩序、宣传革命道理、准备成立县苏维埃政府之外，主力军由许才升带领去郝村进行整训，把起义部队编为红军渭北支队（亦说叫工农革命军游击队），共编为三个连、一个纠察队。5 月 12 日又返回县城，在县城宝塔小学召开了群众大会，成立了西北地区第一个县级革命政权——旬邑县苏维埃政府，大会推选许才升为主席，吕凤岐为秘书长，程永盛为军事委员会委员长，程百印为土地委员会委员长，蒲玉阶为经济委员会委员长，王浪波为宣传委员会委员长，王日省为外交委员会委员长，程国柱为交通委员会委员长，程雨顺为革命裁判委员会委员长。同时还成立了县一级的党的中心支部，由吕佑乾任书记，吕凤岐任组织，蒲玉阶为宣传。

县苏维埃政府成立后，为了扩大起义成果，发展革命力量，许才升、吕佑乾等同志，带领武装人员，分别在县城周围的张家村、马家堡、底庙、职田、土桥、张洪等村镇，进行打土豪、分粮食的斗争。广大贫苦农民的革命热情空前高涨，土豪劣绅闻风丧胆。起义烈火迅速由县城燃遍了全县，并涉及附近的彬县、淳化、永寿，远至甘肃的宁县、灵台等地。

在革命政权存在的 20 多天时间中，党领导群众惩办了 10 多个土豪劣绅，组织了农民协会领导机构，在全县范围内掀起了巨大的革命浪潮。

三、烈士血洒渭北高原

革命运动的发展，引起反动阶级的极端仇恨，官僚地主、土豪劣绅、军警民团互相勾结，千方百计共同策划扑灭革命力量。敌邠乾区行政长官刘必达一方面指使逃到邠县的反动豪绅，暗中收买、分化、互解起义队五；一方面派李焕章代理旬邑县长，率领民团围攻县城。另外由于革命队伍内部成分不纯，一些人动摇叛变，所以革命政权仅活动了 23 天，即遭到反动派的破坏。5 月 30 日，被敌收买的内奸刘兴汉、程振亚、郭金科、连怀印等人在县城发动叛变，逮捕了吕佑乾、吕凤岐等人，县城起义军被敌人解除武装，

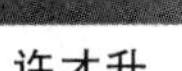
许才升

吕佑乾

吕凤岐

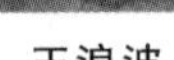
王浪波

程永盛

程国柱

王廷碧

旬邑暴动牺牲的七烈士

接着敌人利用叛徒刘兴汉到张家村去，欺骗许才升出村，许当即被捕。5 月 31 日下午，敌人将许才升、吕佑乾、王浪波、吕凤岐、程国柱、程永盛、王廷碧等七位起义领导人绑在城隍庙前，严刑拷打，当日晚枪杀于张洪镇西门外。许才升等同志从被捕到牺牲，一直高呼口号：“共产党是杀不光的，我们的仇是有人报的”“二十年后，我们的镰刀斧头会断送你们的性命”“中国共产党万岁”等等，充分表现了共产党人崇高的理想信仰和视死如归的英雄气概。

起义失败后，敌人疯狂地屠杀起义群众及其家属，反动军队和土豪劣绅也乘机敲诈勒索，残害群众，但是革命的火焰是扑不灭的，留下来的起义队伍由程百印等同志率领，转入山区，成立了旬邑县游击队，继续进行艰苦卓绝的斗争。

知识链接

旬邑“二八”革命暴动纪念馆　位于旬邑县城南，为纪念旬邑“二八”革命暴动中壮烈牺牲的许才升等七位烈士而建。展览馆由纪念碑、展览室组成。纪念碑高 11 米，碑顶端巍然矗立着七位烈士的塑像。正面镌刻着舒同题写的碑铭：“旬邑革命暴动纪念碑”。后面是碑文。右侧是习仲勋同志的题词：“燃烧起渭北革命火焰的旬邑暴动是值得永远怀念的，以资教育后来人为建设社会主义祖国而奋斗。”左侧上方是汪锋同志题词：“旬邑人民在中国共产党的领导下，踏着旬

邑暴动先烈们的鲜血不屈不挠前赴后继直到解放!”展览室分东西两座。东展厅陈列着纪念烈士的横、条幅。西展厅陈列着旬邑暴动烈士事迹展览。

第三节　西北地区规模最大的武装起义

渭(南)华(阴、县)地区是陕西建立党团组织最早的地区之一，党在群众中有深厚的基础和广泛的影响。特别是在蒋介石、汪精卫叛变革命之后，冯玉祥在陕西“清党”时，中共陕西省委将在西安等大城市的党员领导干部先后派到渭华地区隐蔽起来，这些同志到渭华地区之后，深入发动群众，开展农民运动，为渭华起义奠定了良好的组织基础。当时全省党的七个县委中，有三个县委在渭华地区，它们是渭南县委、华县县委、五一县委。由于这些地区党组织的力量较强，群众基础较好，为了反抗蒋介石国民党的反动统治，中共陕西省委决定在渭华地区组织武装起义。1928 年 2 月底在渭南爆发的“宣化事件”，成为渭华起义的导火线。

一、宣化事件

在大革命运动高涨时期，渭华地区的党组织在离渭南县城三四里地的宣化观建立了“宣化高小”。由共产党员李维屏担任校长，并聘请共产党员多人担任教员，因此学校革命气氛很浓，在当地颇有名气，吸引了不少学生到这里上学。与此同时，渭南县城的乐育小学由于反动分子当权，教学质量不高、教学秩序混乱、教师经常打骂学生，因此引起群众不满，学生纷纷要求转学。出于反动本性和嫉妒心理，乐育小学校长田宝丰勾结当地豪绅地主刘铭初于 1928 年 2 月 28 日乘机捣毁了宣化小学，并将宣化小学的教师和学生强行赶出校门，打伤数人。事件发生后，党组织决定以渭南县学生联合会出面，发动渭南县立中学和东关小学的师生以及附近农民群众，于 29 日到乐育小学游行示

渭华起义时召开群众大会的情景

威，400 多名农民和 300 多名学生，包围了宣化观。反动分子竟挥刀、舞棍、抛砖、飞石袭击农民和学生。反动豪绅刘铭初、薛明章和反动校长田宝丰的凶恶霸道，激起了民愤，示威群众当场打死了土豪劣绅刘铭初和薛明章，打伤反动校长田宝丰。

群众的革命行动立即引起反动当局的仇恨，陕西省政府主席宋哲元公然宣布“二二九”群众运动为“反革命行动”，冯玉祥也以“整顿学风”为名，宣布渭河南北各校一律停办，切实改组，校长不良者撤换之，教员不良者更易之，学生不服从师长者以共产党论罪。反动当局还四处搜捕共产党员和革命群众，并立即下令封闭了当时的红色堡垒——渭南县中学、宣化小学和东关小学，并逮捕了县中校长、共产党员王文忠等 40 多人。接着反动当局又派军队包围了华县高塘镇，缴了我党掌握的高塘民团的武器弹药，封闭了党的活动中心——高塘小学，逮捕了高塘小学校长、共产党员李维俊等 10 人，白色恐怖更加严重，阶级矛盾更加尖锐。

为了粉碎敌人的残酷镇压，中共陕西省委于 1928 年 3 月 13 日向各级党组织发出了“第三十九号通告”，指示各级党组织不仅要声援“二二九”革命行动，而且要“立即发动民众斗争，在农村则由抗租、抗债、抗粮、抗捐、抗税、抗一切摊派勒索等斗争，以致转为杀豪绅地主、官吏，夺取武装、围攻县城的大暴动”，在斗争中建立农村苏维埃，武装群众，开展游击战争，并扩大为一县或数县的农民大暴动。

为了领导陕东地区的武装暴动，中共陕西省委决定成立陕东特委。1928 年 4 月 1 日，陕东特委在华县高塘附近的江村药王洞正式成立，省委常委刘继曾为特委书记，渭南县委书记肖明为特委组织部部长，团省委宣传部部长李大章为特委宣传委员。陕东特委一成立，就拟定了暴动的工作计划，进行暴动的各项准备工作。

二、建立苏维埃政权

经过比较充分的准备之后，轰轰烈烈的渭华起义爆发了。

1928 年 5 月 1 日，渭南东塬千余农民群众在渭南县崇凝镇举行“五一”劳动节纪念大会。会场中间挂着列宁像，台子两旁贴着对联，四面墙上贴着“打倒军阀”“打倒土豪劣绅”“实行耕者有其田”“大家吃，大家干，大家的事大家办”等巨幅标语，会场气氛慷慨激昂而又隆重庄严。中共陕东特委的代表和当地农民代表在大会上发表了讲话，痛斥了国民党反动军阀的残酷统治，控诉了豪绅地主压迫和剥削人民的滔天罪行。会议庄严宣告，成立“崇凝区苏维埃政府”，宣布“一切政权归苏维埃”。会议当场处决了两个罪大恶极、人人痛恨的反动公差，宣布没收伪区长李玉林和大恶霸杨晓的财产，分配给贫苦农民。会后举行了声势浩大的游行示威，崇凝区苏维埃政府的建立是渭华起义中建立的第一个苏维埃政权，它标志着西北地区的革命运动进入了大规模建立苏维埃政权的新时期。

继崇凝镇大会之后，5 月 2 日，华县的赤水也举行了数千人参加的反对军阀、反对国民党反动统治的大会；5 月 3 日，渭南的阳郭镇举行了有 3000 多人参加的苏维埃成立大会，群众抄没分配了土豪牛星照的粮食和其他财物；5 月 4 日，渭南三张村也举行了声势浩大的红五月纪念大会，收缴了警察所的枪支，处决了税务所的所长；5 月 5 日，华县东王村举行群众大会，宣布成立苏维埃，主席王明周会后带领群众查抄了大恶霸杜金科的商店，烧了账簿，没收分配其粮食和财物；5 月 6 日，华县高塘镇召开了万人参加的军民联欢大会，宣布成立苏维埃政府。中共五一县委也组织了特别代表队，抄了劣绅张克俭的财物，处决了土豪韩大顺、黄五纪等人，烧毁了敌军的西板桥粮台，在武装斗争的基础上成立了信义区和隆兴区苏维埃政府。此后其他各地各村纷纷举行起义，宣布成立苏维埃政权。烧毁了地主的文约地契，没收了地主的财产粮食，惩办了罪大恶极的反动官绅，打击了反动的民团武装，革命的烈火迅速烧遍了整个渭华地区。

烈士殉难井　起义失败后，侯振和、刘孝智、李邦彦等十余名同志被敌人逮捕，毒打致死投尸此井中

4 月底，陕东特委派往许权中旅学习军事的 28 名武装骨干返回华县，遂开展游击活动，队伍迅速扩大至 150 人。5 月 4 日，在陕东特委的领导下，在泷河川的望岗岭（渭南县城南）正式举行了“陕东赤卫队”成立大会。张汉俊（李大德）任大队长，薛自爽任副大队长，冯养浩任书记，下设三个分队、四个小队，还有一个大刀队和特务队，在渭华高原的主要村镇都建立了赤卫队的据点。

陕东赤卫队建立之后即开拔至距渭南东南 40 里地的塔山，构筑工事，和当地农民群众结合起来，参加阳郭、三张、赤水、高塘等地的群众斗争，斗争豪绅，破坏交通，打击民团，沉重地打击了帝国主义和封建势力，吓得各地民团不敢出村，吓得豪绅地主纷纷逃往县城或西安。

当时陕西省委掌握的武装有两个旅，一个是在清涧起义中发挥了重大作用的李象九旅，但在清涧起义失败后遭到很大的损失，只留一小部分在陕北桥山一带进行革命。另一支武装力量是许权中旅。

许权中旅是由大革命时期冯玉祥在西安举办的“中山军事政治学校”的师生组成，蒋介石叛变革命后，冯玉祥将该校学生编成一个旅，1927 年 10 月，命史可轩带该旅开往河南，参加军阀混战。部队到达富平县美原镇时，史可轩被田春生杀害，于是部队另推许权中为旅长，后部队辗转开往洛南三要司暂归李虎臣指挥，并改编为国民军陕军第三旅。陕西省委在许权中旅中发展党员，建立党的各级组织。1928 年 3 月，中共陕西省委派刘志丹、唐澍、谢子长、廉益民、吴浩然、李大德、周益山等同志来到该旅，传达省委关于准备举行渭华起义的指示。1928 年 4 月，李虎臣命令该旅出潼关，参加反冯战争。5 月 10 日，李虎臣命许权中旅担任主攻，部队损失惨重。当晚，刘志丹、唐澍等秘密商议达成一致意见，认为不能再为军阀混战流血，遂率部撤出战斗，赶往渭华地区。11 日晨，部队到达华县瓜坡镇后宣布起义，参加渭华地区农民起义。在华县高塘镇举行了万人军民联欢大会，起义部队改编为西北工农革命军，总司令唐澍、军委主席刘志丹、政治委员刘继曾、政治部主任廉益民，参谋长王泰吉、军党委书记吴浩然、总顾问许权中。全军千余人，设四个大队和一个骑兵队。

工农革命军与起义农民相结合，在渭华塬上摧毁国民党地方反动政权，建立自己的苏维埃政权和赤卫队，杀劣绅、斗地主，并没收其财物分配给贫苦农民。遂形成以华县高塘、渭南塔山为中心，东至华山，西至临潼东，北至豫陕大道，南至秦岭北麓，约 200 平方公里的红色武装割据区域，使渭华起义达到高潮。苏维埃政权普遍建立，渭南、华县、五一等县共建立了 48 个区、村苏维

渭华起义纪念馆

埃政权。大部分基层政权都建立了赤卫队武装，有的赤卫队还夺取或购置了一些武器弹药。基层苏维埃政府还举办了平民学校、农民夜校和儿童团，组织群众学习文化和革命理论，开展文化娱乐活动，苏维埃政府还提倡男女平等，明令禁止妇女缠足，使起义区内到处呈现出一派崭新的社会政治景象。

三、踏着先烈的鲜血继续前进

由于渭华起义爆发于国民党反动统治的要害地带，致使国民党陕西当局十分震惊。从5月中旬到6月中旬，宋哲元调集主力部队，对渭华地区起义部队先后发动多次进攻。

渭华起义指挥部旧址用青砖和鹅卵石铺成长20米、宽2米的巨幅标语："同志们赶快踏着先烈的鲜血前进啊!!!"

6月19日，由宋哲元亲自出马，率领孙连仲一个师，魏凤楼一个师，还有一个炮兵团，分三路向工农革命军大举进攻，刘志丹与唐澍指挥起义军与敌浴血奋战，激战三日，边打边退，一直退到桥峪口和涧峪口。这时敌人又从侧面向我包围。在情况十分紧急的时候，薛自爽率领陕东赤卫队从敌背后猛烈进攻，给敌人以沉重打击，掩护主力撤退，使我军转危为安。但终因敌我力量相差悬殊，最后也不得不随主力撤退。6月23日，敌军又分三路，向我军发动猛攻；西路向塔山附近之清明山、凤凰山进攻；东路和中路之敌也分途向桥峪口、涧峪口进攻，企图最后消灭我西北工农革命军。我军进行了英勇的反击，打击了敌人的疯狂进攻。其中涧峪口战斗最为激烈。当敌一个团向我进攻时，薛自爽又一次率领陕东赤卫队和数千农民群众，阻击敌人，给敌以重大的杀伤，最后他自己也身负重伤而英勇牺牲。这时许权中率领骑兵队和敌人一直激战到天黑，打退了敌人三四次进攻。最后根据上级指示各部队退出渭华地区进入秦岭。

6月25日，唐澍、刘志丹率工农革命军大部退到洛南县两岔河和保安镇，在这里继续宣传革命，发动群众，开展打土豪、分财产的斗争；许权中、杨晓初率一部退到蓝田县许家庙一带隐蔽。7月1日，工农革命军一部在保安镇遭李虎臣部五个旅及民团的袭击，总司令唐澍和陕东赤卫队队长张汉俊牺牲。后来，部队转移到蓝田县张家坪，与许权中、杨晓初会合。在这里，工农革命军党代表刘继曾召集活动分子开会，决定取消工农革命军番号和军事委员会，转入秘密活动，同时决定通过许权中的私人关系，将部队暂归李虎臣部刘文伯师。8月，刘文伯师被冯玉祥逼出商洛，进入河南，许旅在河南邓县（今邓州）被当地武装打散。历时四个月的渭华起义终告失败。

渭华起义虽然由于客观上敌我力量悬殊，主观上缺乏对形势的正确估计，缺乏领导经验，在策略方面也有某些失误，致使起义最终遭到了失败，但在革命暂时处于低潮的形势下，它沉重打击了西北地区国民党的反动统治，鼓舞了人民的革命斗志，同时也教育和锻炼了陕西的党组织和人民，培养了干部，取得了武装斗争的经验教训，对于西北地区后来的革命运动的发展，特别是进行武装斗争和建立革命根据地，产生了较大的影响和积极的作用。

知识链接

渭华起义纪念馆 位于华县高塘镇，坐东面西，气势恢宏，习仲勋题写馆名，由渭华起义指挥部旧址、陈列大厅、中心广场和烈士纪念塔四部分组成。渭华起义指挥部旧址有革命遗址五处：西北工农革命军军委指挥部旧址——五间厅、“同志们赶快踏着先烈的鲜血前进啊!!!”的15个砖铺大字、中共华县县委办公楼旧址、西北工农革命军军委扩大会议遗址、烈士殉难井，有王泰吉旧居、唐澍旧居、刘志丹旧居、廉益民旧居。陈列大厅收藏文物150多件，各类照片1200余幅，文献资料70多件。陈列大厅外的广场上有渭华起义铜质革命先烈群雕。纪念塔建在纪念馆南100米的丘陵高地上，塔总高9层、32米，塔身高19. 28米，示意1928年，下设五个台阶，示意五月，面向西北，示意渭华起义是西北地区最大的一次武装起义。纪念塔呈方形，塔的正面雕刻着邓小平题词：“渭华起义烈士永垂不朽!”塔的背面是陕西省委和省政府纪念渭华起义、缅怀悼念死难英烈的碑文。

在中共陕西省委发动清涧起义、旬邑起义、渭华起义的同时，为形成全陕暴动的局面，中共陕西省委在全省各地先后领导了多次武装起义和“交农”① 围城

① 农民不堪忍受高额田赋、地租、高利贷盘剥和国民党政府的苛捐杂税所造成的痛苦，集合起来，到当地政府上交农具，以示罢耕的一种反抗形式。

斗争。“交农”围城斗争有：淳化县“交农”围城斗争；三原“交农”围城斗争；泾阳“交农”围城斗争；礼泉“交农”围城斗争；永寿“交农”围城斗争；澄城农民围城斗争；绥德农民的反苛政斗争；汉中地区的抗租、抗捐、抗税斗争。中共陕西地方组织领导的这些武装起义和“交农”斗争，有些因事前准备不足、客观条件不具备而导致失败；有些由于领导者不顾敌强我弱的实际、犯了主观思想上的错误遭到挫折；只有少数斗争条件较成熟、领导善于抓住有利时机并实行比较正确的策略取得了成功。尽管如此，这些起义沉重打击了国民党的反动统治，在陕西革命乃至中国革命斗争史上写下了光辉的一页。

第三章 全国最后飘扬的革命根据地红旗

土地革命战争时期，中国共产党在全国创建了十多块农村革命根据地，这些根据地大多分布在南方，在陕甘地区主要有刘志丹、谢子长、习仲勋等领导创建的陕甘边、陕北根据地。中共陕西省委还在陕南地区创建了陕南根据地。红四方面军西征到川陕地区创建了川陕革命根据地。红二十五军在长征途中创建了鄂豫陕根据地。陕甘边、陕北根据地后来发展为陕甘根据地。第五次反“围剿”失败后，南方的农村革命根据地丧失殆尽，陕甘根据地成为全国硕果仅存的革命根据地，“对中国革命后来的发展有重要影响”。①

第一节 西北地区第一块农村革命根据地

渭北革命根据地是中国共产党在西北创建的第一块革命根据地。它以三原县武字区、心字区为中心，包括富平、耀县、泾阳、高陵、淳化、蒲城、白水等县的部分地区，东西长约 30 公里，南北宽约 25 公里，总面积 750 平方公里，人口 4 万多。三原县的武字区、心字区是渭北革命根据地的中心。

一、发动渭北游击战争

党领导创建渭北苏区的准备阶段可以追溯到 1928 年 4 月党领导的麟游起义，麟游起义虽然失败了，它推动了三原、泾阳地区的“交农”斗争（农民不堪忍受高额田赋、地租、高利贷盘剥和国民党政府的苛捐杂税所造成的痛苦，集合起来，到当地政府上交农具，以示罢耕的一种反抗形式）。1928 年 4 月 24 日，在共产党员黄子文领导下，三原发生了著名的“交农运动”。渭华起义爆发后，为配合渭华起义，5 月 3 日，中共三原县委发动了农民“交农”围城斗争。4 月 26

① 中共中央党史研究室著：《中国共产党的九十年（新民主主义革命时期）》，中共党史出版社 2016 年版，第 133 页。

日，泾阳县近万农民在总指挥张焕文、副总指挥雷志学的率领下，进攻县城，绑缚云梯登城，放火焚烧城门，县府官吏、守城军警惊恐万状；5 月 1 日，礼泉 18000 多农民，扛着杈把、扫帚、镢头等农具，在共产党员秋步月的率领下，包围了礼泉县城，并与守城土匪展开激战；5 月 7 日，许才升、吕佑乾、吕凤岐等发动旬邑起义，成立了西北地区第一个县级革命政权——旬邑县苏维埃政府；5 月 12 日，淳化县近万农民在总指挥赵新三率领下，用土枪土炮攻开县城，并占据县城四天，成立了淳化县苏维埃政府；5 月 18 日，永寿县数百农民在张文正等率领下攻打永寿县城，反动官吏惊恐万状。与此同时，在渭北东部的澄城、合阳一带也爆发了声势浩大的农民起义浪潮。

渭北农民武装起义虽然遭到了国民党反动派的残酷镇压而失败，但它唤醒了渭北古原上劳苦大众的革命意识，为后来渭北革命斗争的蓬勃发展奠定了良好的基础。

1928 年 5 月 3 日三原武装围城指挥部旧址（三原城西申家堡）

1930 年 6 月上旬，根据中共陕西省委在渭北开展游击战争、建立苏维埃政权的指示，中共陕西临时省委渭北巡视员、三原特支书记黄子文、西路巡视员陈冠英来到三原县发动灾民斗争，准备发动武装起义。6 月 16 日，三原陂西镇的王德修率领武装群众 30 多人，高陵王学道率领武装群众 100 多人，富平田裕国率领武装群众 50 多人以及黄子文率领的武字区的武装群众百余人在武字区集合，成立了“渭北灾民自救队”，陈冠英任队长，黄子文任政委，下辖四个大队，开展打土豪、分粮食、建立革命政权的斗争。灾民自救军捣毁了陵前镇区公所，处决了所长岳海州。逮捕和处决了卸任回省途经三原的宜君县长潘恩桐，缴获长枪五支，手枪一支。6 月下旬，灾民自救军又在长坳堡分了地主赵应科、牛振和、叶子青的粮食，捣毁了马额乡的乡公所。至 7 月份，由于敌人进剿部队不断增加，加之第一大队第一分队队长张成义突然叛变，灾民自救军被迫解散，黄子文被派往北方局汇报工作，以武字区为中心的渭北革命斗争暂时处于低潮。

二、建立革命政权

灾民自救军武装起义失败之后，经过了近一年时间的酝酿和准备，武字区的革命斗争又走上了新的发展阶段。1931 年 5 月，根据中共陕西省委的指示，中共武字区委重新恢复，马先民任书记，并建立了武装组织——武字区赤卫队。

三原县武字区游击队兵工厂遗址

1932 年春，中共陕西省委根据富平、三原一带群众斗争发展情况，指示渭北党组织开展游击战争，建立苏维埃政权。2 月中旬，由外地回陕的黄子文和渭北巡视员焦维炽到三原武字区举办党员训练班，培训党员 40 多人。3 月中旬，武字区赤卫队改为游击队，孙铭章任队长；4 月下旬，在区委委员黄子祥的负责下，游击队扩建为武字区游击大队。4 月 21 日，陕甘游击队五支队在阎红彦、杨重远的领导下，到达武字区，攻克了王茂臣民团所在的郝家堡；武字区委在火烧庙召开欢迎大会。在陕甘游击队的影响和号召下，青壮年农民纷纷参军，仅 3 天时间报名人数即达百余人。7 月，中共陕西省委决定成立新的中共三原县委，由金理科任书记，黄子文、赵应奎等为委员。8 月，在武字区游击大队的基础上，成立了渭北游击队，队长马志舟，政委金天华，活动于三原、富平、耀县一带。9 月中旬，陕甘游击队第三支队特务队长程双印被害以后，该队由习仲勋率领到达武字区，改编为武字后区游击队（又称武字区第二游击队），队长陈国玺，政治指导员习仲勋。9 月 22 日，中共三原县委在武字区召开渭北革命委员会（即三原、富平、耀县革命委员会）成立大会，会议选举了由 15 人组成的革命委员会，五人为主席团成员，主席团下设土地、军事、财政、肃反、教育各部。会议选举黄子文为渭北革命委员会主席，马志舟为土地部部长，郑彦青为军事部部长，马平章为财政部部长，马宗德为肃反部部长兼政治保卫队队长。渭北革命委员会设有中共党团，领导革命委员会的工作。中共党团由李冲霄（书记）、黄子文、孙平章组成（后由郑彦青、黄子文、马志舟组成，郑彦青为书记）。会议还通过了实行苏维埃土地法，改造与扩大游击队组织并向周围发展，没收豪绅、地主、富农的土地分配给雇农贫农与中农等12条决议，在各村堡普遍成立了少先队、赤卫队、妇联会、雇农工会等群众组织，开展肃反、禁烟、禁赌等活动。会议还通过了渭北革命委员会成立宣言和给苏维埃中央政府、中国工农红军和东北义勇军的通电。10月6日，中共陕西省委在《关于开展游击运动创造渭北新苏区的决议》中，指示渭北各党部要发起广大群众的示威运动。10月8日至9日，中共陕西省委主持召开渭北各县联席会议，成立中共渭北特委，创造渭北苏区；任命高维翰为特委书记，李冲霄、黄子文、汪锋、程建文等为委员；特委机关设在武字区，领导泾阳、三原、高陵、富平、蒲城等县的工作。同时，共青团渭北特委成立，程建文任书记，习仲勋、金天华等为委员。开展游击战争，建立革命政权，渭北苏区逐渐建立。正如10月4日中共陕西省委给三原县委指示信中所指出的那样："在武字区，国民党县政府的一切命令等于一张废纸，往北去的一条大道完全截断，在这里统治的不是国民党的县政府或区公所，而是共产党和农民联合会，武字区俨然是一个赤色区域。"

三、根据地的反"围剿"斗争

正当渭北根据地各项工作顺利开展的时候，中共陕西省委做出了《开展游击运动和创造渭北新苏区的决议》，指示渭北各党部必须发动和领导群众来纪念十月革命，发起广大的群众纪念大会与示威运动，形成广泛的群众运动，党要立刻准备这一工作。后来又专门发了《关于十月革命十五周年纪念运动的决议》，要求在渭北游击队活动的区域，于11月7日组织广大群众游行示威，纪念苏联十月革命。根据省委的指示，渭北革命委员会党团于10月30日召开了第一次党团会议，决定在11月6日、7日、8日三天召开群众大会，游行示威，纪念十月革命。6日的庆祝大会由渭北革命委员主席黄子文主持并致开幕词，三原县委书记、农联会、妇联会、赤卫队、游击队、少先队和学生代表也登台讲话。会后1400多人排着整齐的队伍到武字区向马额乡的民团示威。7日，参加大会的达2000多人，中共渭北特委书记李杰夫做了形势报告后，举行了浩浩荡荡的游行示威。从武字区到西阳镇，穿街而过，又经过富平的淡村，然后返回武字区，往返行程三四十里。8日又举行了盛大的游艺大会，散发传单7000多份，演出许多化装新剧，渭北党、政、军、民沉浸在胜利的欢乐之中。

渭北革命烈士纪念碑

大规模的游行示威，极大地震惊了敌人。11月9日，泾阳、三原、高陵、富平、淳化、耀县等六县的民团和三原、富平、耀县的国民党军队联合起来，“围剿”武字区，他们先搜区、后搜沟，一村一村往过搜，大肆搜捕了三天，给人民的生命财产造成了极大的损失，黄子文家的十几间房子被烧，骡马被牵走，群众的箱柜衣物被洗劫一空，麦场里的碌碡都被推到了井里，黄子文村子的30多人被捕，渭北游击队被冲散，党的各级领导被迫隐蔽起来，60多名共产党员和共青团员惨遭杀害，党和革委会的工作陷入瘫痪。

渭北根据地遭国民党军“围剿”后，中共陕西省委立即派干部到根据地进行恢复和重建工作，在不到四个月的时间里，调整党组织五次，先后组成新的中共渭北特委、中共三原中心县委。同时加强了对基层组织的恢复和发展。

党组织恢复后，即着手游击队的恢复和重建工作。三原中心县委负责军事工作的曾楚川将分散在各地的游击队员集中起来，在南原和武字后区各组建了一支游击队。不久，黄子文将两支游击队合并，恢复了渭北游击队。1933年3月，中共三原中心县委领导成立了渭北游击队总指挥部，下设渭北游击队第一、第二大队及第一、第二补充支队。总指挥部指挥游击队与红二十六军第二团（简称红二团）配合行动，共同打击敌人。4月底，渭北游击队总指挥部率第一大队配合红二团全歼侯家堡驻军一个骑兵排。6月，攻打驻扎在长坳堡的富平淡村民团。7月，三原中心县委将泾阳县游击队改编为渭北游击第二大队，大队长苗家祥，党支部书记刘清和，下设三个中队。游击队除配合红二团打击国民党保安团队外，还组织发动群众在富平、耀县等地打土豪，分财物，并帮助富平、耀县、三原等地建立了五支游击队，约 170 余人。红二团南下渭华失败后，中共陕西省委决定将渭北游击队第一大队改编为红二十六军第四团（简称红四团），团长黄子祥，政治委员杨森，参谋长李天保，下设两个连和一个骑兵班。7 月底，红四团为策应王泰吉率领的西北民众抗日义勇军北上，在三原和富平交界的老户沟设伏，全歼富平淡村张德润民团。

8 月，国民党“渭北剿匪司今”刘文伯调集了六个团的兵力和泾阳、三原、高陵、富平、淳化、耀县等县的民团，对渭北苏区进行疯狂的“围剿”，共产党员和人民群众牺牲 600 余人。在敌人重兵包围下，红四团于 8 月上旬撤离心字、武字两区，北上转移至照金。中共三原中心县委书记赵伯平被捕，渭北根据地被敌人占领，以武字区为中心的渭北苏区遭到严重破坏。

渭北革命根据地从 1931 年 5 月开始创建到 1933 年 8 月失守，坚持红色割据两年之久。渭北革命根据地在中国共产党陕西历史上占有重要的地位，习仲勋同志这样说：“渭北苏区是陕甘建立的第一个苏区。因为渭北的武字区、心字区，从大革命时期起就一直没有停止过武装斗争。渭北苏区的开辟为红二十六军的创建，为照金和南梁陕甘边革命根据地的创造和发展，提供了条件，培养了干部，输送了力量。”渭北革命根据地的失败，也说明不能在离敌人中心城市较近的地区建立革命根据地，要到敌人统治力量薄弱的地区，建立山区革命根据地，只有这样才能积蓄和发展革命力量。

知识链接

工农武装割据 指在中国共产党领导下，以武装斗争为主要形式，以土地革命为中心内容，以农村革命根据地为战略阵地的三者密切结合。武装斗争是中国民主革命的主要斗争形式，是进行土地革命、巩固和发展革命根据地的最有力的工具；土地革命是中国民主革命的中心内容，农民是民主革命的主力军，满足了农民的土地要求，才能最广泛地动员和组织农民群众参加武装斗争，巩固和扩大革命根据地；农村革命根据地是中国民主革命的战略阵地，是开展土地革命、进行武装斗争的基础和依托。三者相辅相成，通过建立农村革命根据地，开展武装斗争，积蓄革命力量，实现农村包围城市，完成中国革命的任务。

第二节 陕甘边革命根据地照金苏区

自资产阶级民主革命运动兴起以来，中国革命的重心一直在南方。土地革命战争时期，中国共产党领导建立的大大小小十几块根据地，除陕甘边、陕北之外，基本上分布于中国的南方省份。到了20世纪30年代中期以后，中国革命的重心逐步由南方向北方转移。刘志丹、谢子长、习仲勋等领导创立的陕甘边革命根据地和陕北革命根据地发展为陕甘革命根据地，这片土地革命战争后期全国“硕果仅存”的根据地，后来成为党中央和各路红军长征的落脚点和新的革命高潮的策源地，延安因此成为中国革命的“红都”，陕西成为中国革命的中心。

一、创建照金苏区

照金苏区的中心照金镇，位于耀县西北部，居桥山山脉南端的突出地带，与淳化、旬邑、宜君等县接壤。境内山峦起伏，河流纵横，沟壑交错，林密如海；中心地带险峰林立，其中以薛家寨为最险，海拔达1600米以上，悬崖峭壁，是开展游击战争的理想场所。

照金全貌

刘志丹

早在1927年大革命失败后，中国共产党就开始在陕甘边播散革命的火种。刘志丹、谢子长、习仲勋等打入国民党部队，领导发动了70多次兵变和武装起义，均以失败告终，这使他们认识到建立自己的军队和根据地的重要性。1931年9月，刘志丹在南梁地区建立了一支由中国共产党直接领导的工农武装——陕甘边境游击队，刘志丹任总指挥。1932年1月，同阎红彦率领的陕北游击支队合编为西北反帝同盟军，2月12日，改编为中国工农红军陕甘游击队，总指挥谢子长。陕甘游击队在渭北的三原、富平、耀县一带开展游击战争。

1932年6月，中共陕西省委根据中共中央指示，决定创建陕甘边根据地，成立红二十六军。9月中旬，陕甘游击队袭击耀县照金镇，并组织群众打土豪，分

周冬至

田地，拉开了以照金为中心的陕甘边革命根据地发展的序幕。12 月 24 日，陕甘游击队在宜君县转角镇（今属旬邑县）举行改编授旗仪式，红二十六军正式组建。当时没有设立军部，也没有任命军长，只编有第二团，共 200 余人，杜衡（后叛变）任政治委员，王世泰任团长，刘志丹任政治处处长。

红二十六军成立后，同渭北群众革命斗争相结合，开始了创建陕甘边革命根据地的英勇斗争，很快把照金与渭北苏区连成一片，并看准机会向西路地区发展。

作为陕甘边革命根据地中心的照金，是党、军、政、团“四大家”的驻地。1933 年 3 月 8 日，成立了中共陕甘边区特委，金理科为特委书记；同时成立了中国共产主义青年团中共陕甘边区特别委员会，成立时书记为师克寿，后来师克寿调红二十六军，习仲勋兼任书记；3 月中旬，成立了陕甘边区游击队总指挥部，李妙斋任总指挥；4 月 5 日成立了陕甘边革命委员会，贫农出身的周冬至为革命委员会主席。不满 20 岁的习仲勋身兼四职：陕甘边特委军委书记、陕甘边区游击队总指挥部政治委员、陕甘边革命委员会副主席、中国共产主义青年团中共陕甘边区特别委员会书记，展示了他出色的组织能力和领导能力。

到 1933 年 5 月，以照金为中心，位于旬邑、淳化、三原、耀县、宜君、正宁等县边界山区的陕甘边根据地基本形成，总面积约 2500 平方公里。

二、保卫照金

照金纪念馆油画：红二十六军授旗仪式

陕甘边革命根据地的创建初期，正是王明“左”倾教条主义在党中央占据统治地位的时期，刘志丹、谢子长、习仲勋创建照金陕甘边根据地的斗争，一开始就受到党内左倾错误路线的干扰。

1932 年 4 月 18 日，中共陕西省委书记杜衡来到陕甘游击队，指责游击队犯了“游而不击”“流寇主义”的严重错误，撤了谢子长的总指挥职务，命令刘志丹带领部队东进富平、洛川等地，结果游击队在韩城遭国民党重兵围攻，损失严重，只得越子午岭再入陇东。

1932 年 7 月，中共陕西省委派省委常委李艮为陕甘游击队政委，李艮要求

“红军冲破游击战的思想束缚，演习阵地战和平原战”，无休止地开会讨论，解决所谓游击队的“机会主义领导问题”“反革命阴谋问题”，声言“追查反革命”；敌人这时趁机进攻游击队，战斗开始后，李艮命令部队先死守、后强攻，三次战斗均失败，人员伤亡惨重，仅剩下200多人。

耀县庙湾战斗旧址

1932年12月，杜衡受陕西省委委派再次来到陕甘游击队，任新组建的红二十六军政委。杜衡污蔑刘志丹、谢子长、习仲勋在建立陕甘边根据地的斗争中犯了“梢林主义”“土匪路线”的错误。“梢林”指整个桥山山脉的灌木丛。“梢林主义”指刘志丹、谢子长、习仲勋在照金山区开展游击战争、建立根据地的斗争。“土匪路线”，实际上是一种统一战线策略，团结一些哥老会头目、民团团总、保安团、红枪会共同斗争。杜衡主观臆断、违背实际“拍脑袋”决策，主张放弃陕甘边根据地，先是北上打通国际路线连通苏联，攻打同我们有统战关系的庙湾民团，火烧香山寺，结果部队损失惨重。北上失败后又命令刘志丹在1933年6月21日带领部队南下创造渭华苏区，试图同陕南红四方面军会合。红二团离开根据地，在国民党军队的围追堵截下，很快被打散，损失惨重。杜衡在南下途中跑回省委，不久被捕，叛变投敌。10月上旬，刘志丹化装成卖东西的货郎历尽艰辛回到照金，其他20多名南下幸存的指战员也辗转回到照金。

照金纪念馆油画《陈家坡会议》

1933年七八月份，是根据地发展的最困难时期，红二团南下失败，外面人认为红二十六军整体被消灭；根据地内部的几支武装力量不团结，要各回各家；

中共陕西省委遭破坏，省委书记袁岳栋、红二十六军政委杜衡叛变投敌，根据地上空弥漫着悲观失望的情绪，遇到了“红旗能打多久”的问题。在此情况下，1933 年 8 月 14 日，陕甘边特委在照金陈家坡召开党政军联席会议，习仲勋和秦武山主持会议，黄子祥、王柏栋主张分散打游击，习仲勋等人主张高举红旗，统一行动。会议从下午开到第二天太阳出来，整整一夜，决定坚持并扩大陕甘边根据地，恢复红军主力，成立“陕甘边红军临时总指挥部”，任命王泰吉为总指挥。10 月上旬，刘志丹回到照金后，任临时总指挥部参谋长，并于 10 月 12 日率陕甘边红军主力向北出征，为扩大陕甘边根据地而斗争。

总指挥部的成立和军事指挥的统一，使得部队战斗力有了显著提高，军事上取得了一连串的胜利，极大地提高了红军的声威，但也引起了反动统治者的恐惧，蒋介石命令国民党军队“围剿”照金苏区，占领薛家寨。

1933 年 10 月 13 日，敌人四个正规团和六个县的民团共 6000 余人，携带迫击炮、重机枪等重型武器，对照金根据地的中心——薛家寨进行突然袭击，由于刘志丹已带领陕甘边红军主力向北出征，薛家寨只有三四百人留守，敌我力量对比悬殊，再加上山水游击队和龙王寨游击队的领导人叛变，李妙斋、周冬至等根据地领导人在战斗中相继牺牲，10 月 15 日，在敌人登上薛家寨，我腹背受敌的情况下，为了保存革命力量，根据地领导机关和后勤机关暂时撤出了照金苏区。

三、转战南梁

照金苏区失守后，1933 年 11 月 3 日，中共陕甘边特委和陕甘边红军临时总指挥部在甘肃省合水县包家寨召开了联席会议，会议总结了照金苏区斗争和薛家寨失守的经验教训，彻底清算了杜衡的“左”倾冒险主义，决定恢复红二十六军（建制为红二十六军四十二师）；实行“狡兔三窟”战略，开辟以安定、南梁、照金为中心的三路游击区，建立三路游击队；开辟以甘肃南梁为中心的陕甘边根据地。包家寨会议同陈家坡会议一样，是陕甘边根据地发展史上的重要会议，标志着陕甘边区革命的发展已走向成熟阶段。

包家寨会议后，陕甘边各地游击战争蓬勃发展，迅速将渭北苏区、照金苏区和南梁苏区连成一片。1934 年 2 月 25 日，选举成立了由习仲勋任主席的新的陕甘边区革命委员会。5 月 28 日，建立了由刘志丹任军委主席的陕甘边军事委员会，恢复了陕甘边特委机关。在陕甘边特委和陕甘边革委领导下，南梁根据地各项革命和建设事业蓬勃发展，已经具备了建立边区一级革命政权的条件。1934

年 11 月 4 日至 6 日，中共陕甘边特委和陕甘边革命委员会在南梁荔园堡召开陕甘边工农兵代表大会，选举成立了陕甘边区苏维埃政府，21 岁的习仲勋任苏维埃政府主席。

陕甘边工农民主政府的成立是陕甘边革命斗争的一个历史转折点，它鼓舞了人民群众革命斗争的勇气，坚定了红军指战员的战斗意志和必胜信心。经过两年多艰苦的反“围剿”斗争，到 1935 年初，已在陕甘边纵横数百公里之地建立了巩固的苏区和游击区，建立了 11 个县的苏维埃政府，以南梁为中心的陕甘边革命根据地正式形成。

陕甘边根据地列宁小学的学生

南梁苏区的建立，是刘志丹、谢子长、习仲勋等吸取了渭北苏区、照金苏区建设的经验教训而建立起来的，南梁苏区是陕甘边根据地的发展和巩固阶段，为西北根据地和陕甘宁边区的建立和发展奠定了坚实的基础。

知识链接

陕甘边革命根据地照金纪念馆　陕甘边照金革命根据地旧址位于铜川市耀州区照金镇东北的绣房沟。1992 年 4 月 20 日，照金革命根据地旧址被陕西省人民政府公布为重点文物保护单位。2004 年，占地 6900 平方米的陕甘边照金革命根据地纪念馆建成开放。为了纪念陕甘边革命根据地创建 80 周年，宣传照金革命史，弘扬革命传统，充分发挥照金爱国主义教育基地的作用，2012 年 8 月，纪念馆在原馆基础上动工扩建，与整个照金镇开发建设统一规划实施，2013 年 8 月建成。纪念馆建筑面积 6500 平方米，展厅共有两层，一层为序厅、主展厅；二层为陕甘边革命英雄纪念展区，开设了刘志丹、谢子长、习仲勋等老一辈无产阶级革命家的专题展区，以陕甘边革命历史为主线，采用声、光、电等先进技术，全面系统地展示了革命先烈和老区人民英勇战斗的光辉历程。

第三节　黄土塬上党旗红

800多年前，北宋时期的陕西眉县人张载在49岁辞官后，以“为天地立心，为生民立命，为往圣继绝学，为万世开太平”的使命意识，在横渠这个穷乡僻壤里、在艰苦的条件下读书治学，创造了关学，他在一篇文章中说：“贫贱忧戚，庸玉汝于成也。”800年后，在陕北这片贫瘠的黄土地上，以刘志丹、谢子长为主的一群知识分子以为社会主义和共产主义奋斗的理想信仰，建立中国共产党陕北特别委员会（简称陕北特委），进行武装斗争，使革命之火燃遍了陕北这块黄土地，建成了包括延安、延川、清涧、绥德、吴堡、佳县、安定、米脂、横山、靖边、子洲等11个县在内的陕北革命根据地，它在1935年2月同陕甘革命根据地合并形成西北革命根据地。

谢子长

然而，在陕北特委的建立和领导陕北革命的过程中，多次改变隶属关系，有时属中共陕西省委直接领导，有时归中共中央北方局领导，有时归中共河北省委领导，有时处在没有上级党组织领导的迷茫中，不管隶属如何变化，尽管陕北特委多次遭到敌人破坏，但党领导的陕北地区的革命斗争始终没有停止，对中国革命道路的探索从没有间断。

一、“三色”革命的策略思想

在中国共产党成立和大革命时期，陕北是陕西革命发展较好的地区之一，具有较好的革命基础。大革命失败后，中共陕西省委和共青团陕西省委都先后派人到陕北，重新恢复和整顿党团组织，以进一步率领广大人民群众向反动派进行坚决的斗争。

刘志丹与榆林平民小学师生合影（后排左七为刘志丹）

1927 年 10 月，共青团陕西省委陕北特派员焦维炽，经绥德到榆林，首先恢复了绥德和榆林两个县的共青团县委会，以健全团的组织生活，对团员进行坚持革命斗争的思想教育。然后又在米脂建立了共青团陕北特委，由焦维炽任团特委书记，贾拓夫任组织委员，刘绍浪任宣传委员，团的组织又开始了新的战斗。1927 年 11 月，陕西省委决定设立中共陕北特委，领导陕北的党组织。

陕北特委成立的南丰寨古庙

1928 年 4 月底，陕北特委成立会议召开。参加会议的代表们乔装打扮，有的以商人身份，有的打扮成公差模样，来到了苗家坪（今属子洲县）附近的南丰寨古庙里参加会议。会议由省委特派员杜衡主持。出席会议的有焦维炽、李文芳、赵通儒、景仰山、师应三、张蜀卿、柴培桂、苗仰实、杨国栋、冯文江、朱幼康、窦增荣、李蓉鉴、王兆卿、薛尚英、李登霄、苏维祥、崔怀珠、周发源等人。会议开了三天三夜，主要内容是传达党的“八七”会议精神、传达陕西省委指示、制定党在陕北地区的政治路线和工作任务。会议最后选举成立了陕北地区党组织的领导机关——“中国共产党陕北特别委员会（简称陕北特委），杜衡为特委书记（省委提名，会议通过），冯文江负责组织兼农运；马瑞生负责宣传（未到职），杨国栋负责军事，焦维炽为青年委员兼团特委书记，赵通儒、白明善等为候补委员。因绥德、榆林反革命势力较强，特委机关不便活动，而米脂环境、交通和群众基础都比较好，因此会议决定特委机关暂设于米脂县城内。陕北特委创办了公开性的机关刊物《工农先锋》，辟有“政治时事”“消息报道”“理论短评”等栏目，刊物封面是工农高举着一面镰刀斧头红旗迈步前进。此刊物在陕北的影响很大。

陕北特委成立后，积极在陕北开展革命斗争。拟于 1928 年 9 月 28 日（即农历八月十五）在米脂县城召开临时会议，由于之前敌人已听到风声，并着手全城搜捕，而特委书记杜衡却麻痹轻敌，导致敌人在 9 月 28 日一大早逮捕了特委书记杜衡、团特委书记焦维炽、团特委组织委员贾拓夫和中共榆林县委书记李文芳，这就是“中秋节事件”。贾拓夫、李文芳被捕后，因为伪县长和审堂官都是神木人，同贾拓夫、李文芳不仅有老乡关系且有师生之谊，因此关押 20 多天即被释放，而杜衡和焦维炽被押解到榆林，直到 1928 年年底才被党组织营救出狱。

中共陕北特委红石峡会议旧址

“中秋节事件”后，特委虽受到打击，但组织仍存在，杨国栋、贾拓夫、冯文江、刘澜涛、白明善等在特委机关工作，特委机关也由米脂迁往清涧县的折家坪，以开旅店做掩护。1929 年 2 月上旬，陕北特委第一次扩大会议在绥德县周家硷附近的张家岔召开，参加会议的有特委委员杜衡、杨国栋、白明善、赵通儒、冯文江、常黎夫、刘澜涛、贾拓夫、马文瑞、常立德、谢子长等。谢子长化装成一个行路人，先到了冯文江家，后到张家岔。会议传达了中共六大的精神，确定陕北党的工作方针为深入群众，争取群众，积蓄力量，准备条件，等待时机，进行苏维埃运动，以迎接陕北革命新高潮的到来。

四五月间，中共陕北特委在榆林城北红石峡召开第二次扩大会议。会议批判了杨国栋政治上右倾、军事上消极、生活上腐化等错误，撤销了他的代理书记职务，决定由刘志丹任特委军委书记，主持特委工作。会议提出了可以通过三种形式搞武装斗争，即：可以有白色的（派人做争取国民党军队及民团的工作）；可以有灰色的（派人做土匪武装的工作）；可以有红色的（建立工农武装）；以搞白色的形式为主。“三色”革命的思想是中共陕北特委从陕北革命斗争的实际出发，提出的建立统一战线的策略思想，对于革命势力的发展具有积极的作用。会后不久，刘志丹前往保安，做当地民团的工作。10 月，吉国桢接任中共陕北特委书记，张文华为团陕北特委书记。

二、革命理想高于天

1930 年 10 月，陕北特委直属中共北方局领导，只与陕西省委发生横向关系；12 月又归中共河北省委领导，但实际上从 1931 年初到 1932 年底，陕北特委与中共河北省委并没有太多联系；1933 年 3 月后，受中共中央驻北方代表团领导。

陕北特委隶属关系的变化，反映了中国共产党在土地革命战争时期的曲折发展历程，对陕北的革命运动也产生了深刻的影响。但不管隶属关系如何变化，陕北特委始终高举理想信仰的旗帜，在艰苦的环境中，革命斗争一刻也没有停止过，并且有众多的共产党人，为了革命的理想献出了自己的生命。

合龙山寺庙

1930 年 6 月，在中国共产党内发生了以李立三为代表的“左”倾冒险主义错误，10 月初，陕北特委在绥德城西的合龙山寺庙召开第三次扩大会议，贯彻“立三路线”关于组织中心城市武装暴动的决议，成立了准备暴动的“陕北特委军事行动委员会”，谢子长、刘志丹任正、副总指挥。但由于陕北暴动条件很不成熟，一无军队，二无武器，武装暴动只是一句空话。当时发动的两次兵变也遭到了失败，“立三路线”在酝酿之中即遭破产。

1931 年 1 月 7 日，党中央召开了六届四中全会，以王明为代表的“左”倾路线在党内占了统治地位。由于代替北方局领导陕北特委的河北省委也分成了两派，即“旧省委”和“省委紧急会议筹备处”，陕北特委在一年多时间里没有得到上级明确指示。由于白色恐怖中敌人的追捕，特委机关到处搬迁、无法立足，在异常困难的环境中坚持斗争。

1933 年 3 月后，陕北特委受中共中央驻北方代表领导，根据北方代表的指示，陕北特委在 7 月 23 日到 25 日，在佳县高起家坬的高禄孝家中召开了陕北特委第四次扩大会议。陕北特委代理书记马明方就开展游击战争和建立根据地问题做了报告，报告详尽分析了当时陕北的革命形势，敌我力量对比，充分说明了在陕北地区开展游击战争的必要性和可能性，明确提出了开展游击战争的具体任务。

高起家坬会议结束之后，特委任命毕维舟为一支队政治委员，并同特委的军事委员王兆卿一起去安定，整顿一支队，同时还派高禄孝一同去安定，为特委筹集经费。7 月 31 日，他们三人行至镇川，住在特委地下交通崔明道家中，被叛徒发现、出卖，敌人将毕维舟、王兆卿、高禄孝、崔明道逮捕，同时还逮捕了陕北特委米脂地下党区委（相当于县委）的宣传委员王守义、工作人员高庆恩，六位被捕的同志虽被严刑拷打，但始终坚贞不屈，面对吃人的豺狼，他们坚定地说："要吃张口，要杀开刀！要我们背叛共产党，办不到！"敌人从王兆卿等同志嘴里什么也没有得到，又害怕我们的游击队劫狱救人。8 月 3 日，敌人在清水沟枪杀了六烈士，他们的头被敌人割下来，挂在米脂县的城门上，尸体被抛入无定河，血染河水 40 里，后来在无定河到黄河的会合口才找到几个同志的尸体，有的同志连尸体也没有找到。

高起家坬会议是陕北地区党的工作的一个巨大转折点，陕北党组织逐步由秘密到公开。会后各地的武装斗争如雨后春笋，蓬勃发展，为以后巩固和扩大陕北根据地创造了有利条件。

赤源县白庙岔陕北省苏维埃政府旧址

三、革命之火燃遍陕北黄土地

中共陕北特委成立后，加强了党对陕北革命斗争的领导。在陕北特委的领导下，1932 年 3 月，中国工农红军延川游击队成立，4 月，游击队改名为中国工农红军西北先锋军，后改编为中国工农红军陕北游击队第九支队；1933 年 4 月下旬，陕北特委将九支队改编为中国工农红军陕北游击队第一支队；以后又建立了陕北游击队第二、三、四、五、六、七、八、十、十一、十二、十三、十四、十五支队。陕北游击队在各游击区发动和组织群众打土豪，进行土地革命，开展游击战争，在 1934 年夏季把陕北各个游击区连成一片，陕北革命根据地初步建成，地域包括延安、延川、清涧、绥德、吴堡、佳县、安定、米脂、横山、靖边、子洲等 11 个县；划分为以安定为中心、以清涧为中心和以吴堡、佳县交界处为中心的三个区域和神木、府谷独立区域。

杨琪

为了进一步加强对各游击队和各个地区游击战争的统一领导，1934 年 7 月 8 日，陕北特委在安定县杨道峁成立了"中国工农红军陕北游击队总指挥部”，谢子长任总指挥、郭洪涛任政委、贺晋年任参谋长。7月25日，谢子长率陕北游击队一、二、五支队和赤卫队300多人，南下陕甘边与红二十六军四十二师在南梁会合。7月28日，召开了陕甘边、陕北两个根据地党政军联席会议，会议制定了四十二师和陕北游击队互相配合，共同粉碎敌人对陕北根据地“围剿”的战略部署。会后，王世泰率领四十二师第三团援助陕北根据地粉碎了敌人对陕北根据地的第一次“围剿”。

陕北根据地第一次反“围剿”斗争取得胜利后，革命形势迅速发展，根据地也进一步扩大，在此形势下，中共陕北特委在安定县景家河召开扩大会议，决定将原来的红一、二、三支队改编为第一、二、三团，并在此基础上准备成立中国工农红军第二十七军。1935年1月30日，陕北特委根据中央驻北方代表的指示，在安定县的白庙岔召开隆重的授旗大会，宣布成立“中国工农红军第二十七军”（以八十四师为主力），杨琪为红二十七军八十四师师长，张达志为政委，朱子休为参谋长。与此同时，在赤源县的白庙岔召开了陕北苏区第一次工农兵代表大会，正式成立了陕北省苏维埃政府，主席马明方，副主席霍维德、崔田民。至此，陕北革命根据地基本形成，在陕北建立了九个县的苏维埃政府（革委会）。

知识链接

红军女英雄任志贞　任志贞1914年生于陕西省子长县人。1930年加入共产主义青年团，1931年转为共产党员。曾任陕北红军游击队一支队一分队政治指导员。因被叛徒出卖，被捕入狱。在狱中，任志贞与敌人进行了针锋相对的斗争。敌人以委官重金招降，任志贞斥之为“蠢人多美梦”。敌人用酷刑迫降，任志贞几死几活，她坚定地说：“打、杀，都由你们，休想从我嘴里掏出你们需要的半个字！”敌人把任志贞带到关押她丈夫白德胜的男牢，任志贞平静地对白德胜说：“他们安排咱们一起就义，也不枉夫妻一场。”黔驴技穷的敌人便决定杀害她和她的丈夫白德胜。1934年2月13日，任志贞高喊：“共产党万岁！”“打倒国民党反动派！”走向刑场。任志贞牺牲后，党组织授予她“妇女解放的先锋”“革命青年的典范”的荣誉称号。她的英雄事迹被排成歌剧《任志贞》和电影《夫妻英烈》。

第四节　硕果仅存的革命根据地

由陕甘边革命根据地和陕北革命根据地发展起来的陕甘革命根据地，是土地革命战争后期全国仅存的一块完整的革命根据地，为中共中央把全国革命的大本营放在西北，准备了落脚点，也为红军抗日提供了出发点。毛泽东这样评价这块根据地："陕北是两点，一个是落脚点，一个是出发点。"这是对陕甘革命根据地历史作用和地位的高度概括。

一、陕甘革命根据地的统一

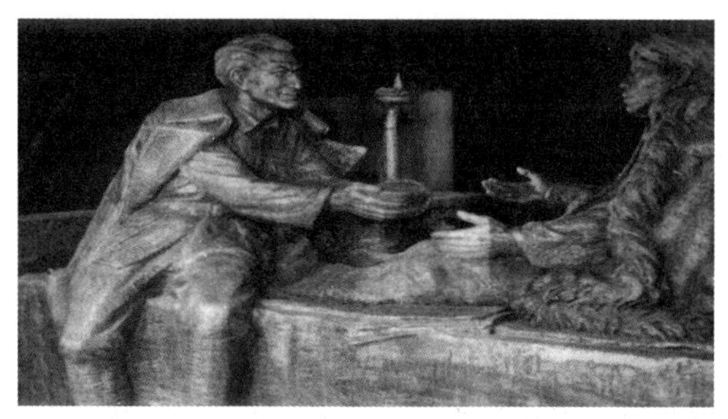

雕塑：刘志丹探望重病养伤的谢子长

陕甘边、陕北地区革命斗争的发展，引起了国民党当局的恐慌。1934 年 2 月，陕甘当局兵分九路对陕甘边红军发动了第一次大规模"围剿"；3 月，陕北军阀井岳秀的八十六师也对陕北根据地发动"围剿"。陕甘边和陕北红军在刘志丹、谢子长领导下，经过几个月艰苦战斗，歼敌 3000 余人，至 8 月底取得了第一次反"围剿"的胜利。8 月 26 日，谢子长率部夜袭清涧县河口镇，在战斗中谢子长冲锋在前，胸部被敌人枪弹击伤，流血过多伤势严重。

陕甘边、陕北革命斗争形势的发展，迫切需要统一两个根据地党政军的领导，把两个根据地连成一片，共同粉碎敌人的反革命"围剿"。

周家崄会议旧址

1935 年 1 月 20 日，刘志丹由白坚陪同，专程从陕甘边到陕北特委机关所在地赤源县，在水晶沟探望了在清涧河口战斗中负伤的谢子长，并就建立党和军队的统一领导机构、争取和瓦解白军的政策、根据地内部的土地改革、没收地主土地和分配土地等问题，进行了深入的讨论，取得了一致的意见。2 月 5 日，中共陕甘边特委和陕北特委联席会议在赤源县周家崄附近一个小山村刺儿圪塔举行。参加会议的有刘志丹、惠子俊、高岗、崔田夫、郭洪涛、马明方等。会议决定成立中共西北工委，由惠子俊任书记（在惠到职前，由崔田夫代理），崔田夫任组织部部长，张秀山任宣传部部长，郭洪涛任秘书长；会议还决定成立中共西北军委，由刘志丹任军委主席（一说谢子长）。西北工委和西北军委的成立，标志着陕甘边和陕北两个根据地党的领导和军事指挥的统一，也标志着陕甘革命根据地的正式形成。

刘志丹旧居

在陕甘军委和刘志丹的统一指挥下，红二十七军和红二十六军经过半年多的英勇奋战，粉碎了国民党军的第二次“围剿”，相继解放了安定、延长、延川、安塞、靖边、保安六座县城，把两个苏区连成一片，苏区范围扩大到北起长城，南至淳化、耀县，西接环县，东至黄河的广大地区。

二、西北苏区的“肃反”

张策

正当西北革命根据地蓬勃发展的时候，1935 年 6 月，中共中央驻北方代表先后派朱理治、聂洪钧来到陕北，他们对西北根据地的历史和现实不做正确的估计和分析，指责刘志丹和其他负责人“右倾”，把两块根据地取得第二次反“围剿”战争的胜利说成是“在敌人进攻面前悲观失望，在战略上退却逃跑以及单纯的坚壁清野政策，阻碍革命战争的开展，没有充分开展敌人后方的游击战争，完全忽视地方暴动之配合”。9 月，在中央驻北方代表派驻西北代表团主持召开的西北工委和鄂豫陕省委与红二十五军主要领导干部会议上，“左”倾教条主义的执行者声称帮助“肃反”是他们来陕的主要任务之一。

9 月 22 日，中共陕甘晋省委发出关于进行“肃反”运动的指示，颁布“赤色戒严条例”，建立政治保卫局的工作系统，提出“火线上反右倾取消主义”的口号，正式开始“肃反”。

从 10 月 1 日起，“肃反”执行者开始进行大逮捕。是日，逮捕了原陕甘边特委秘书长兼组织部部长蔡子伟、陕甘边苏维埃政府秘书长张文华和黄子文、江旭、李西萍等五人。同时，他们又在甘泉县的下寺湾召开军政干部会议，采取突

杨森

然袭击的办法，以“莫须有”的罪名，将习仲勋、张策、马文瑞、刘景范、张仲良、黄罗斌、杨森、王聚德等一大批领导干部逮捕起来。凡是原红二十六军营以上的干部和地方县级的干部几乎无一幸免。这些被捕的同志在监狱里，被带上脚镣和手铐，受着残酷的人身迫害，蒙受不白之冤，许多人被迫害致死。特别是在洛河川前线部队的“肃反”中杀害了许多革命同志。

同桂荣和刘力贞

1935 年 10 月 6 日，“肃反”执行者密令红十五军团保卫部准备逮捕刘志丹，但他们考虑到事态严重，在前方逮捕刘志丹容易发生“乱子”，造成军心不稳，于是他们就施展诡计，以将刘志丹调到后方主持军委工作和指挥北线作战为名，欲骗刘志丹回瓦窑堡。刘志丹在回瓦窑堡的路上，碰到传送逮捕命令的通讯员，通讯员不识字，也不知底细，就把信交给刘志丹看，刘志丹看到信中所写“已确定刘为反动无疑，速调刘、高回来”的字样后非常生气，但坚强的党性和对革命至死不渝的忠诚，使他宁肯面对诬陷，牺牲自己，也不愿看到党的分裂和红军自相残杀。他把信交给通讯员说：“你赶快把信送到军团部去，就说我到瓦窑堡去了。”刘志丹一到瓦窑堡，饭没吃一口，水没喝一口，就立即被逮捕入狱。同时被捕的还有他的爱人同桂荣和女儿刘力贞。在审讯刘志丹的过程中，他们颠倒是非，混淆黑白，说什么刘志丹“没有打下横山是反革命的阴谋”“同国民党部队有秘密勾结”“创造苏区、创造红军是为了消灭苏区、消灭红军”。他们还给刘志丹戴上“白军军官”“反革命右派首领”等帽子，甚至诬蔑刘志丹看了逮捕名单而不逃是以狡猾的手段，骗取党对他的信任。他们还把刘志丹率领西北红军整团整营地歼灭敌人、解放 6 座县城，说成是“纯属反革命欺骗党和群众所要的花招”。

“肃反”执行者像对待敌人一样对待尚未查清问题的边区领导干部，审讯时完全袭用法西斯的一整套酷刑。他们依据逼供出来的“口供”，证明陕甘边的领导人“已现出反革命的原形”，打算“肉体消灭”。

“肃反”执行者滥杀无辜，连起义后参加革命的民团也不放过。原永宁山保安民团团总卢仲林在刘志丹的规劝下幡然悔悟，投奔革命。“肃反”中，卢仲林和 10 多名班排长全部被杀掉。

西北苏区的“肃反”，是王明“左”倾错误的主观主义和宗派主义恶性膨胀的产物，使根据地气氛紧张，人人自危，军心涣散。地主、富农乘机挑拨煽动，以致保安、安塞、定边、靖边等几个县都“反水”了（我党建立的游击区和根据地，在肃反中，老百姓又投向了军阀和国民党，“红区”变成了“白区”）；白匪乘机大举进攻，根据地日益缩小，陷入空前严重危机。

三、毛泽东“刀下留人”

毛泽东一到吴起镇，就听取了赤安县游击队支队队长张明科和原陕甘边区游击队第二路政委、赤安县独立营教导员龚逢春关于西北红军和苏区的情况及关于肃反情况的汇报。龚、张明确表示，刘志丹和他的战友们不是什么“右派”“反革命”。毛泽东指示龚逢春等人，要发动群众做好边沿苏区群众的思想政治工作，不要跑到国民党那边去，并明确表示，相信创造了这块根据地的同志们是党的好干部；大家放心，陕北的“肃反”问题、刘志丹的问题都可以得到解决。随后，中央派随中央红军长征到陕北的陕北籍干部贾拓夫、中央组织部部长李维汉等人携带电台，作为先遣队去找刘志丹和陕北红军。

贾拓夫等人在甘泉县下寺湾遇见中共陕甘晋省委副书记郭洪涛，证实刘志丹等人确实被捕，当即电告中央和毛泽东。毛泽东立即下令，停止逮捕，停止杀人，一切听候中央来解决。

11 月 3 日，张闻天、毛泽东在下寺湾听取郭洪涛、聂洪钧关于“肃反”问题的汇报时，明确表示，陕北“肃反”搞错了，要纠正，要立即释放刘志丹，并指派王首道、贾拓夫等人前往瓦窑堡接管西北政治保卫局，制止错误“肃反”，调查情况，等候中央处理。毛泽东对王首道等人说，杀头不能像割韭菜一样，韭菜割了还可以长起来，人头落地就长不拢了。如果是杀错了人，杀了革命的同志，那就是犯罪行为，大家切记这一点，要慎重处理。

11 月初，中共西北中央局组成了审查错误“肃反”的五人党务委员会，其成员为董必武（主任）、王首道（红军保卫局局长）、张云逸（代表军委）、李维汉、郭洪涛。中央机关到达瓦窑堡后，接管了陕甘晋省委保卫局。经过 20 多天的调查审理，五人党务委员会认为“左”倾教条主义的执行者所列举的刘志丹等人的“罪状”都是不能成立的。所谓刘志丹执行“富农路线”，是指他在土改中，对地主不搞肉体消灭，给富农以生活出路；所谓“梢林主义”，是指他坚持农村割据，开展游击战争，不攻打大城市；所谓“投降主义”，是指他在统战工作中团结国民党中的爱国人士。显然，这些“罪状”只能说明刘志丹坚持了正确路线。中央随即释放了被冤屈的刘志丹等10多人，接着释放了所有被关押的人员。

11月30日，中央组织部主持召开为刘志丹等人的平反大会，宣读了《西北中央局审查肃反工作的决定》，王首道代表党务委员会郑重宣布：刘志丹是无罪的，党中央决定为他分配工作；同时还宣布了中共中央对戴季英、聂洪钧的处分决定。

由于中共中央及时到达陕北，并采取果断措施，在很短的时间内制止了错误“肃反”，使刘志丹等一大批西北红军和根据地领导人幸免于难，也使西北根据地转危为安，中国革命从此有了新的“落脚点”和“出发点”。

知识链接

肃反　肃反是“肃清反革命分子”的简称。在土地革命时期，共产国际执委会对中共发出指示：要求中共在党内开展“肃反斗争”，清除中国共产党内的托（托洛茨基）陈（陈独秀）取消派分子。在中共中央占统治地位的王明“左”倾教条主义者，积极响应“肃反”号召，在中共党内开展了以“残酷斗争、无情打击”为主要手段的党内斗争，在各革命根据地开展了各种名目的“肃反”运动，如反对“AB团”“改组派”“第三党”“托陈派”等。错误的“肃反”，使许多优秀党员、干部蒙受不白之冤，给党和人民的革命事业造成了严重的损失。

第四章　陕南红了半边天

苏维埃政权是大革命失败后，中国共产党在农村根据地建立的工农民主政权，采用苏俄革命政权的组织形式——苏维埃来建制。红四方面军、红二十五军、红二十九军在创建陕南苏区的斗争中，始终把建立苏维埃政权作为首要的革命任务，每到一地，广泛发动群众，打土豪，斗地主，分田地，建立苏维埃政权，苏维埃映红了陕南的天。陕南苏区苏维埃政权的广泛建立，解放了人民，培养了革命力量，锻炼了广大人民群众，提高了他们的革命主体意识，为陕南的解放奠定了良好的基础。

第一节　中共陕南特委创建陕南苏区

陕南与川、鄂、甘接壤，秦岭与巴山对峙，汉水横贯其间，土壤肥沃，物产丰富。但由于封建势力割据，土豪劣绅的残酷剥削，国民党新军阀的反动统治，这里一直是一个交通闭塞、经济文化都十分落后的地区。中共陕西省委成立后，加紧在陕南建立党的组织，创建红色政权，领导人民开展革命斗争。

一、创建特委

中共陕南特委会议旧址龙岗寺

土地革命战争时期，中共陕南特委在陕南开展了广泛的游击战争。1927 年 10 月，中共陕西省委决定成立陕南特委，任命刘甲三为书记，易厚庵为组织委员，陈宇霆为宣传委员。刘、陈到汉中后，商定先建立各县党组织，再建立特委机关，并分头在南郑、宁强、城固三县先后建立了两个党支部、一个党小组。1928 年 3 月，陈宇霆被捕，刘甲三、易厚庵被迫转移外地，中共陕南特委活动就此中止。1930 年 8 月，中共陕西省委派梁益堂（杨子才）到汉中进行恢复中共陕南特委的工作。10 月，中共陕南特委在南郑县城内设立机关和联络站。11 月，陕南第一次党代表会议在南郑县龙岗寺召开，8 个县共有 20 余人参加。会议选举产生了中共陕南特委，梁益堂任书记。特委成立后，主要在南郑、城固等中心区域开展建党和学运工作。1932 年 8 月，陈浅伦任中共陕南特委书记。

二、创建红色政权

红四方面军进入陕南后，1932 年 12 月 20 日，中共陕南特委发出“为欢迎红四方面军发动群众斗争开展游击运动创建汉南新苏区”的紧急通知，明确提出了创建汉南新苏区的任务和目标。中共陕南特委发动群众，在西乡、城固、洋县、褒城、南郑、勉县、宁强等地开展游击战争，建立了新苏区。1933 年 3 月，中共陕南特委决定建立城（固）洋（县）西（乡）、洋（县）华（阳）宁（陕）、城（固）南（郑）褒（城）、南（郑）褒（城）勉（县）4 个边区，要求各级党组织在建立边区中积极开展游击战争。最先建立的是西乡城固边根据地，设有党的区委和政权机关，建立了边区革命委员会，陈明伦任主席；后改为边区苏维埃政府，孟芳洲任主席。

红二十九军军部旧址

1933 年 1 月 6 日，中共陕南特委做出《关于扩大西乡城固边新苏区，创建红二十九军的决议》。决议指出：积极领导群众开展游击区域，扩大西乡城固边新苏区，是摆在陕南党组织面前的“严重任务”。党在创造陕南新苏区的任务之下，首先要加强在苏区及周围党的工作，在领导群众斗争的过程中，扩大与改造游击队，创建正式的红二十九军，建立西乡、城固、洋县边苏维埃政府。同时，陕西省委派李艮、杜润芝、孟芳洲等领导骨干相继抵达西乡、城固边区，开展创建红军和根据地工作。1933 年 2 月 13 日，陕南特委根据陕西省委和红四方面军的指示，将川陕边区游击队改编为红二十九军，军长陈浅伦，政委李艮；创建了西乡城固边区革命委员会和南城褒边革命委员会，建立苏维埃政权，根据地面积 550 平方公里，人口近 30000 人。苏维埃政府成立后，领导农民开展打土豪、分田地斗争。农民在歌谣中说："太阳一出红山岩，马儿岩建立苏维埃。均田又均地，分粮又分衣。地主发了抖，白天不敢走。"[①] 此外还建立了八个村的工农民主政府：张家坝工农民主政府、红庙河工农民主政府、让小田工农民主政府、罗家坪工农民主政府、安沟工农民主政府、何家沟工农民主政府、雍家岩工农民主政府、八海坪工农民主政府。

三、血洒马儿岩

红二十九军的军部设在马儿岩。马儿岩与陕西的镇巴、四川的万源山脉相连，风光秀美，举目四望，山峰入云，北面则是一片小丘陵，水田相连，村落星罗棋布，人口稠密，鸡犬之声相闻。马儿岩一峰挺立，东西形如马头。

3 月 31 日，中共陕南特委、红二十九军和边区苏维埃政府在马儿岩召开党军政联席会议。当时，由于国民党军和西乡县反动民团分四路向马儿岩发动围攻，红军的大部分兵力被派往根据地边沿作战，军部兵力空虚。叛徒张正万探知这一情况后，纠集亲信张万贵、张登祥、黄朝汉、曾安发等 10 多人密谋发动叛乱。4 月 1 日，陕南革命史上最为惨烈的一幕发生了。会议还在进行时，国民党第一〇二团两个营在民团协助下，分四路向马儿岩进攻。敌人偷袭得手，党政军领导人陈浅伦、李艮及孟芳洲、程子文、杜润芝等 40 余人牺牲。

红二十九军军长陈浅伦

陈浅伦壮烈牺牲的那一天，正值清明节赶会，猖狂的敌人把陈浅伦、程子文两位烈士的头颅送到国民党第五十一旅司令部请功后，又装进木笼悬挂在西乡城南门外河坝的柳树下"示众"。陈浅伦牺牲时只有 27 岁。

马儿岩事件之后，中共陕西省委和陕南特委又派出一批干部，恢复和组建了红二十九军第三、第十等几个游击大队，继续在西乡、城固、洋县、南郑、褒城、勉县边界地区坚持武装斗争。

---

① 安康市委党史研究室：《陕南红色歌谣》，中国文史出版社 2007 年版，第 252 页。

第二节　创建川陕根据地陕南苏区

红四方面军转战进入川陕边地区，建立了川陕革命根据地。在川陕革命根据地陕南苏区建立革命武装力量，建立苏维埃政权，开展土地革命和武装斗争，增强了陕南地区群众的革命意识，推动了陕南地区革命运动的发展。

川陕革命根据地纪念馆

一、红四方面军入陕

1932年6月，蒋介石调集60余万军队，对包括鄂豫皖在内的革命根据地发动第四次“围剿”。10月，红四方面军撤出鄂豫皖苏区，在鄂豫皖中央分局书记张国焘、总指挥徐向前、政委陈昌浩的率领下进行西征。11月初，转战到湖北郧县南化塘。11月5日，从湖北郧县进入商南三官庙、赵川镇。11月7日，建立了商洛第一个红色政权——商南县白鲁础区苏维埃政府。11月11日至14日，在战略转移途中进抵山阳漫川关以东地区云岭村，被国民党军五个师4万余人四面包围于云岭、碾子坪、康家坪、板庙、万福间10余里的峡谷之中。红四方面军在总指挥徐向前、政委陈昌浩率领下向敌薄弱方向北部突围。经过三天两夜激战，杀开一条血道，全军从张家庄垭口胜利突围。突围中改变由漫川关去汉中的路线，北折沿丹江川道，横穿商洛中心地带，从商州城边经过，南进到柞水县红岩寺；11月24日，出柞水，抵达蓝田县汤峪、长安县库峪等地。12月3日，由周至县辛口子入秦岭向汉中进发。

二、小河口会议

小河口会议旧址

12月9日，红三方面军抵达城固的小河口。因红四方面军除张国焘外的所有高级将领都不知道部队到底向何处去，便对张国焘的领导产生了怀疑和不满。部队到达小河口时，张国焘被迫在这里召开了师以上的干部会议。在会上，曾中生、旷继勋、余笃三等对张国焘无休止的退却错误进行了公开的批评，张国焘接受了批评，并就部队的去向问题进行了讨论，取得了一致意见，决定继续南进，以建立新的革命根据地。会议决定成立前敌委员会，集体讨论和决定重大事项。同时任命曾中生为西北革命军事委员会参谋长（也是红四方面军参谋长），张琴秋为红四方面军总政治部主任。还成立了西北革命军事委员会，主席张国焘，副主席陈昌浩、徐向前。红四方面军总指挥徐向前，政治委员陈昌浩。小河口会议是决定红四方面军去向的一次重要会议，对以后川陕革命根据地的迅速创建和发展起了积极的作用。

小河口会议后，12 月 11 日，红四方面军由徐向前率领从汉中、城固之间的柳林铺徒涉汉江。12 月 12 日，红四方面军到西乡县私渡、廷水、钟家沟、骆家坝和城固县上元观一带驻扎，休整七天。在此期间，红四方面军宣传群众，组织群众，建立游击队，打击土豪劣绅，分粮分地，许多无地少地的农民得到了土地，农民在歌谣中说：“你挖窝，我打桩，木桩入土三尺三。分田莫忘红四军，打下木桩做纪念。”

三、建立苏维埃政权

川陕革命根据地纪念馆展室一角

12 月 19 日，红四方面军翻越大巴山进入四川，连克通江、南江、巴中等县城，建立了川陕根据地。川陕革命根据地建立后，红四方面军发动陕南人民积极开展武装斗争，建立苏维埃政权。川陕根据地的陕南苏区是川陕革命根据地的重要组成部分，辖区主要分布在汉中地区的镇巴、西乡、南郑、勉县、宁强等五个县境内。1932 年 12 月下旬至 1934 年 4 月，红四方面军在陕南的镇巴、西乡、南郑开展游击战争中先后建立了 6 个区、32 个乡、122 个村苏维埃政府；1935 年 2 月初，红四方面军举行“陕南战役”，解放宁强、勉县、南郑的大部分地区后，又相继建立了 16 个区、镇，63 个乡，198 个村的苏维埃政府。陕南人民在歌谣中对苏维埃表示了高度的热爱之情：“红四军一来，遍地鲜花开；鲜花名叫苏维埃，穷苦人儿都喜爱。”

1933年1月初，红四方面军第十师一部在镇巴长滩坝（今赤南）建立了区苏维埃政府，下辖长滩、桃园子、南沟三个乡苏维埃政府，18个村苏维埃政府。5月26日，红四方面军一部又到镇巴县瓦场坪一带活动，成立了坪上、后河等村苏维埃政权。9月16日红四军十二师一部经过长期艰苦斗争，解放陕西镇巴南境。在坪落青鹤观（今镇巴赤南乡平落村）成立陕南县苏维埃政府，选举康洪礼为主席。辖两个区苏维埃政府，16个乡苏维埃政府，54个村苏维埃政府。农民在歌谣中唱到："高山打锣响得远，红军队伍到川陕。苏维埃设在青鹤观，石板搭桥万万年。"①后人在《赤南苏维埃》一诗中写道："烽火当年青鹤观，山林血染万人坑。前人魂在后人志，峻岭长溪可证明。"②

红四方面军建立的主要苏维埃政府有：

简池区苏维埃政府　1933年3月，红四方面军二十九团一部在镇巴县简池街建立了简池区苏维埃政府，属赤北县，下辖窑罐厂、雷公田、蒿坪寺、田坪四个乡苏维埃政府，11个村苏维埃政府。

楼房坪区苏维埃政府　1933年2月7日，红四方面军第十师二十八团一部在西乡县楼房坪成立了楼房坪区苏维埃政府，属赤北县，辖五个村苏维埃政府。

核桃村乡苏维埃政府　1933年2月，红四方面军第七十三师二一九团三营在镇巴县核桃村建立核桃村乡苏维埃政府，属赤北县长坪区，辖五个村苏维埃政府。

文家坪乡苏维埃政府　1933年4月，红四方面军第十师特务团三营到镇巴县文家坪、苏家坪一带发动群众，进行革命斗争。22日，民运股主持成立了文家坪乡苏维埃政府，属赤北县钢溪区，下辖四个村苏维埃政府。

坝溪区苏维埃政府　1933年1月，红四方面军第七十三师二一七团在芭蕉坪、坝溪一带领导群众打土豪，分田地，剿匪反霸，建立起乡村苏维埃政府。4月，成立中共坝溪区委和坝溪区苏维埃政府，属红江县，下辖程家坝、朱家坝、马巷子、碑坝、坝溪、西河秦家湾六个乡、29个村苏维埃政府。

宁强县苏维埃政府　1935年2月4日，红四方面军解放宁强县城，1935年2月下旬，召开宁强县工农兵代表大会，正式成立宁强县苏维埃政府，农民沈连章当选为主席。在建立县苏维埃的同时，全县建立了一个宁强市镇和城关、高寨子、回水河、大安、关口坝、二郎坝、胡家坝、唐家坝八个区，下辖30个乡、

① 安康市委党史研究室：《陕南红色歌谣》，中国文史出版社2007年版，第249页。

② 刘迈：《现代名人咏三秦》，陕西人民出版社1993年版，第15页。

86个村的苏维埃政府。

阳平县苏维埃政府 1935年2月5日，红四方面军解放阳平关，并设立阳平县，抽调宁强县委书记龙国元任阳平县委书记，成立阳平县委员会。2月9日，成立阳平县苏维埃政府，选举阎如裕为主席，下设一个阳平市镇和阳平关、燕子砭、代家坝、黑水四个区，辖10个乡、42个村。

勉县苏维埃政府旧址

勉县苏维埃政府 1935年2月9日，红四方面军解放勉县，2月11日，成立勉县苏维埃政府，杨芝林任主席，下辖青羊驿、阜川、旧州、黄沙、柳树营五个乡苏维埃政权，65个村苏维埃政权。

南郑县苏维埃政府 1935年2月9日，红四军政治部与中共南郑县委研究决定，在新集镇召开南郑各界代表会议，成立川陕省南褒县革命委员会。12日，红四军政治部和南褒县革命委员会在新集镇柴集坝召开群众大会，成立南郑县苏维埃政府，杜明德为主席，下辖黄官、新集两个区、16个乡、23个村。

知识链接

川陕革命根据地纪念馆 创建于1980年5月，原址在南郑县城关镇南大街，1990年迁往南湖湖心岛。2006年迁至南郑县红寺湖风景区。纪念馆内陈列了红四方面军创建川陕革命根据地过程中的著名战役、川陕革命根据地南郑纪念馆红色交通线创建及活动情况；红二十五军、红二十九军、红二方面军、三五九旅、巴山游击队等在汉中的战斗情况；为中国新民主主义革命做出重大贡献的汉中籍人物、事件、遗物；20世纪20年代至汉中解放，在汉中境内的各地方革命武装开展斗争的事件情况介绍，重要人物生平事迹。爱国主义教育广场陈列了川陕革命将领及英雄半身雕像、重大事件浮雕及雕塑群。

第三节　创建鄂豫陕革命根据地

鄂豫陕革命根据地是由中共鄂豫陕省委领导红二十五军创建的。根据地以商洛为中心，包括湖北郧县、郧西，河南卢氏、西峡、淅川，陕西洛南、商南、丹凤、商州、山阳、镇安、柞水、蓝田、长安、宁陕、佛坪、洋县、旬阳等县（区）的中心地带或边界地区。红二十五军创建鄂豫陕根据地陕南苏区的斗争，在陕南地区播下了革命的种子，推动了陕南地区革命形势的发展，也为解放战争时期中原突围部队在陕南地区建立豫鄂陕革命根据地奠定了基础。

一、鄂豫陕省委领导的武装斗争

1934 年 11 月 11 日，中共鄂豫皖省委在河南光山县花山寨召开了第十四次常委会，确定以平汉铁路以西鄂豫边界的桐柏山区和豫西的伏牛山区为战略转移的初步目标。在战略转移中，发现桐柏山区群众斗争及地理物质条件都不适宜建立根据地；伏牛山区地域狭窄，是豫西“内乡王”别庭芳的势力范围①，反动统治严密，红二十五军刚进内乡，别庭芳就派重兵阻拦。面对这种情况，鄂豫皖省委决定继续西进，进入陕西省南部。经过 20 多天的实地考察和艰难行军，1934 年 12 月 10 日，红二十五军到达陕西洛南县，省委在庾家河召开第十八次常委会，会议通过了建立鄂豫陕省委，为创造鄂豫陕苏区而斗争的决定。

红二十五军长征入陕后，国民党先后调集了 30 多个团的兵力实行围追堵截，企图趁红军立足未稳将其消灭于商洛地区。鄂豫陕省委决定以武装斗争为先导，消灭敌人有生力量，发展和壮大自己，为开辟和扩大根据地创造条件。省委领导红二十五军和地方武装，在人民群众的大力支援下，时而集中兵力聚歼敌人，时而分兵出击，纵横驰骋于鄂豫陕边的广大区域，取得了一个又一个胜利，粉碎了敌人的第一次、第二次“围剿”。继三要司、庾家河战斗胜利后，1935 年 1 月 8 日，攻开镇

红二十五军长征入陕遗址纪念碑

① 《鄂豫陕革命根据地史略》，中共党史出版社 1992 年版，第 25 页。

安县城，31 日，攻开柞水县城，打开监狱，放出被押的“抗捐犯”；2 月 1 日，在柞水县蔡玉窑打垮陕军四十二师一二六旅两个营，歼灭一个营；2 月 5 日，在蓝田县葛牌镇文公岭再歼陕军四十二师一二六旅五个营；2 月上旬，中共鄂陕特委、鄂陕游击司令部在今山阳县杨地镇店垭子成立，郭述申任特委书记兼游击司令部政委，陈先瑞任司令；2 月 27 日，攻开宁陕县城，据城三日，打土豪，分粮食；3 月 4 日，攻开佛坪县城，没收敌县政府和土豪的粮食分配给贫苦农民；3 月 10 日，在洋县华阳镇石塔寺设伏，打垮陕军警备第二旅五个营，俘团长以下官兵 400 余名；中共鄂豫陕省委在洋县华阳镇召开会议，提出仍“坚持在鄂豫陕边区建立新区的任务不动摇”；鄂豫陕省委率红二十五军从华阳地区东返，4 月初抵达蓝田县葛牌镇，4 月中旬在此召开扩大会议，会议进一步坚定了创建鄂豫陕革命根据地的决心，改选成立了新的鄂豫陕省委。1935 年 4 月下旬，中共鄂豫陕省委在庾家河宣布成立了中共豫陕特委和豫陕游击师；4 月 18 日，攻开洛南县城，打开监狱释放了因抗捐税被捕押的贫苦农民，处决了 10 余名土豪劣绅；6 月初，在商县夜村、丹凤县商洛镇毙伤敌一一〇师、一二九师团长以下 200 余人；6 月 14 日，攻占商南县富水镇，俘敌四十四师营长以下 170 多人；6 月 16 日，袭占鄂豫陕交界的荆紫关，取得了鄂豫陕根据地军民第二次反“围剿”的第一个大胜仗；7 月 2 日，在山阳县袁家沟口全歼陕西警备第一旅，俘旅长唐嗣桐以下 1400 余人。

中共鄂豫皖省委庾家河会议旧址

在发展正规红军、主力部队开展武装斗争的同时，中共鄂豫皖省委还十分注意建立和发展地方武装，红军派出部分干部和部队发动组织群众，帮助建立地方武装，仅几个月时间，地方武装力量就有长足发展。成建制的，在豫陕边，有陕南抗捐第一军，豫陕游击师所属第一、二、三、四游击大队；在鄂陕边，建立了第九、六、五、三、四、七等六路游击师。分散的，有华阳、茅坪等游击队，以及县、区、乡苏维埃政权所属游击队、赤卫队等。这些地方武装曾发展到 3700 多人，相当于红军在根据地的人数。游击师是红军的助手和后备力量，红军和游击师互相配合，紧密协作，有力地打击了敌人。

在鄂豫陕省委的领导下，经过红二十五军和地方武装的艰苦斗争，逐步形成了以商洛为中心，包括今湖北省的郧西、郧县，河南省的卢氏、西峡、淅川，陕西省的商州、洛南、商南、丹凤、山阳、镇安、柞水、蓝田、长安、佛坪、洋县、宁陕、旬阳、石泉、汉滨、汉阴等县（区）全部或边界地区的大块根据地。

二、鄂豫陕特委领导的武装斗争

洋县红七十四师政治部旧址

1935年7月，鄂豫陕省委得到中共中央率中央红军北上的消息后，决定率红二十五军北上西北苏区，配合中央红军行动，并留鄂陕、豫陕两特委及其领导的武装力量继续坚持斗争。中共鄂豫陕省委率领红二十五军离开陕南后，9月9日，鄂陕、豫陕两个特委在商南县梁家坟村召开会议，决定成立鄂豫陕特委，书记郑位三，统一领导鄂豫陕边的革命斗争；合编各路武装力量，成立红七十四师，师长陈先瑞，政委李隆贵。红七十四师成立后，在中共鄂豫陕特委领导下，从1935年10月至1936年12月的15个月里，在鄂豫陕苏区的广大区域内，由东到西，由西到东，由北到南，由南到北，打了五个来回，打了一个又一个的胜仗。1935年11月8日，袭占佛坪县城袁家庄，发动群众没收分配了土豪劣绅的财物；12月6日，在镇安县青铜关打垮敌四十军一个营；12月27日，攻占宁陕县城，处决敌县长，惩办反动分子，成立宁陕县土地委员会，没收豪绅财物，分给贫苦农民。1936年1月23日，翻越秦岭，夜袭户县，打土豪，分浮财；3月22日，攻克丹凤县龙驹寨，没收反动地主财物，布告军民保护邮政通信；4月上旬至豫陕边，在峦庄、官坡等地歼灭民团200余人；5月中旬特委将部队编为第一、第五、第六三个团进行游击活动，在三个月中，所到之处都给敌人以沉重打击；9月，为策应红二方面军北上会师，特委又集零为整，将三个团集中起来活动；10月初，袭占镇安县云盖寺，歼民团100多人；11月15日，在商南县富水关歼灭敌公秉藩部100多人；12月初，进入蓝田县境，歼徐家庙民团120余人，并派少数部队登上华山，搅得敌人四处告急。12月22日，中共鄂豫陕特委在蓝田县灞龙庙召开扩大会议，传达了中央建立抗日民族统一战线的指示。根据会议精神，会后于12月24日成立了鄂豫陕边区军政委员会，红七十四师改编为抗日南路军（对内仍称红七十四师），军长陈先瑞，全军共1700余人。西安事变和平解决后，1937年2月8日，抗日南路军对外恢复原来红七十四师番号。1937年4月，红七十四师奉命撤出鄂豫陕根据地，移驻长安县大峪口进行整训。抗日战争全面爆发后，红七十四师奉命从大峪口开赴三原，改编为国民革命军第八路军一一五师留守处，参加抗日战争。

三、建立苏维埃政权

红二十五军在鄂豫陕边区开展游击战争的过程，就是军民逐渐扩大革命区域、建立红色政权的过程。从 1935 年 12 月至 1936 年 6 月，共建立了 10 个区、46 个乡、314 个村基层苏维埃政权，主要有：

蓝田葛牌苏维埃政府　1935 年 2 月上旬，中共鄂豫陕省委在蓝田县葛牌镇建立了葛牌镇区苏维埃政府，辖葛牌乡、草坪乡、玉川乡、蓝桥乡、红门寺乡、秦岭山乡七个乡苏维埃政府，面积 765 平方公里，294 个自然村，人口 5.3 万多人，区政府设在葛牌镇。

镇安县店垭子苏维埃政府　1935 年 1 月初，红二十五军来到镇安米粮川，打开姚家寨、清水寨、百水洞和西寨，处决了大财东姚义建父子，并在米粮川召开大会，给穷人分粮分衣服，号召大家起来闹革命，参加游击师。1935 年 2 月的一天，在滑水河戏楼召开成立店垭子苏维埃政府大会，成立苏维埃政权。店垭子苏维埃政府成立后，白塔区、西沟区苏维埃政府相继建立，使店垭子周围的红色根据地连成一片。店垭子苏维埃政府建立只有四个多月的时间，但由于它曾是鄂陕特委、鄂陕游击总司令部旧址，当年又是红军在镇安县建立的第一个红色革命政权，这里的群众始终没有忘记红军当年领导的轰轰烈烈的均地、镇压豪绅运动，至今流传着“民国二十三，红军来镇安。老财不敢见，穷人都喜欢”的歌谣。

袁家沟口鄂陕边区苏维埃政府旧址和纪念碑

山阳县袁家沟口鄂陕边区苏维埃政府　在鄂豫陕省委的领导下，1935 年 2 月 17 日，山阳县小河口镇的袁家沟口区苏维埃政府成立，全区先后建立了 14 个乡和 60 多个村苏维埃政府，人口 8 万多人，土地 15 万多亩。1935 年 4 月上旬，在袁家沟口成立了鄂陕边区苏维埃政府，统一领导鄂陕边区的各级苏维埃政府。原

袁家沟口区苏维埃政府主席程家盛任主席，阮英豪任副主席，机关驻地设在袁家沟街道“丰源”商号里。中共鄂豫陕省委给鄂陕边区苏维埃政府颁发刻有“鄂陕边区苏维埃政府”铜质印章一枚。

旬阳县潘家河区苏维埃政府　1935年2月，中国工农红军第二十五军首次到达旬阳县潘家河、双河口、小河口街一带，开展武装斗争。中共鄂陕特委领导的游击总司令部所辖的第五路、第六路游击师在旬阳县东区、北区一带进行革命活动；在国民党统治比较薄弱的汉江以北地区，红军经过广泛发动群众，建立了潘家河区苏维埃政府，辖小河口乡、卷棚乡、潘家乡、三岔河乡、双焦乡、五龙沟乡、洛河乡、水泉坪乡、桐木乡、茅坪乡、水泉坪乡11个乡苏维埃政府。

柞水红岩寺镇苏维埃区政府　1935年4月中旬，中共鄂豫陕省委在镇安、柞水、山阳、商县、蓝田五个县交界处的柞水县红岩寺街成立了五星县苏维埃政府，辖袁家沟口、红岩寺、葛牌镇三个区、29个乡苏维埃政府，受鄂陕边区苏维埃政府领导；县苏维埃政府及以下各级苏维埃政府都建立了农民土地委员会、妇女会、抗捐军等，县委和县苏维埃政府在全县范围内广泛宣传鄂豫陕省委颁发的《关于商业政策问题》布告的精神、分配土地的政策和方法，以及红军对待白军士兵的政策等，在红岩寺区将地主的土地分给了无地少地的贫苦农民。

龙驹寨区苏维埃政府　1935年5月上旬，中共鄂豫陕省委率红二十五军在丹凤龙驹寨整训期间，发动群众，建立了龙驹寨区苏维埃政府，推选赵双印为主席，詹有道、鲍金花（女）、张和、刘尾巴、余裁缝、屈六娃（木匠）、黄永长（木匠）、宋启文（铁匠）、张铁匠、梅理发师等10余人为委员；苏维埃政府下辖的赤卫队武装，约数十人，赵双印兼赤卫队队长。

刘家花屋区苏维埃政府旧址

刘家花屋区苏维埃政府　1935年5月18日，中共豫陕特委在商南清油河镇两岔河村刘家花屋召开群众大会，宣传建立革命根据地和苏维埃政权的重大意义，号召群众推选苏维埃干部，建立苏维埃政府。5月19日，经群众选举，刘家花屋区苏维埃政府宣告成立，隶属中共豫陕特委领导。刘家花屋区苏维埃政府成立后，机关无固定住址，下辖沙坪、祝家店两个乡苏维埃政府，其辖区以今商南县两岔河为中心，西起丹凤桃坪，东到商南富水、松树沟一带，北起河南卢氏县的毛河、胭脂河，南至试马寨，面积千余平方公里，人口1.4万多人；同年7月，红二十五军主动转移；8月，刘家花屋苏区遭敌残酷“清剿”，先后被杀害的干部、群众达28人之多，区、乡苏维埃政府随之解体。

菩萨店区苏维埃政权　中共鄂豫陕特委在领导红七十四师同敌人斗争的过程中，十分重视根据地的政权建设。1935年10月下旬，红七十四师来到镇安、柞水、宁陕三县交界的菩萨店地区，发动群众打土豪，除劣绅，创建了菩萨店区苏维埃政府。宁陕六里沟人胡德清任区苏维埃政府主席，宁陕反阳坡人陈少堂任副主席，镇安鸳鸯池人陈光玲任妇女主席。区苏维埃建立了乡农民协会和乡苏维埃政府，并且建立了游击队。1935年底，郑位三、陈先瑞率部在宁陕猴子坪休整期间，建立了丰富、沙洛两个乡苏维埃政府。菩萨店区苏维埃政权是中共鄂豫陕特委成立以来建立的唯一的区级政权，在红二十五军实行战略转移后，革命处于低潮之时，它有力地推动了鄂豫陕根据地西南部地区革命运动的发展。

知识链接

蓝田葛牌苏维埃政府纪念馆　1935年2月上旬，中共鄂豫陕省委在蓝田县葛牌镇建立了葛牌镇区苏维埃政府，辖葛牌乡、草坪乡、玉川乡、蓝桥乡、红门寺乡、秦岭山乡等七个乡苏维埃政府，面积765平方公里，294个自然村，人口5.3万多人，区政府设在葛牌镇。苏维埃政府发动群众打土豪，分田地，铲除封建势力，实现了人民当家做主。区政府设有赤卫队，队员最多时达500多人，并且为红二十五军输送和培养了一大批武装力量。今天，在葛牌镇建有苏维埃政权纪念馆，展品有照片、书籍、文物以及大炮、轻机枪、步枪等。

第五章　中国革命的落脚点和出发点

由陕甘边根据地和陕北根据地发展而成的陕甘革命根据地，成为党中央和红军长征的落脚点和中国革命新的出发点。“九一八”事变之后，日本帝国主义一步步扩大对中国的侵略，然而，蒋介石国民党政府坚持“攘外必先安内”的反动政策，在镇压全国人民抗日救亡运动的同时，“围剿”中国共产党领导的工农红军。红军长征的一个重要目标就是要冲破国民党的包围封锁，实现北上抗日。中央红军长征到达陕北后，为了粉碎国民党对红军的“围剿”，打到抗日前线去，红军进行了东征抗日作战和西征抗击国民党反动“围剿”的战斗。在全面抗战爆发后，在抗日民族统一战线建立后，中国共产党领导的革命军队，由陕北出发，奔赴全国抗日战场。

第一节　铁流万里汇陕北

自中央红军离开江西革命根据地长征后，中国革命的发展方向问题长时间困惑着全党、全军。1935 年 9 月 12 日，中央政治局在甘肃俄界召开扩大会议，仍然做出打到蒙古国边界去的决定，试图打通国际路线。9 月 19 日，聂荣臻随部队到哈达铺，他看到一张《山西日报》，载有山西阎锡山派兵进攻陕北红军刘志丹部的消息，说明陕北有苏区根据地。他很高兴，立即派骑兵通信员将报纸送给毛泽东。红军又从邮局得到了《大公报》，载有徐海东率领的红二十五军已同陕北刘志丹率领的红二十六军会合的消息。根据这些消息，中央政治局在榜罗镇会议上决定把红军长征的落脚点放在陕北。

一、红二十五军长征到陕北

长征最先到达陕北的是红二十五。1935 年 7 月中旬，红二十五军在北出终南山、威逼西安的行动中，从缴获的《大公报》上得知中央红军和红四方面军已在川西会师，并有北上动向。中共鄂豫陕省委于 7 月 15 日晚在长安县沣峪口召

永坪会师雕像

开紧急会议，决定红二十五军立即西进，迎接中央北上。16 日，红二十五军从沣峪口出发，西进甘肃。8 月，红二十五军先后攻下甘肃两当、天水、秦安、兴隆镇、隆德、平凉白水镇，在西兰公路上同敌人周旋 17 天，政委吴焕先在战斗中壮烈牺牲。9 月上旬，红二十五军经镇原、庆阳、合水，打退尾追的敌骑兵，沿陕甘边山区兼程北进，到达陕北革命根据地的保安县豹子川。16 日，中共鄂豫陕省委率领红二十五军长征到达延川县永坪镇，受到西北党政军民、干部群众的热烈欢迎。接着西北红军主力也回到永坪，两支兄弟部队胜利会师，洋溢着兄弟团结的战斗情谊。根据地人民奔走相告，欢欣鼓舞，送黄米，磨白面，做米酒，蒸年糕，杀猪宰羊，表达了对红二十五军的热烈欢迎之情。9 月 17 日，中共西北工作委员会与中共鄂豫陕省委在永坪镇召开联席会议，决定成立中共陕甘晋省委，撤销西北工委与中共鄂豫陕省委；将红二十五军、红二十六军、红二十七军合编为红军第十五军团，徐海东任军团长，程子华任政委，刘志丹任副军团长兼参谋长，高岗任政治部主任；改红二十五军为七十五师，张绍东任师长，赵凌波任政委；改红二十六军为七十八师，杨森任师长，张明先任政委；改红二十七军为八十一师，贺晋年任师长，张达志任政委。红十五军团刚刚组成，就投入到反蒋介石对西北苏区第三次“围剿”的战斗中，取得了崂山战役和榆林桥战役的胜利，歼灭东北军一个半师，巩固了西北根据地，为迎接中央红军落脚陕北做出了贡献。

二、中共中央和中央红军长征到达陕北

1935年10月17日，中央红军陕甘支队从定边县的王股掌、铁角城分两路进入陕西境内。10月19日抵达吴起镇（今吴起县，当时属陕北苏区赤安县）。县委书记张策、赤卫大队长袁秀耀，以红二十六军的名义来到吴起镇迎接，同时动员各乡群众筹集粮食，杀猪宰羊，慰劳中央红军。这座古老的边城沉浸在欢乐之中，男女老少奔走相告，人人都想目睹“朱毛”领导的中央红军的风采。

中央红军到达吴起镇以前，敌东北军骑兵第一军第六师、第三师，马鸿宾部的三十五师，各抽一个骑兵团尾追红军，企图趁红军长途转战疲劳、未站稳脚消灭红军。毛泽东指示，要割掉这条讨厌的“尾巴”，绝不能把敌人引到陕北苏区。于是在吴起镇西山地设伏，于10月21日取得了有名的“割尾巴战斗”的胜利，共歼灭敌军1个团，击溃3个团，缴获战马千余匹。毛泽东对“割尾巴战斗”的总指挥给予了高度评价，给彭德怀赋诗一首：“山高路远坑深，大军纵横驰奔。谁敢横刀立马，唯我彭大将军！”10月24日，党中央和中央红军到达下寺湾，党中央在这里开会决定：一路由张闻天、博古、刘少奇、李维汉、邓发、董必武等率中央机关从下寺湾直接去瓦窑堡（陕甘晋省委驻地，苏区的中心）建立党政机关；一路由毛泽东、周恩来、彭德怀率红军主力南下与西北红军会师，部署粉碎敌人对西北根据地第三次反革命“围剿”。11月6日，陕甘支队与红十五军团在甘泉县象鼻子湾胜利会师，举行了隆重的会师典礼。次日即十月革命纪念日，部队又在套塘口召开了运动大会，全面检阅了部队的政治、军事、文化和身体素质。此前，奉中央军委的命令，恢复了红一军团的建制，将陕甘支队又改为红一军团，仍由林彪任军团长，聂荣臻任政委，左权任参谋长。不久，红一军团又与红十五军团共同组成了红一方面军，由彭德怀任司令员，毛泽东任总政治委员，叶剑英任参谋长，杨尚昆任政治部主任，罗瑞卿任保卫局局长。两天后，中央在象鼻子湾召开全军干部会议，毛泽东对长征做了总结，指出“我们从瑞金出发，总共走了367天，经过了11个省，翻越了五岭山脉，渡过了湘江、乌江、大渡河、渭河以及雪山草地，攻下了许多城镇，走了二万五千里，这是一次真正的、前所未有的长征。敌人总想消灭我们，我们并没有被消灭，现在，长征以我们的胜利和敌人的失败而告结束。长征是宣告书，是宣传队，是播种机，它将载入史册，……会后，我们红军将与陕北人民团结在一起，共同完成中国革命的伟大任务”。

三、全国革命的大本营落在西北的奠基礼

象鼻子湾会议之后，11 月下旬，毛泽东即部署和指挥了著名的直罗镇战役。

直罗镇是一个只有 30 多户人家的小镇，三面环山，一条由西向东的大道，穿镇而过，镇东有一个古老的寨子，房屋倒塌，但石头砌成的寨墙还完好无缺；镇北有一条小河，是打游击战、歼灭战的好地方。当时国民党的五个师的兵力分两路向苏区南线进犯：东面一个师（二十七师）沿洛川、富县大道北上；西面四个师（一〇六师、一〇八师、一〇九师、一一一师）从甘肃庆阳、合水一带，沿葫芦河东犯，妄图夹击我军。其目的一方面想阻止我陕北红军向南发展，另一方面想在我中央红军刚到陕北、立足未稳的时候一举消灭。

毛泽东正确地分析了敌我形势，决定在直罗镇布置一个“口袋阵”，打一场歼灭战，以粉碎敌人对陕北根据地的反革命“围剿”。11 月下旬的一天，毛泽东亲自召集团以上干部开会，并带领大家在镇西的山头上观察地形，具体部署直罗战役。按照毛泽东的部署，红一、三军团和十五军团主力，立即在直罗镇一带集结待命，准备由北向南作战，把退却的终点放在富县的西南。

果然不出毛泽东所料，11 月 22 日，敌东北军一〇九师师长牛元峰，带着一个师三个团的兵力，在六架飞机的掩护下，窜到直罗镇。当天晚上，毛泽东下达了作战命令，拂晓开始攻击。战斗打响后，枪声、手榴弹的爆炸声、战士们的喊杀声，响成一片。中央红军由北向南杀，红十五军团由南向北，以迅雷不及掩耳之势，一举占领了直罗镇周围的山岭，把敌人压在两山之间的一个小川道里，经过两小时的激战，攻下了敌人师部所在地——直罗镇，大部敌人被歼，敌师长牛元锋率领一个营逃到镇东小寨子负隅顽抗。这时毛泽东指示，留一部分军队围攻这个寨子，大部分主力红军急行军追击敌人。在追袭过程中，敌董英斌的一〇六师被击溃，一个团被消灭。晚上牛元峰准备突围，在一个小山包上（卧牛寨）被我活捉。至此，直罗镇战役胜利结束。敌一〇八师、一一一师闻讯后不敢继续东进，龟缩在甘肃境内，东路入侵羊圈塬的一〇七师也退出富县，龟缩到洛川境内。就这样，在毛泽东的亲自指挥下，打了一个漂亮的歼灭战，彻底粉碎了敌人对西北苏区的第三次反革命“围剿”，是役歼敌 1000 余人，俘敌 5300 人，缴获长短枪支 3500 多支，轻机枪 176 挺，迫击炮 8 门，子弹 22 万发，电台 2 部。

直罗镇战役的胜利，显示了各路红军团结的力量，粉碎了国民党对西北根据地的第三次“围剿”，保卫、巩固和发展了西北革命根据地，为把党中央这个指挥全国革命的大本营放在西北举行了一个奠基礼。

四、红军第一、二、四方面军大会师

为了巩固和扩大陕甘根据地，同时也为了迎接红二、四方面军北上，党中央决定以红一方面军第一、第十五军团和第八十一师、骑兵团组成西方野战军，进行西征战役。当西方野战军准备迎接红二、四方面军的时候，由贺龙、任弼时率领的红二方面军和由张国焘、徐向前统帅的红四方面军，也于1936年7月初开始共同北上。随后，红二、四方面军发动岷（州）洮（州）西（固）战役，攻取腊子口、洮州、渭源、岷县、临潭、通渭等地，形成了与红一方面军会师的有利态势。红一方面军也派出部队，抢在国民党军之前占领会宁，为与红二、四方面军在会宁的会师创造了条件。

吴起县中央红军长征胜利纪念碑

10月上旬的西北，正是秋高气爽之时。古老的会宁城披上了节日盛装，五颜六色的标语贴满了大街小巷，鲜艳的红旗在城头迎风飘扬。10月9日，朱德、张国焘率红四方面军指挥部到达会宁，受到了留守并迎接他们的红一方面军第一师师长陈赓和广大指战员的热烈欢迎。10月10日，红一、四方面军在城内文庙前的广场举行会师庆祝大会，会上宣读了中共中央、中华苏维埃中央政府、中央革命军事委员会当天发来的《祝贺红一、二、四方面军胜利会师》的通电，红一方面军指战员把早已准备好的大量慰问品，如衣服、袜子、手套等赠送给红四方面军的战友。10月19日，中共中央和志丹县委在志丹县城隆重举行红军三大主力胜利会师大会，张闻天、毛泽东、周恩来、王稼祥等领导人出席大会。

红军会师陕北

正在北进途中的红二方面军，闻知红一、四方面军会师的消息，全军振奋，

9 月中旬连克甘肃省东南部的成县、康县、徽县、两当后，迅速向北转移。10 月 21 日，红二方面军领导人贺龙、任弼时、关向应、刘伯承在静宁以北的平峰镇（今属宁夏回族自治区固原市西吉县），与红一方面军第一军团代理军团长左权、政治委员聂荣臻会面。22 日，红二方面军总指挥部和二军团主力与红一方面在将台堡会合。23 日，红二方面军第六军团与红一方面军第一师陈赓部在将台堡南兴隆镇胜利会师。至此，三大主力红军实现了胜利会师，长达两年的长征宣告结束。

三大主力红军会师后，共同走向陕北，奔赴抗日前线。从此，实现了中国革命战略重心从南向北的转移，陕北成为中国革命新的战略基地，成为中国革命走向新的胜利的出发点。

知识链接

直罗烈士陵园　位于富县直罗镇柏山脚下，占地 26668 平方米。为纪念 1935 年 11 月由毛泽东亲自指挥并取得辉煌胜利的直罗镇战役中牺牲的红军烈士而建。新中国成立后，1952~1954 年间，当地政府将中共中央原委员、红军一师四团代政治委员黄苏等 36 位烈士的遗骸集中安葬于此，修筑 400 余米长的土围墙，历年来在周围种植了大片松柏树木。1985 年，陕西省几次拨款对陵园进行整修扩建，1987 年建成直罗战役纪念碑，碑名系原国家主席杨尚昆 1986 年 4 月手书。

第二节　红军抗日先锋军东征

红军到达陕北后，在 1936 年春天进行的历时 75 天的东征，虽然遭到蒋介石和阎锡山军队的阻挠破坏，未能达到对日直接作战的目的，但红军这一重大战略行动，鼓舞了全国人民的反帝爱国热情，奏响了中国共产党领导下的人民军队奋起抵抗日本侵略军的战斗序曲。

一、正确决策

中央红军长征到达陕北后，虽然有了落脚点，但并没有完全摆脱军事、政治、经济上的困难局面。陕北地瘠民贫，无力解决兵员补充和军需给养问题；国民党成立了“西北剿匪总司令部”，张学良的东北军和杨虎城的西北军由南向北，阎锡山的晋军由东向西，陕北军阀高双城的二十二军由北向南，甘肃、宁夏的马鸿逵等由西向东四面合围，大举进攻，妄图一举消灭工农红军。而且，此时

东征骑兵部队

中央领导人内部对于未来发展前途，存在着南下、北上、东进的分歧。彭德怀主张北上，林彪主张南下，毛泽东主张东进。意见相持不下，直到瓦窑堡会议后争论才告一段落。1935 年 12 月 23 日，在中共中央于瓦窑堡召开政治局扩大会议讨论军事问题的会议上，中央政治局接受了毛泽东的主张，在会议通过的《中央关于军事战略问题的决议》中，明确了红军的行动方针：第一步，在陕西的南北两线给进犯之敌以打击，巩固和发展陕北苏区，从政治上、军事上和组织上做好渡黄河去山西的准备。第二步，到山西去，准备击破阎锡山晋绥军主力，开辟山西西部五县以至十几县的局面，扩大红军 1. 5 万人，并保证必要时返回陕西所需要的物质条件。第三步，根据日军对绥远进攻的情形，适时地由山西转向绥远，用小的游击战争与日军周旋，总的方针是与苏联取得联系。

1936 年 1 月 10 日，中共中央召开政治局常委会议，毛泽东在发言中分析了阎锡山的优势、劣势以及红军的长处，在做结论时，强调首先要打胜仗，才能创造苏区。1 月 17 日，中央政治局常委会议再次讨论东征的行动方针和组织分工问题，强调要下大决心到山西，采取的军事基本方针是稳扎稳打政策，背靠苏区建立根据地，争得渡黄河来往的自由。会议决定毛泽东、张闻天、彭德怀、林育英、何凯丰随红军主力行动；周恩来、秦邦宪、邓发组成中央局，周恩来任书记，主持后方工作。

1 月 19 日，毛泽东、周恩来、彭德怀发出《西北革命军事委员会东进抗日及讨伐卖国贼阎锡山的命令》，命令抗日的主力红军，即刻出发，打到山西去，开通抗日前进道路，同日本直接开火；命令陕甘苏区的抗日红军和游击队、赤卫军、少先队，坚决保卫陕甘苏区、扩大陕甘苏区这个抗日战争的根据地；命令黄河两岸的抗日红军、游击队和民众，奋勇过河东去，在河东发展抗日根据地，配合红军主力打大胜仗。

二、精心备战

东征红军在不同口岸渡河

东进抗日方针确定后，红军立刻进入准备阶段。彭德怀用了七个晚上侦察了一军团和十五军团的两处渡河点，也侦察了敌情，对渡河做了充分的准备。1月31日，西北革命军事委员会决定，参加东征的红一方面军使用中国人民红军抗日先锋军的番号，彭德怀任总司令，毛泽东任政委，叶剑英任总参谋长，并确定抗日先锋军以华北五省为作战范围。

对于东征，西北革命军事委员会要求前线部队和中央局要隐秘行事，严守行动秘密，严禁泄露风声。为了确保东渡黄河的顺利进行，毛泽东于2月5日率部进驻清涧县高杰村袁家沟，亲自侦察渡口情况并督促相关准备工作。2月8日，毛泽东前往十几里外的黄河渡口观察地形，为红军渡河做准备。望着滔滔的黄河，大队的红军正愁没法过河，此间陕北突降大雪，将红军要渡河的河面冻实，毛泽东触景生情，写下了脍炙人口的著名诗篇《沁园春·雪》："北国风光，千里冰封，万里雪飘。望长城内外，惟余莽莽；大河上下，顿失滔滔。山舞银蛇，原驰蜡象，欲与天公试比高。须晴日，看红装素裹，分外妖娆。江山如此多娇，引无数英雄竞折腰。惜秦皇汉武，略输文采；唐宗宋祖，稍逊风骚。一代天骄，成吉思汗，只识弯弓射大雕。俱往矣，数风流人物，还看今朝。"1945年9月，毛泽东在重庆谈判期间，将此作抄录给诗人柳亚子，随后被刊登在重庆各大报纸上，并广为传诵。

在渡河作战的准备工作中，毛泽东觉得军力还须更加集中和强化，他和张闻天、彭德怀致电留在后方的周恩来，提出："不论从战略上，从战役上，从消灭山西敌人上，从消灭陕北敌人上，均须集中全力争取东面胜利。"要求红二十八军主力东移到吴堡附近。他们还建议周恩来暂移清涧县委驻地，指挥部队，争取群众，以保持东西两岸前后方的运输和渡河点。

2月18日，彭德怀、毛泽东在袁家沟发布《关于东征作战的命令》，宣布2月21日晚8时开始渡河。

三、突破天险

由于准备工作进展顺利，渡河开始的时间比原计划提前了一天。从20日晚8时开始，红一军团和红十五军团1．3万人，沿黄河西岸北起绥德县的沟口、南至清涧县的沙口一线，在选定的渡口上，乘着小木船和羊皮筏子，进行隐蔽渡河。当东岸守敌阎锡山的军队发现红军的行动，进行抵抗时，红军便以集中、猛烈的火力压制敌人，实行突击强渡。在斗志十分旺盛的红军面前，阎锡山吹嘘为“固若金汤”的黄河防线，很快就被突破了。红军渡河进展神速。至21日拂晓，红一军团和红十五军渡河登岸，打垮和歼灭了对岸守敌，占领了河防阵地。

21日，毛泽东从河口东渡黄河。至23日，红军突破晋绥军防线，占领山西境内三交、留誉、义牒等村镇在内的纵深35公里、横宽50余公里的广大区域，并在4天内歼灭和击溃阎锡山部5个团，俘虏1200余人，控制了吕梁山地区的石楼、中阳、孝义、隰县等地。面对红军的进攻，阎锡山一面急调入陕部队返晋，以14个旅分四路反扑，一面致电蒋介石求援。

3月1日，毛泽东、彭德怀联名发布《中国人民红军抗日先锋军布告》，指出：“中华苏维埃人民共和国中央政府、中国人民红军军事委员会派遣本军，东行抗日”，号召“一切爱国志士，革命仁人，不分新旧，不分派别，不分出身”，只要同情反抗日本帝国主义，红军都愿与之联合，“本军主张停止一切内战，红军、白军联合起来，一致对日”。

3月8日，中共中央在山西孝义县大麦郊召开政治局扩大会议，根据新的政治、军事形势，调整了东征战役的战略部署，决定在兑九峪一带集中重兵消灭晋绥军有生力量。3月10日，红一、红十五军团主力乘兑九峪晋绥军二、三纵队立足未稳，集中优势兵力，发起猛攻，在击溃敌主力、歼灭约两个团后立即撤出战斗。

鉴于中央军陆续向灵石、平遥、介休、侯马等地开进，阎锡山又纠集四个纵队再次向红军反攻，晋西南、晋西北防守兵力薄弱的实际情况，3月12日，毛泽东在大麦郊召开红一方面军团以上干部会议，决定兵分三路：中路军转战隰县、交口、石楼、永和一带，牵制晋西国民党部队；右路沿汾河与同蒲路南下；左路北上直逼太原，并掩护红一军团。各路红军均取得重大胜利。

在此期间，中共中央政治局于3月20日至27日举行扩大会议，深入讨论了共产国际第七次代表大会的决议，认为瓦窑堡会议以来党的工作与方针政策符合共产国际的决议精神；提出了“国内革命战争与民族的解放战争联合起来”“停止内战、一致抗日”等口号；认为要“区别日寇与卖国贼”“集中力量反对主要敌人”，要“以发展求巩固”；会议还讨论了军事战略和行动方针，明确了同国民党建立统一战线的原则，并决定中共中央不再随东征红军行动。

4月5日，中国共产党以毛泽东、朱德名义发表《为反对蒋介石、阎锡山拦阻中国人民红军抗日先锋军东下抗日捣乱抗日后方宣言》，列举蒋、阎阻止红军东进抗日事实，号召“全国爱国同胞一致奋起，抗日讨逆，响应与拥护中国人民红军抗日先锋军的东征，以救中国于灭亡”。

为策应河东红军的作战，河西的红二十八军在军长刘志丹、政委宋任穷的率领下，趁晋绥军回调之际，迅速进占宋家川、吴堡等地，收复部分原来被国民党军占领的陕北苏区。3月底，红二十八军奉命渡河并协同左路军参战。4月14日，为完成恢复黄河交通的任务，红二十八军军长刘志丹在进攻三交镇的战斗中不幸牺牲，时年仅33岁。

四、回师陕北

东征军在山西的节节胜利令阎锡山大为惊恐，一面急调晋军十几个团对红军反击，一面向蒋介石急呼求援。蒋介石早已垂涎山西，现在正好趁阎之危，派了10个师30万人的兵力，以陈诚为“剿共”军总司令，由郑州、洛阳等地进入山西，与阎锡山联合起来，阻止红军抗日去路；同时，又命东北军和西北军，进攻红军总后方——陕甘宁根据地，企图对我军实行东西夹攻，妄图达到全部消灭红军的目的。

抗日先锋军机枪阵地

为顾全大局避免大规模内战和损失，争取和团结一切抗日爱国力量，扩大统一战线，积蓄抗日力量，中共中央于1936年4月9日派周恩来和李克农与东北军爱国将领张学良秘密会谈，达成了东北军、西北军与红军停止内战、联合抗日的协议，在谈判中张学良也向我党提出联蒋抗日的建议，这对进一步丰富和完善我党的抗日民族统一战线政策，将反蒋抗日的方针改变为逼蒋抗日，最后到联蒋抗日有决定意义。同时又利用蒋、阎矛盾，通过多种渠道，对阎锡山做了大量统战工作。在此情势下，中共中央于4月13日至15日在永和县赵家沟召开军事会议，做出了“逼蒋抗日、回师西渡”的战略决策。

5月2日至5日，红军主力和总部人员先后渡过黄河，返回陕北。5月5日，毛泽东率红军总部回到陕西杨家圪台，签发了《停战议和一致抗日通电》（即《回师通电》），呼吁“以‘兄弟阋于墙外御其侮’的精神，在全国范围首先在陕甘晋停止内战”，表示了我党一致抗日和建立抗日民族统一战线的诚意。

5月8日至9日，中共中央在延川县太相寺召开了政治局扩大会议，由毛泽东做报告，对东征胜利的意义做了高度的概括和评价，毛泽东在会上讲了四句话：“打了胜仗，唤起了民众，扩大了红军，筹备了财物。”1936年5月21日，毛泽东、周恩来率领红军总部回到瓦窑堡，历时75天的渡河东征胜利结束。红军东征把红色种子撒在了山西的大片土地，发展了华北的抗日救亡运动，推动了华北地区的抗日准备，为我军以后出师华北前线奠定了基础。

知识链接

党的主要领导人为刘志丹题词 1936年4月，刘志丹率红军东征，在山西中阳县三交镇战斗中光荣牺牲，时年33岁。毛泽东为他题词：“群众领袖，民族英雄。”周恩来为他题词：“上下五千年，英雄万万千；人民的英雄，要数刘志丹。”1943年，张闻天为他题词：“子丹同志的路线，是我党领袖毛泽东同志的路线，是我党的布尔什维克的路线，是真正中国的马列主义的路线。子丹同志，精神不死！”

第三节 红军西方野战军西征

东征红军回师陕北后，蒋介石对中共提出的《停战议和一致抗日通电》置之不理，仍坚持其“剿共”政策，他调集了16个师3个旅的兵力，准备对西北根据地发动新的“围剿”。为了粉碎敌人的围困和进攻，巩固和扩大陕甘根据地，保存抗日力量，援助绥远抗战，争取东北军一致抗日，同时也为了迎接红二、四方面军北上，实现主力红军的大会合，党中央在延川县太相寺政治局扩大会议上总结红军东征的同时，提出了西征的策略，以巩固和扩大西北根据地。

一、战绩辉煌

西方野战军于5月19日分左右两路，从延长、延川出发，执行中央军委确定的第一阶段任务："夺取并赤化安边、定边、环县、曲子。"5 月 27 日，红十五军团从新城堡地区出发，分两路向西北进攻。28 日，红一军团由吴起镇向元城镇、曲子镇方向攻击前进，6 月 1 日，在曲子地区向国民党军第三十五师发起进攻，迫使敌一〇五旅旅长冶成章以下 150 余人投降，缴枪 200 余支，红军进占阜城。两天后，又在阜城地区歼灭国民党军第三十五师 6 个步兵营，击溃两个骑兵营，俘敌 1100 多人。至此，"左路军消灭了马鸿宾的主力，夺取了阜城、曲子、环县、洪德城之线碉堡。右路军夺取了宁条梁，争取了教民的拥护，影响蒙民，打击了三边、盐池的地主武装"，野战军西征的第一步作战任务已基本完成。

6 月 14 日，西方野战军决定发起西征第二阶段作战，提出以最大努力赤化占领区域，摧毁安边、定边、豫旺堡及豫旺城等支点，打击敌出扰部队，肃清民团，解决部队给养和冬服问题。左路军（红一军团）在曲子镇、阜城、七营、上新堡等地区集结，向四周赤化，打击马鸿宾出扰部队；右路军（红十五军团）主力夺取豫旺县城，第二步以夺取韦州城为目的；中路军（红二十八军、红八十一师、骑兵团）主力第一步夺取安边。6 月 16 日，红十五军团一部攻克定边县城，歼敌一个营并保安团全部，俘虏 350 余人，缴获 180 匹战马，1 万银圆及大量布匹、粮食。随后，红十五军团乘胜攻克盐池、豫旺等县城，全歼国民党守军，俘虏 500 人左右，缴获大量的军用物资和马匹。

1936 年，聂荣臻（左三）、左权（左一）等红军部分将领合影

西北线上，马鸿逵派兵南犯，企图夺回豫旺县城。红十五军团直属队和七十五师在红城水地区设伏，于 7 月 5 日诱马鸿逵部骑兵 3 个团并两个营进入伏击圈激战，成功击溃马鸿逵部队，歼其 200 余人，获战马 200 多匹。

7 月初，中央军委明确西方野战军今后的战略方针和任务是："七月以赤化现地为目标，八月以迫近河边求战为目标，九月以后依情况决定"。

此后，红军在王家团庄、高崖子、同心城、红城水、甜水堡、豫旺堡等地展开苏区创建工作。7 月 27 日，毛泽东、周恩来等致电西方野战军领导，高度肯定“两个月以来西方野战军以其坚决机动的指挥与英勇牺牲的战斗，完成了在西方创造根据地的任务”。

二、重视争取回民的工作

在西征的过程中，正确处理与回族人民的关系是一个非常重要的问题。甘宁地区是回族人民比较集中的地区，七营川、同心、海原等地在我军进驻以后，与回族同胞往来非常密切。因此，能否做好回族人民的工作直接关系到我军西征的成败。为此，中央军委和西征总部及时提出了三大禁条：禁止驻扎清真寺，禁止吃大荤，禁止毁坏回文经典，同时提出了“四大注意”，要求红军讲究清洁、尊重回民的风俗习惯，不准乱用回民的器具，注意回汉两大民族的团结。

各路军还成立了一支强大的回民工作队，进行发动和组织回民的工作。对全体指战员进行尊重回民习惯的政策教育，开展帮助回民建设家园的活动。部队每到一地，先打扫环境和住地卫生，因此得到素爱清洁的回族人民的好感。居住在西北高原的回族群众吃水非常困难，每天都要从几十里以外的地方担水，于是部队战士不但要给自己挑水吃，还要给住地群众担水，深受群众欢迎。部队又把在汉族地区打土豪劣绅得到的粮食分给回民群众，为群众修补透风透雨的房屋，消除多年来由于国民党反动派压迫剥削而造成的回汉对立和因互相残杀而引起的民族隔阂和民族仇恨。因此红军深受回族人民爱戴，以回族最隆重的礼节欢迎红军指战员。红军指战员也深入到回民中去，宣传党的抗日民族统一战线政策，帮助回民建立群众组织、游击武装和地方政权。1936 年 8 月，经党中央批准，同心城召开了各界群众代表大会，正式成立了我国历史上第一个县一级的回民自治政权——陕甘宁省豫海县回民自治政府。回民自治政权的建立，使回民群众第一次获得了当家做主的权力，大大调动了他们生产和支前的积极性。当红军向陕北转移时，不少回族青年还参加了红军，奔赴抗日前线。

三、卓有成效的统战工作

“开展抗日统一战线的工作，是我们西征中战斗任务之一，是和我们消灭敌人的战斗任务一样的重要。”这是野战军司令员兼政委彭德怀几次下达的政治工作指示。西征期间，建立抗日统一战线已经提到我党的重要工作日程。毛泽东曾给东北军、十七路军的一些高级将领和社会名流写亲笔信，阐明我党建立抗日民族统一战线的政治主张，并把团结争取东北军、十七路军和宁夏“二马”作为重要目标。

为了加强对东北军和西北军的统战工作，中央组建了东北军、西北军工作委员会，具体领导西北大联合的工作。1936 年 1 月 25 日发表《红军愿意同东北军联合抗日致东北军全体将士书》。在太相寺会议后，西征期间又制定《关于东北军工作的指导原则》。提出了“争取东北军到抗日战线上来是我们的基本方针”。根据中央的指示精神，西征红军部队中普遍设立统战工作专门机构：团以上单位设立了抗日战线委员会或工作部。连以上建立了抗日战线小组。连队党支部专设抗日战线委员。这些专设机构和人员，经常召开会议，落实任务，研究方法，纠正偏差，解决问题。“这个时期最突出的是对白军的统一战线工作。”聂荣臻回忆说，“野战军政治部要求我们做到，‘使每个指战员深刻地认识到要争取中国革命的伟大胜利，不仅仅是依靠红军打天下，而且要争取白军到我们这里来’。”

在西征之始的曲子镇战斗中，红军俘虏了宁夏马鸿宾部三十五师骑兵团团长马培清的两个儿子，经过一番教育后，红一军团代理军团长左权派人把他们送回到马培清的驻地。7 月，红一军团行进至七营一带，左权亲自给驻扎黑城的马培清写信，劝其应以民族利益为重，与红军共同抗击日本。马培清念及旧情，复信表示赞同。红军还在三十五师所经之处张贴“欢迎三十五师合作抗日”“枪口对外，一致抗日”等标语，并给三十五师官兵送去馒头、米汤等食物。

西征红军卓有成效的统战工作，开创了西北地区的新局面。到 1936 年 7 月中旬以后，“二马”的部队跟红军基本处于停战状态。东北军跟红军之间，出现了战争史上的奇迹——表面上是敌对的双方，实际上成了共同要求抗日救国的好朋友。白天两军碉堡对峙，为了遮掩蒋介石亲信的耳目，有时也还对空放一阵枪。到了晚上，在数百里的战线上又另是一番景象：有的共唱救亡歌曲，同骂日本帝国主义和卖国贼蒋介石；有的互相串门儿，互通情报，互赠礼品；有的部队与部队之间召开联欢会，交流感情，增进团结。敌对两军阵前出现的这种奇特景象，在以陕甘宁苏区为中心的西北地区形成了高涨的抗日氛围，开创了西北大联合的良好局面。

第四节　中国共产党政治路线的转变

瓦窑堡镇本是延安市子长县一个默默无闻的小镇，然而在 1935 年 11 月 10 日—1936 年 6 月 21 日，它成为中共中央驻地后，共和国一代开国领袖人物毛泽东、周恩来、张闻天、刘少奇等，都曾在这里叱咤风云，留下了壮丽的革命史诗；中国共产党在此领导了红军东征抗日，召开了著名的瓦窑堡会议，实现了中国共产党政治路线的转变。

一、“华北之大，已经安放不得一张平静的书桌了！”

由于华北地区物产丰富，战略地位十分重要。日本帝国主义在武装攻占中国东北并巩固其统治的同时，也加紧了在华北地区的侵略活动。《塘沽协定》签订后，日本以武力威胁为后盾，在政治、经济等领域向华北进一步扩张。

1933 年 7 月 6 日，日本陆军省和参谋部向内阁提出《对华政策大纲》，提出“必须使华北政权压制国民党在华北的抗日活动，并使国民党逐渐减少力量，最后迫使其解体”。1934 年 4 月 17 日，日本外务省情报部长天羽英二，在定期接见记者的招待会上发表谈话，其后被称为《天羽声明》，声称“如果中国采取利用其他国家排斥日本、违反东亚和平的措施，或者采取以夷制夷的排外政策，日本就不得不加以反对”。

游行学生同前来镇压的国民党军警搏斗

通过一系列密谋策划，日军从 1935 年上半年起制造种种借口，挑起一系列事端，提出蛮横要求，迫使国民政府就范，以实现其侵华计划。6 月，察哈尔省代主席秦德纯与土肥原贤二等于北平谈判，签订了《秦土协定》，宋哲元第二十九军等中国军队撤出察北。7 月，国民党与日本签订《何梅协定》，国民党的党、政、军、宪、特一切势力，全部被逐出了河北省与平、津两市，实现了日本要把该地区造成“真空”的图谋。

国民政府的丧权辱国政策，助长了日本帝国主义者占领整个华北进而灭亡中国的嚣张气焰。为使华北五省脱离中国而“独立”，日本帝国主义者大力收买汉奸，鼓动“防共自治运动”。12 月，国民政府为了迎合日本侵略者提出的“华北政权特殊化”的要求，指派宋哲元等在北平成立“冀察政务委员会”。

民族危难空前严重；而人祸之上，复加天灾，华北民众在民族危机与经济浩劫的夹攻中，陷入饥饿、疾病与死亡的绝境。“华北之大，已经安放不得一张平静的书桌了！”在华北危机严重的时候，中国共产党发表了《中国苏维埃政府、中国共产党中央为抗日救国告全体同胞书》，即著名的《八一宣言》，号召团结一致，共同抗日。《八一宣言》给地处抗日前哨的北平青年学生以极大的鼓舞，他们高呼着“打倒日本帝国主义！”“反对华北五省自治！”“打倒汉奸卖国贼！”

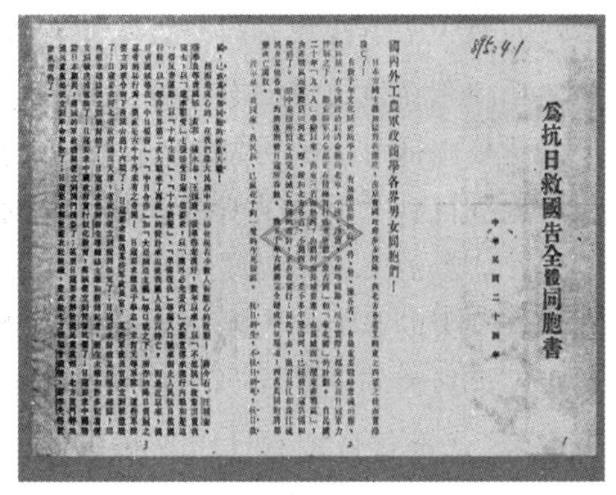

爲抗日救國告全體同胞書

國內外工農軍政商學各界男女同胞們！

《为抗日报国告全体同胞书》

“立即停止内战！”并冲向街头奋力抗争，“一二·九”学生爱国运动爆发。全国性的抗日救亡运动随即高涨起来。中国共产党在从土地革命战争向民族革命战争转变的新形势下，迫切需要政治路线的转变，制定新的抗日政策。

二、政治路线的转变

1935年12月17日至25日，中共中央在安定县瓦窑堡城内的田家院张闻天住所召开政治局会议。出席和列席会议的有毛泽东、张闻天、周恩来、博古、李维汉、王稼祥、刘少奇、邓发、凯丰（何克全）、张浩（林育英）、邓颖超、吴亮平、郭洪涛等。会议通过《中央关于军事战略问题的决议》《关于目前政治形势与党的任务决议》等决议案，确定了抗日民族统一战线的战略决策和新的军事战略方针。会议主要分析了华北事变后国内阶级关系的新变化，讨论了关于建立抗日民族统一战线、建立抗日联军和国防政府等问题，指出当前时局的基本特点是日本帝国主义“正准备并吞全中国，把全中国从各帝国主义的半殖民地变为日本的殖民地”。民族矛盾已上升为主要矛盾，一切不愿当亡国奴、不愿充当汉奸的中国人的唯一出路就是“向着日本帝国主义及其走狗汉奸卖国贼展开神圣的民族战争”。党的策略路线是发动、团结与组织全中国全民族一切革命力量去反对当前主要的敌人——日本帝国主义与蒋介石。为了适应广泛的抗日统一

瓦窑堡会议旧址（子长县）

战线的要求，决议规定将“工农共和国”改为“人民共和国”。

毛泽东在他所做的军事问题报告中，对于民族资产阶级的两面性和利用地主买办营垒内部矛盾的可能性问题，做了精辟的分析。他指出：“国民党营垒中，在民族危机到了严重关头的时候，是要发生分裂的。”党的基本策略任务，就是要建立广泛的民族革命统一战线，“组织千千万万的民众，调动浩浩荡荡的革命军，是今天的革命向反革命进攻的需要”。根据毛泽东的报告，会议通过《中央关于军事战略问题的决议》，提出党的战略方针是：“把国内战争同民族战争结合起来”“准备直接对日作战的力量”“猛烈扩大红军”。

三、拉开抗日民族统一战线的大幕

12 月 27 日，毛泽东根据瓦窑堡会议精神，在党的活动分子会议上做了《论反对日本帝国主义的策略》的报告，参加报告会的有中央机关、陕北省、瓦窑堡市科部长以上干部以及中央党校和西北红军学校县团级以上干部共 400 余人。

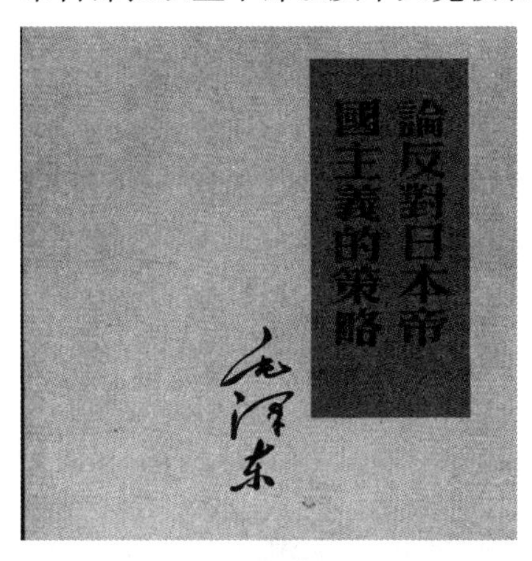

毛泽东：《论反对日本帝国主义的策略》

毛泽东在报告中分析了中国共产党和民族资产阶级在抗日的前提下重新建立统一战线的可能性和重要性。他指出，随着民族矛盾的上升，国内阶级关系已经发生了变化，而且将来还要继续发生变化。他强调组织千千万万的民众，调动浩浩荡荡的革命军，是今天的革命向反革命进攻的需要，批评了党内长期存在的“左”倾关门主义倾向。毛泽东指出：“只有统一战线的策略才是马克思列宁主义的策略，关门主义的策略则是孤家寡人的策略。关门主义‘为渊驱鱼，为丛驱雀’，把‘千千万万’和‘浩浩荡荡’都赶到敌人那一边去，只博得敌人的喝彩。”他明确提出党和红军在新形势下的任务和目的，就是要把红军的活动和全国工人、农民、学生、小资产阶级、民族资产阶级的一切活动汇合起来，成为一个统一的民族革命战线，以战胜日本帝国主义及其走狗卖国贼。他还着重指出共产党和红军在统一战线中具有决定意义的领导作用。

瓦窑堡会议是从土地革命战争时期到抗日战争时期中国共产党召开的一次极

为重要的会议，是遵义会议的继续和发展，遵义会议只对当时最迫切的军事问题和组织问题做出决议，而瓦窑堡会议则解决了政治路线问题。它表明，中国共产党在总结革命中的成功和失败的经验和教训的基础上已经成熟起来，能够从中国的实际情况出发，创造性地进行工作。

第五节　红都保安

1936 年 6 月，为纪念刘志丹烈士，中共中央将保安县改为志丹县。1936 年 7 月 3 日中共中央移驻志丹县城。7 月 9 日，《红色中华》报第一版发表文章说：现在中华苏维埃中央人民政府已经定都志丹县城（原保安县城），志丹县已成为我们赤色的京都了。至 1937 年 1 月 10 日中央机关离开保安到延安，在保安作为红都的短时间中，毛泽东在这里接见了党中央到陕北的第一位国际友人斯诺，党中央和毛泽东在志丹先后召开了多次政治局和政治局扩大会议，领导了红军西征、三军会师，制定了逼蒋抗日以及和平解决西安事变的政策方针，实现了国共两党停止内战一致抗日的新局面。

一、斯诺把中共抗战的声音传向世界

经过二万五千里长征，毛泽东于 1935 年 10 月 19 日率领陕甘支队第一纵队到达保安县吴起镇，中国工农红军陕甘支队发布《告红二十五、二十六军全体指战员书》，指出：陕甘支队经过二万余里的长征，与红二十五军、红二十六军会合，是中国苏维埃运动的一个伟大胜利，是西北革命运动大开展的号炮，它将为开展西北苏维埃运动大局面、赤化全中国打下巩固的基础。10 月 30 日，毛泽东同彭德怀率陕甘支队离开吴起镇，向下寺湾前进。11 月 10 日，中共中央机关落脚于延安东北角的小镇瓦窑堡。1936 年 6 月 21 日，国民党军高双城部袭击瓦窑堡。毛泽东率中共中央机关撤离瓦窑堡，西移保安，在这“保障安全”的小城安顿下来。中央机关住进保安的石窑洞不过 10 天，一位勇敢的“高鼻子”——美国新闻记者埃德加·斯诺冲破重重封锁线，成了进入保安的第一位“外宾”。

毛泽东在 7 月 11 日到达保安，美国记者埃德加·斯诺和美国医生乔治·海德姆在此后 2 日到达保安；当天傍晚，毛泽东步行至中华苏维埃人民共和国中央政府外交部，看望两位远道而来的客人，对他们来苏区访问表示欢迎。

7 月 16 日，斯诺在石窑洞拜访了毛泽东。斯诺在他的名著《西行漫记》中，

如此记述他当时见到的毛泽东：我到后不久，就见到了毛泽东，他是个面容消瘦、看上去很像林肯的人物。个子高出一般的中国人，背有些驼，一头浓密的黑发留得很长，双眼炯炯有神，鼻梁很高，颧骨突出。我在一霎（刹）那间所得的印象，是一个非常精明的知识分子的面孔，可是在好几天里面，我总没有证实这一点的机会。我再次看见他是傍晚的时候，毛泽东光着头在街上走，一边和两个年轻的农民谈着话，一边认真地在做着手势。我起先认不出是他，后来等到别人指出才知道。南京虽然悬赏二十五万元要他的首级，可是他却毫不介意地和旁的行人一起走。

斯诺还写道：毛泽东和他的夫人（指贺子珍）住在两间窑洞里，四壁简陋，空无所有，只挂了一些地图。毛氏夫妇的主要奢侈品是一顶蚊帐。除此之外，毛泽东的生活和红军一般战士没有什么两样。做了十年红军领袖，千百次的没收了地主、官僚和税吏的财产，他所有的财物却依然是一卷铺盖，几件随身衣物（包括两套布制服）。

毛泽东在同斯诺的多次交谈中，谈到长征，回顾了中国共产党领导中国革命的奋斗历程，以及中国共产党与共产国际、苏联的关系问题。阐述了中国共产党领导的中国革命的性质和发展前途，详细论述了中国共产党团结一切可以团结的力量，建立抗日民族统一战线，抗击日本帝国主义侵略的路线方针政策。

斯诺在对毛泽东和红都保安进行的为期 4 个月的采访，给他留下了深刻的印象。他对毛泽东的采访通常从晚上九点多开始，持续到次日凌晨两点。斯诺在他采访毛泽东后写的《西行漫记》中写道："在以后接着几个晚上的谈话中，我们真像搞密谋的人一样躲在那个窑洞里，伏在那张铺着红毡的桌子上，蜡烛在我们中间毕剥着火花，我振笔疾书，一直到倦得要倒头便睡为止。"

斯诺采访结束离开保安后，11 月 14 日，上海《密勒氏评论报》首次刊登了毛泽东与斯诺在志丹的谈话内容。接着上海《大美晚报》、《亚美》杂志、北京《民主》杂志、英国每日《先驱报》、美国《星期六晚报》、《生活》《亚 洲》《新共和》《太平洋事务》等报刊杂志相继刊登了斯诺从不同方面对苏区所做的翔实报道；1937 年 10 月，《红星照耀下的中国》在英国伦敦公开出版。在斯诺所写的采访报道和著作中，将中国共产党的抗日主张、中国共产党和红军的真实情况告诉给全世界。

二、确定“逼蒋抗日”

瓦窑堡会议虽然确定了中共建立抗日民族统一战线的政策和策略，但是仍然把蒋介石和日本帝国主义都作为中国革命的主要敌人。在会议通过的《中共中央关于目前政治形势与党的任务的决议》中指出，党的策略路线是发动、团结与组织全中国全民族一切革命力量去反对当前主要的敌人——日本帝国主义与蒋介石。瓦窑堡会议后，随着日本帝国主义侵略的步步加深，国内形势发生了某些重大变化。华北事变造成的民族危机和蒋介石的反动政策，重新唤醒了中国人民，掀起了以“一二·九”运动为标志的全国抗日救亡运动的新高潮。日本帝国主义在华北的长驱直入，不仅激起中国人民的愤怒，而且也直接威胁到了英美的在华利益，英美开始从军事方面积极援助国民政府以对付日本的军事侵略。与此同时，日寇侵吞华北的行动，也严重侵犯了四大家族的经济和政治利益。为了维护其政治集团的利益，在英美的支持下，蒋介石对日态度日趋强硬：对日本操纵的华北自治，表示：“作为中国对引起违反国家主权完整、破坏统一等制度绝对不能容许。”蒋介石已经开始放弃了对日妥协的政策，这种改变预示了“逼蒋抗日”的可能性。因此，中共也适时地变“反蒋抗日”为“逼蒋抗日”。

毛泽东曾有一个形象的比喻：“对付蒋介石，就要像陕北农民赶着毛驴上山，前面要人牵，后面要人推，牵不走还得用鞭子抽两下，不然它就要赖、捣乱。”为了实现“逼蒋抗日”，中共对蒋介石实行了既联合又斗争的策略。1936 年 8 月 10 日，中共中央在志丹县城召开政治局会议，研究国共两党的关系和统一战线等问题，毛泽东在报告中说：“抗日必须反蒋”的口号，现在已不适合，要在统一战线下反对卖国贼。8 月 12 日，在《关于今后的战略方针》中，中共中央“认定南京为进行统一战线之必要与主要的对手”，提出了“请蒋抗日”的问题；同时规定对蒋的挑衅采取“先礼后兵”的政策。8 月 25 日，在毛泽东为中共中央起草的《中国共产党致中国国民党书》中，呼吁停止内战，一致抗日，实现国共两党重新合作；提出“我们愿意同你们结成一个坚固的革命的统一战线”。9 月 1 日，中共中央发出《关于逼蒋抗日问题的指示》，指示说：目前中国的主要敌人是日本帝国主义，把日本帝国主义与蒋介石同等看待是错误的，“抗日反蒋”的口号也是不适当的；我们的总方针应是“逼蒋抗日”。9 月 15 日至 17 日，中共中央在志丹县城召开政治局扩大会议，讨论通过了《中央关于抗日救亡运动的新形势与民主共和国的决议》，指出为了有利于建立抗日民族统一战线，决定将“人民共和国”改为“民主共和国”，以便团结包括蒋介石在内的一切抗日力量。

三、确定和平解决西安事变的方针

西安事变的和平解决，是中国共产党“逼蒋抗日”政策的胜利。

西安事变发生的当天夜晚，张学良致电毛泽东、周恩来：“吾等为中华民族及抗日前途利益计，不顾一切，今已将蒋等扣留，迫其释放爱国分子，改组联合政府。兄等有何高见，速复。”毛泽东、周恩来接到张学良的电报后，当即复电：“立即将东北军主力调集西安、平凉一线，十七路军主力调集西安、潼关一线。固原、庆阳、富县、甘泉一带仅留少数红军，决不进占寸土。红军担任钳制胡宗南、曾万钟、毛炳文、关麟征、李仙洲各军。恩来拟赴兄处协商大计。”

西北文化日報

爭取中華民族生存

張楊昨發動對蔣兵諫

通電全國發表救國主張八項

改組南京政府容納各黨各派

《西北文化日报》对西安事变的报道

面对西安事变后的错综复杂局面，中国共产党审时度势，从民族大义出发，经过反复研究，确定了和平解决西安事变的方针。中共中央认为，西安事变是张学良、杨虎城为抗日救国而发动的，是中国一部分民族资产阶级的代表，也是国民党中的实力派之一部，不满意南京政府的对日政策，要求立即停止“剿共”，停止一切内战，一致抗日，并接受了共产党抗日主张的结果。西安事变采取了扣留蒋介石及其一部分主要将领的方式，从而把南京置于西安的敌对地位，有可能造成对中国各民族极端危险的新的大规模内战，这是日本和亲日派所欢迎的前途。但是仍有可能争取西安事变和平解决，从而为结束内战、实行一致抗日创造条件，这是全国人民和一切愿意抗日救国的党派、团体所期望的前途。中国共产党要力争避免前一种前途，实现后一种前途。因此，坚决主张用和平方法解决西安事变所引起的问题，反对新的内战；同时主张用一切方法联合南京的左派，争取中间派，反对亲日派，以推动南京政府走向抗日道路。中国共产党也准备在军事上、政治上给张学良、杨虎城以积极援助。

根据这个方针，中共中央采取了一系列措施，决定派周恩来、秦邦宪、叶剑英等人为中共代表，前往西安参加谈判，同时通电全国，表明中国共产党和平解决西安事变的立场。12 月 15 日，中共中央以毛泽东、周恩来、朱德等红军领导人的名义致电南京国民政府，明确提出和平解决事变的主张。19 日，再次向南京和西安发出通电，提出了和平解决事变的四项具体建议。与此同时，应张、杨的请求，红军主力集中于西安以北的泾阳、三原、富平和陕南的商洛等地，随时准备迎击国民党军的进攻。

第六节　震惊世界的西安事变

面对日益严重的民族危机，红军与东北军、十七路军逐步形成了“三位一体”的大联合抗日局面。然而，正值此时，坚持内战“剿共”政策的蒋介石飞抵西安逼迫张学良、杨虎城“围剿”陕北红军。不愿继续“剿共”的张学良、杨虎城，在“苦谏”（尽量说服蒋介石停止内战，一致抗日）蒋介石无效的情况下，于 12 月 12 日，发动“兵谏”，扣留了蒋介石，这就是震惊世界的西安事变。西安事变成为扭转时局的关键，中国从此由内战走向抗战。

一、“三位一体”初步形成

中共中央和中央红军长征到达陕北后，来不及洗去一路的征尘，就又遭到国民党军的“围剿”，参与“围剿”的是东北军和第十七路军。

周恩来、李克农与张学良秘密会谈地

以张学良为首的东北军，在蒋介石“不抵抗政策”的命令下，家乡沦落，流亡关内。1935 年 9 月，张学良奉蒋介石之命，率领东北军由鄂豫皖地区来陕甘地区“围剿”红军，任西北“剿匪”总部副总司令，代行总司令职权。从 9 月到 11 月，在不足三个月的时间里，东北军与红军在劳山、榆林桥、直罗镇的交战中，连续被消灭近三个主力师，南京政府不但不给予补充，反而取消了被歼灭师的番号，东北军将士对打内战十分不满。这个事实深深触动了张学良，他开始通过多种渠道与共产党联络，寻求解国难、报家仇的新出路。

西安事变前夕的张学良与杨虎城

为了贯彻瓦窑堡会议精神，迅速结成抗日民族统一战线，中共开展了大规模争取东北军和西北军的统战工作。1936年1月25日，中共中央发布了《红军为愿意同东北军联合抗日致东北军全体将士书》，重申党的抗日主张，建议双方互派代表，协商关于组织国防政府和抗日联军的问题。同年4月9日，党中央派周恩来、李克农与张学良在延安城内的天主教堂举行了秘密会谈，会谈从9日晚8时开始，直至次日凌晨4点才结束。会谈中，周恩来阐明了我党的统一战线政策，对张学良产生了巨大的影响。会谈中，张学良表示完全同意中共“停止内战，一致抗日”的主张，并提出可“联蒋抗日”的建议。6月20日，党中央又发布了《关于东北军工作的指导原则》，确立了争取东北军工作的五原则。

党中央对东北军工作的基本方针是争取东北军早日走上团结抗日的道路。其目的不是把东北军改造成红军，更不是瓦解和分裂东北军，而是将我党抗日救国的纲领变成他们的纲领。因此，一方面我军集中火力给蒋介石的嫡系胡宗南部以狠狠的打击（例如山城堡战役），另一方面对东北军各部严格按照统一战线的原则，积极进行工作。如我们对东北军的口号是：“中国人不打中国人”“枪口对外，一致抗日”“打回东北去，收复失地”“打回老家去，消灭日本鬼”等。对东北军中的个别顽固分子的挑衅被迫还击；在感情上，对被俘之东北军，待之以礼，动之以情，向他们宣传抗日救国、收复东北失地的道理；诉说三千万东北父老、兄弟姐妹的痛苦遭遇和深仇大恨。从行动上红军主动将缴获的武器装备奉还，使东北军备受感动，纷纷挥泪表示：“我们如果再和红军打仗就不是中国人。”随后便出现了白天双方阵地无枪声，晚上作为朋友联谊联欢的奇怪局面。有时，双方战士都走出阵地，实弹重发，只是对空射击，以应付上边的命令。我党抗日救国的方针逐渐被广大的东北军官兵理解和接受，为抗日民族统一战线的建立奠定了良好的群众基础。

在争取张学良抗日的同时，中国共产党对西北军特别是对杨虎城及十七路军做了深入细微的说服和争取工作。1935年12月初，毛泽东亲笔给杨虎城写信，并派汪锋携带他的亲笔信去西安面见杨虎城。1936年2月，又派中共北方局代表王世英到西安同杨虎城进行深入的交谈，并于杨虎城达成了四项协议。在这期间，中共中央还在张学良、杨虎城之间进行工作，促使他们团结合作，确定了不打内战、联共抗日、与共产党红军三方合作的意见。到 1936 年冬，初步形成了由张学良、杨虎城、中共“三位一体”的西北联合抗日局面，对国内政治局势产生了重大影响，从而推动了全国抗日民族统一战线的建立。

二、西安事变的和平解决

西安学生示威游行逼蒋抗日

正当红军与东北军、十七路军实行停战、合作抗日，逐步形成“三位一体”的大联合局面时，以蒋介石为代表的南京政府却置民族危亡于不顾，继续调遣重兵入陕，逼迫张学良、杨虎城“剿共”。

12 月 4 日，蒋介石再度来到西安，驻节临潼华清池。蒋介石分别召见东北军、西北军师以上将领讲话，要他们服从命令，彻底“剿共”，然后对张学良、杨虎城摊牌，提出两个方案供张、杨选择：一个是将东北军和十七路军全部开往陕北前线“围剿”红军，中央军在后面接应督战；另一个是张、杨如不愿意“剿共”，就将东北军调往福建、十七路军调往安徽，由中央军“剿共”。这两个方案显然是张学良、杨虎城都不能接受的。继续“剿共”，不但张、杨不愿意，两军广大官兵也不会接受。事实上，东北军和十七路军已与红军实行停战，两军调离西北并互相分开，这就为蒋介石分别吃掉两军提供了方便。因此，张学良、杨虎城下定决心，一不再打内战，二不离开西北，并且秘密商定对策：第一步“苦谏”——尽量说服蒋介石停止内战，一致抗日；如果无效，就采取第二步“兵谏”——设法扣蒋，逼他抗日。

西安事变时蒋介石在骊山藏身处

12 月 7 日，张学良到临潼华清池面见蒋介石，向蒋介石痛陈国家民族的危亡已到最后关头，非抗日不足以救亡，非停止内战不足以言抗日。蒋介石非但不听，反而斥责张学良年轻无知，受了共产党的迷惑，并气急败坏地说，即使把他打死，“剿共”政策也不会改变。12 月 8 日，杨虎城也去劝说蒋介石停止“剿共”，同样遭到蒋介石拒绝。

张学良西安事变后亲送蒋介石登机返南京

12 月 9 日，西安万名学生举行纪念“一二·九”运动一周年大会，旋即奔赴临潼向蒋介石请愿，要求停止内战，一致抗日。蒋介石严令张、杨对游行学生格杀勿论。国民党特务竟开枪打伤学生。至此，张、杨深切认识到，“劝谏”已不能改变蒋介石的主张和决心，除了发动“兵谏”外，别无出路。

12 月 12 日凌晨，在张学良、杨虎城的共同指挥下，东北军和十七路军分别在临潼和西安行动。东北军一部迅速包围华清池，扣留了蒋介石，逼使他放弃对日妥协、对内屠杀的反动政策；十七路军在西安解除了中央宪兵第二团、公安局、别动大队和驻西安的中央零散武装，并在西京招待所拘禁了随蒋介石来陕的国民党军政大员陈诚、蒋鼎文等 10 人。同日，张学良、杨虎城以及所属高级将领向全国发出通电，说明发动事变的原委，提出八项主张。张学良也于当夜致电中共，毛泽东、周恩来当即复电，表示拟派周恩来前往西安共商大计。

面对西安事变后错综复杂的局面，中国共产党审时度势，不记十年内战的“围剿”旧仇，从国家利益和民族大义出发，确定了和平解决西安事变的方针，并决定派周恩来、秦邦宪、叶剑英等人为中共代表，前往西安参加谈判，同时通电全国，表明中国共产党和平解决西安事变的立场。随后，一系列斡旋活动紧锣密鼓地展开。

西安事变纪念馆

12 月 23 日、24 日，张学良代表东北军，杨虎城代表十七路军，周恩来代表中共和红军，宋子文、宋美龄代表蒋介石，在西安城内张学良公馆举行谈判，双方达成六项协议，蒋介石被迫停止内战，联共抗日。随后，蒋介石在张学良的陪同下，回到南京，西安事变得以和平解决。

西安事变的和平解决，成为当时中国时局转换的枢纽，避免了一场内战危机，打破了日本帝国主义灭亡中国的梦想。至此，国共两党对峙十年的内战局面基本结束，国共两党再度合作，抗日民族统一战线初步形成。

三、第二次国共合作的形成

西安事变和平解决后，国共两党都为“停止内战，一致抗日”做出了一定的努力，两党之间形成了御侮救亡的前提和局势好转的征兆。我党为了实现国共两党的重新合作，于2月9日通过了《中共中央致电国民党三中全会电》，提出了五项要求和四项保证，五项要求是：“（一）停止一切内战，集中国力，一致对外；（二）言论、集会、结社之自由，释放一切政治犯；（三）召集各党、各派、各界、各军的代表会议，集中全国人才，共同救国；（四）迅速完成对日抗战之一切准备工作；（五）改善人民的生活”。四项保证是：“（一）在全国范围内停止推翻国民政府之武装暴动方针；（二）苏维埃政府改名为中华民国特区政府，红军改名为国民革命军，直接受南京中央政府与军事委员会之指导；（三）在特区政府区域内实行普选的彻底的民主制度；（四）停止没收地主土地之政策，坚决执行抗日民族统一战线之共同纲领”。它们得到了国民党高层人士和全国民众的赞许和支持，并推动了国民党内部抗日派反对亲日派的斗争。这是我党从团结全国人民一致抗日的历史任务出发，对国民党做出的一个重大让步。让步的目的是为了取消国内两个政权的对立，便于组成抗日民族统一战线，一致反对日本帝国主义的侵略。

西安事变期间的周恩来、叶剑英、秦邦宪

1937年2月15日，国民党召开了五届三中全会，它通过的决议，虽然仍使用反共语言，但所提的谈判条件同中国共产党所提的条件在实际上是相近的，表明以蒋介石为首的国民党当局正在接受中国共产党所倡导的国共两党合作抗日的政策。

为了从政治上、思想上和组织上为即将到来的抗日战争进行充分的准备，推

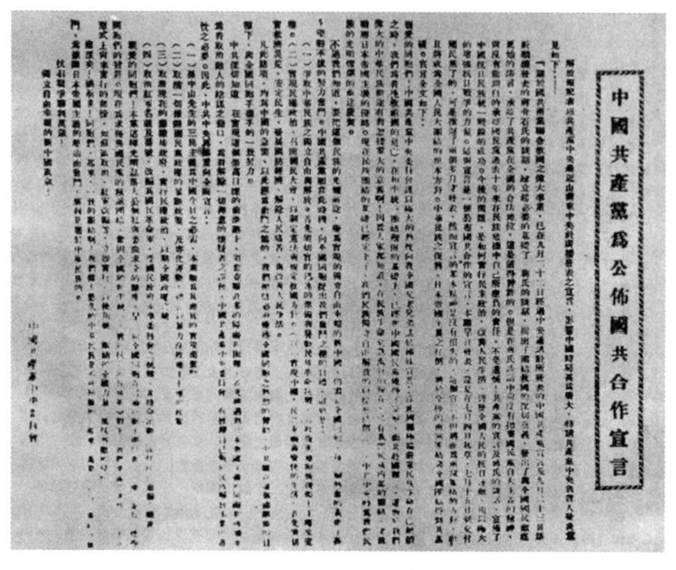
中國共產黨為公佈國共合作宣言

《中国共产党为公布国共合作宣言》

动全国抗日战争的实现，1937 年 5 月党中央在延安召开了党的全国代表会议，也称苏区代表会议，毛泽东在会上做了《中国共产党在抗日时期的任务》的政治报告，提出了巩固和平、争取民主、实现抗战“三位一体”的任务。

1937 年 7 月 7 日，日本侵略者悍然发动卢沟桥事变，揭开了中国全面抗战的序幕。翌日，中共中央即向全国发出抗日通电：“全国同胞们！平津危急！华北危急！中华民族危急！只有全民族实行抗战，才是我们的出路！”呼吁“国共两党亲密合作，抵抗日寇的新进攻”。7 月 15 日，中共中央派代表将《中共中央为公布国共合作宣言》交给了蒋介石，提出了中国共产党奋斗的总目标：争取中华民族之独立自由与解放；实现民权政治，召开国民大会，制定宪法与规定救国方针；实现中国人民之幸福与愉快的生活。再次郑重向全国宣言：一、孙中山先生的三民主义为中国今日之必需，本党愿为其彻底的实现而奋斗。二、取消一切推翻国民党政权的暴动政策及赤化运动，停止以暴力没收地主土地的政策。三、取消现在的苏维埃政府，实行民权政治，以期全国政权之统一。四、取消红军名义及番号，改编为国民革命军，受国民政府军事委员会之统辖，并待命出动，担任抗日前线之职责。

9 月 22 日，国民党中央通讯社发表《中共中央为公布国共合作宣言》。9 月 23 日，蒋介石针对《中共中央为公布国共合作宣言》发表重要谈话，强调了民族利益的重要性，充分肯定了中国共产党积极合作的抗日立场，承认了中国共产党在全国的合法地位。《国共合作宣言》和蒋介石谈话的发表，标志着国共两党第二次合作的正式形成。

第七节　确立抗战军事路线

瓦窑堡会议实现了党的政治路线的转变，在抗日民族统一战线建立后，对于如何进行抗战，争取抗战的胜利，中国共产党在 1937 年 8 月召开了洛川会议，确定了红军开展独立自主的山地游击战争的战略方针，为全党指明了争取抗战胜利的具体道路。

一、小村庄召开了大会议

洛川会议纪念馆

中共中央准备召开洛川会议，准备了半年多。1937 年初，党中央派萧劲光赴洛川选一个开会的地方，4 月，萧劲光选定了洛川县城的三合村做会址，结果汇报到中央，毛主席一听说村子叫“三合”，就叫萧劲光重选。当时党中央已经觉察到张国焘在搞阴谋活动，而“三合村”有“三家合一”之意，容易引起不必要的猜测，也容易引起张国焘的警觉。1937 年 7 月“卢沟桥事变”爆发，日本悍然发动了全面侵华战争，党中央要求萧劲光尽快选定会址。

8 月初，萧劲光选中洛川县东北 10 公里处的冯家村。该村地处咸榆（咸阳至榆林）公路边，村民冯建勋开办了一家私塾，会址就定在冯建勋的私塾里。在国民党统治区开共产党的会议，冯建勋一开始有些顾虑，害怕给自己惹麻烦。第一次接触，冯建勋没有立即答应在他家开会。第二天，萧劲光一行人刚到冯家，冯建勋就热情地迎上前，表示愿为红军冒险。会议前一天下午，萧劲光再次到冯家，安排冯建勋布置会场，张贴标语。

会址选在国统区的洛川县，主要的原因是进一步向国民党军队中积极要求抗日的东北军表明我党建立全民族统一抗日战线的诚意，争取更大力量齐心抗日；另外，洛川县距部分红军驻扎地三原、富平和党中央所在地延安都是百余公里，

洛川会议会场

骑马一天时间就可到达，便于高级将领到会。

1937 年 8 月 22 日至 25 日，中共中央政治局扩大会议在陕北洛川冯家村召开。出席会议的有中央政治局委员张闻天、毛泽东、周恩来、博古、朱德、张国焘、任弼时、彭德怀；中央政治局候补委员关向应、凯丰；其他各方面与会领导人有林伯渠、张浩、张文彬、林彪、聂荣臻、罗荣桓、贺龙、刘伯承、徐向前、萧劲光、傅钟、周建屏等。会议开了四天，就国共关系、战略方针和出兵等问题进行了讨论。会议通过了《中共中央关于目前形势与党的任务的决定》和《抗日救国十大纲领》。

开会期间，毛泽东、朱德、周恩来等领导人，就在冯建勋家灶房锅台上做饭，并分散住在村上老乡家的窑洞里，他们对人和蔼，很容易接近。会议开完后，他们把教室打扫得干干净净，只是在墙上放字纸的洞洞里还有一些已经烧尽的烟纸灰。

二、军事战略的转变

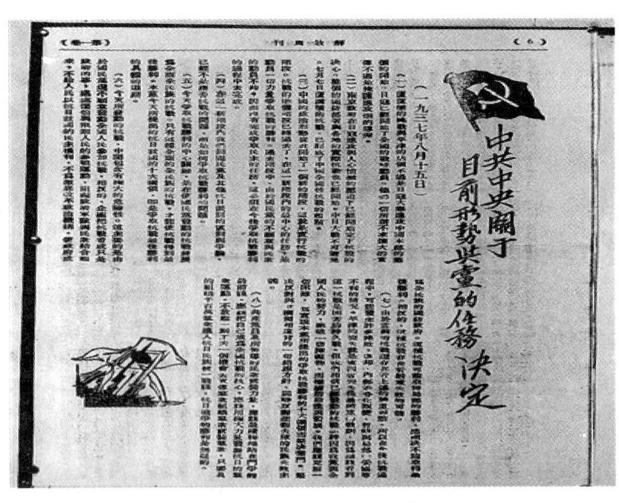

中共中央關于目前形勢與黨的任務決定

（一九三七年八月十五日）

《中共中央关于目前形势与党的任务决定》

会议由张闻天主持。毛泽东代表中央政治局做了关于军事问题和同国民党的关系问题的报告，深刻地分析了中国革命的形势，指出抗日战争将是艰苦的持久战，必须把过去的正规军和运动战变为分散使用的游击军和游击战。他提出红军的基本任务是：创建根据地，钳制和相机消灭敌人，配合友军作战（主要是战略配合），保存与扩大红军，争取民族革命战争领导权。红军的战略方针是：独立自主的山地游击战，包括在有利条件下集中兵力消灭敌人，以及向平原发展游击战争。游击战争的作战原则是分散以发动群众，集中以消灭敌人，打得赢就打，打不赢就走，山地战要达到建立根据地，发展游击战争的目的，小游击队可到平原区发展。关于国共关系问题，报告强调在抗日民族统一战线中，我们要坚持独立自主，保持高度的警惕性；红军的行动，只能由我们自己决定。

张闻天详细分析了当时的政治形势，指明全国性的抗战已经开始，从此进入了抗战的新阶段。我们的任务是动员一切力量来争取抗日战争的胜利。他着重指出：我们的总方针是要将已经开始的全国性抗战发展为全面的、全民族的抗战，动员一切力量争取抗战胜利，并从中来完成民主革命的任务——统一中国，建立民主共和国。

会议对毛泽东的报告认真地进行了讨论。许多同志都发了言，大多数人同意毛泽东的报告精神，拥护党中央的政治路线。但是，在一些具体问题上，少数人有一些不同意见：（1）关于出兵的时间问题。有人认为，现在战局很严重，应该早出兵，对我们政治影响好。（2）关于陕甘宁边区留守部队问题。有人主张，把军队全部开到前线，陕甘宁边区不留兵。（3）关于作战方针问题。有人主张，红军要配合国民党军队多打大仗。（4）有人对独立自主的山地游击战战略方针认识不足。

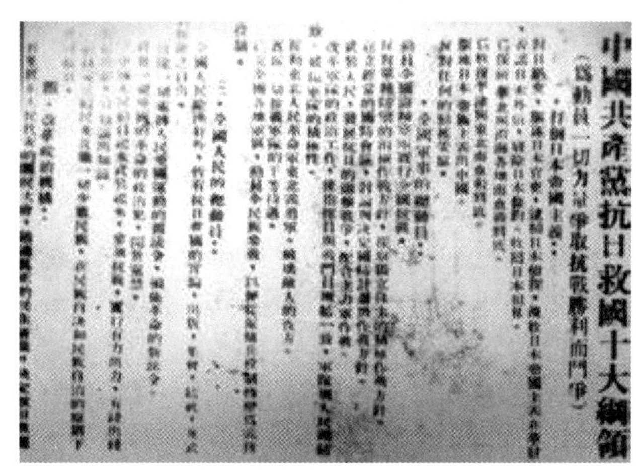
中國共產黨抗日救國十大綱領

（爲動員一切力量爭取抗戰勝利而鬥爭）

《中国共产党抗日救国十大纲领》

张闻天在补充报告和发言中，对毛泽东持久战的战略方针做了阐述和发挥。周恩来报告了南京谈判、上海抗战、国民党统治区的政治经济形势以及南京政府的国防外交等情况。

毛泽东代表中央政治局对会议做了总结，回答了讨论中提出的问题。他指出，必须坚持抗日民族统一战线中的独立自主原则，一定要实行党对抗战的领导，依靠人民群众，实行全面抗战，反对片面抗战、反对妥协退让，民族革命战争才能取得彻底胜利。参会同志一致同意毛泽东的总结，会议通过了《关于目前形势与党的任务的决定》《抗日救国十大纲领》和毛泽东为此起草的宣传鼓动提纲——《为动员一切力量争取抗战胜利而斗争》。

三、毛泽东任中央军事委员会主席

中央革命军事委员会最初于1931年在江西瑞金成立，项英、毛泽东、朱德先后任主席。中华苏维埃共和国临时中央政府成立后，朱德任中华苏维埃共和国中央革命军事委员会主席，彭德怀、王稼祥任副主席，毛泽东、周恩来等15人为委员，红军历史上的中革军委即由此开始。1934年在中华苏维埃共和国第二次全国代表大会上，朱德再次当选为中革军委主席，周恩来、王稼祥当选为副主席。1935年遵义会议后，毛泽东、周恩来、王稼祥组成军事三人小组，成为长征中军事最高决策机构，而中革军委组成人员不变。6月，中央红军同红四方面军在懋功会师，为了统一指挥两大方面军作战，中共中央召开了著名的"两河口会议"，会议决定由张国焘任红军总政委、中革军委副主席。9月，中革军委实行以毛泽东为首的七人主席团制。10月，红军三大主力胜利会师，为了适应形势的发展，中革军委进一步扩大，委员增加到23人，毛泽东任主席，周恩来、张国焘为副主席。1935年11月，中央政治局会议决定成立西北革命军事委员会。随着陕甘宁边区政府的成立，原属政府组织系统中的中央革命军事委员会，又改称为中共中央革命军事委员会，成为中共中央最高军事指挥机构，毛泽东担任军委主席。

为了确保在抗日新形势下党对人民军队的绝对领导，洛川会议在组织上进一步健全了中共中央军事委员会。军委成员由毛泽东、朱德、周恩来、彭德怀、任弼时、叶剑英、张浩、贺龙、刘伯承、徐向前等组成。毛泽东为军事委员会主席，朱德、周恩来为副主席。会议期间，中共中央政治局常委会还决定成立中央军委前方军分会。同时决定建立长江沿岸委员会，周恩来、博古、叶剑英、董必武、林伯渠为委员，周恩来为书记。洛川会议后，中央军委总部设在延安王家坪，对外称八路军延安总部，下设总参谋部、总政治部、供给部、卫生部等工作机构，后又增设军委后方勤务部。

洛川会议是中国共产党在抗日战争初期的历史转折关头举行的一次重要会议。它为全国抗战制定了正确路线，确立了统一战线中的正确政策，规定了中国共产党领导的人民军队深入敌后的战略任务，制定了正确的战略方针，为争取抗日战争的胜利指明了方向。

第八节　雄师出征

在陕甘宁地区的红军主力改编为国民革命军第八路军后，八路军迅速出师华北，在抗日前线与日本帝国主义浴血奋战，有力地钳制和打击了日军，配合了正面战场上的友军作战，在一定程度上加速了相持阶段的到来。

红军主力部队在泾阳县云阳镇召开改编为八路军动员大会

一、红军改编为八路军

1937 年 8 月 13 日，日本进攻上海，南京政府受到直接威胁，蒋介石急欲红军开赴抗日前线，于 8 月 18 日同意将红军主力改编为国民革命军第八路军，并设总指挥部；在国民党统治区的若干城市设立国民革命军第八路军办事处。8 月 22 日，国民政府军事委员会发布命令，将红军改编为国民革命军第八路军，任命朱德为总指挥，彭德怀为副总指挥。

整装待发的八路军部队

8 月 25 日，中共中央革命军事委员会发布关于红军改编为国民革命军第八路军的命令。红军前敌总指挥部改为八路军总指挥部，朱德任总指挥，彭德怀任副总指挥，叶剑英任参谋长，左权任副参谋长，任弼时任政治部主任，邓小平任政治部副主任。八路军下辖第一一五师、第一二〇师、第一二九师。第一一五师以原红一方面军为主编成，师长林彪，副师长聂荣臻，政训处主任罗荣桓，下辖第三四三旅（旅长陈光）、第三四四旅（旅长徐海东）；第一二〇师以原红二方面军为主编成，师长贺龙，副师长萧克，政训处主任关向应，下辖第三五八旅（旅长张宗逊)、第三五九旅（旅长陈伯钧）；第一二九师以原红四方面军为主编成，师长刘伯承，副师长徐向前，政训处主任张浩，下辖第三八五旅（旅长王宏坤）、第三八六旅（旅长陈赓）。全军编制共4.6万人。

中央军委命令指出：“各师改编为国民革命军后，必须加强党的领导，保持和发挥十年斗争的光荣传统，坚决执行党中央与中央军委的命令，保证红军改编后，成为共产党的党军，为党的路线及政策而斗争，完成中国革命之伟大使命。”为了保证党对八路军的绝对领导，中共中央书记处决定成立前方军分会，朱德为书记，彭德怀为副书记。各师成立军政委员会。10月，八路军重新恢复政治委员制度和政治机关，将政训处改为政治部（处）。

9月11日，国民政府军事委员会按照全国海陆空军战斗序列，将第八路军改为第十八集团军，朱德任总司令，彭德怀任副总司令。

二、我们的心永远是红的

由于华北战况日趋严重，红军改编后未等整编补充就绪，中共中央军委即按既定部署，令第一一五师为东进先遣队，分为两个梯队，分别于8月22日和25日从陕西三原、泾阳县云阳镇誓师出征。在云阳镇大操场举行的红军改编和开往抗日前线誓师大会上，朱德总指挥做了关于红军改编和开赴抗日前线的动员讲话，并带领所有将士一句句复诵《八路军出师抗日誓词》：“日本帝国主义，是中华民族的死敌。他要亡我国家，灭我种族，杀害我们父母兄弟，奸淫我们母妻姊妹，烧我们的庄稼房屋，毁我们的耕具牲口。为了民族，为了国家，为了同胞，为了子孙，我们只有抗战到底！我们是工农出身，不侵犯群众一针一线，替民众谋福利，对友军要亲爱，对革命要忠实。如果侵犯民族利益，愿受革命纪律的制裁，同志的指责！谨此宣誓！”红军改编时，要求全体指战员将红五星帽换上青天白日帽徽的帽子，脱下红军军装穿上国民党军军装，许多指战员想不通，有的伤心流泪。朱德、彭德怀和其他首长耐心地向同志们阐述了建立抗日民族统一战线、团结抗日的意义，说明改编后人民军队

八路军东渡黄河，开赴抗日前线

的性质和宗旨永远不会改变的道理，消除了广大指战员的思想顾虑。宣誓完毕，全体将士将红五星徽帽换为青天白日徽帽。第一一五师在誓师大会后，即经富平、澄城、合阳，由韩城芝川镇渡过黄河，从侯马乘火车北上，到达晋东北抗日前线。八路军总部于9月6日冒雨从云阳镇出发东进，经三原、富平，过蒲城、澄城，跨合阳、韩城，于16日从韩城县芝川镇渡口乘木船过黄河。

9月2日，八路军第一二〇师在富平县庄里镇永安村西南一块被称作葫芦包塬的地方举行了誓师大会。八路军总指挥朱德代表中共中央和八路军总部，在大会上宣布了改编命令，分析了抗日民族统一战线发展的形势和任务，号召全体指战员为抗日救国的神圣事业英勇奋斗。9月3日，第一二〇师从富平县庄里镇出发，沿第一一五师行军路线渡过黄河，集结于晋西北的神池、八角堡地区。

9月6日清晨，八路军第一二九师在泾阳县桥底镇三里村一片空旷的田野上召开改编誓师抗日大会，全师万余人列队在检阅台前。临开会时，大雨倾盆如注。师长刘伯承、政训处主任张浩等泰然自若地站在检阅台上，全体指战员站在暴雨中，秩序井然。刘伯承师长在简要讲述了全国的抗日形势后说：“为了抗日救国，挽救国家、民族的危亡，我们要把阶级的仇恨埋在心里，和国民党合作抗日，从今天起，我们就是国民革命军第一二九师。”接着，他指着一顶缀着青天白日帽徽的军帽说：“这顶军帽上的帽徽是白的，可我们的心永远是红的。同志们！为了救中国，暂时和红军帽告别吧！”说完，他发出换帽命令，全师将士依依不舍地摘下红五星八角军帽，小心翼翼地揣进怀里。紧接着举行了授旗和宣誓仪式。全体指战员振臂高呼：“打倒日本帝国主义！”“中国共产党万岁！”一时间，口号声、抗战的歌声又响了起来，把整个镇子震荡得地动山摇。誓师第二天，第一二九师在秋雨绵绵中整装出发，浩浩荡荡地沿泾阳、澄城、合阳一路向东，在韩城芝川镇渡口东渡黄河，由山西万荣县到达太原抗日前线。

三、旗开得胜

贺龙、周士第、关向应在雁门关前线

当八路军三大主力向华北抗日前线挺进时，晋北的国民党军节节败退，日军第五师团及关东军察哈尔派遣团已逼近雁门关、平型关一线。为了配合友军正面战场固守雁门关、平型关及长城各口隘，尽可能保住太原，争取华北局势的好转，八路军一二〇师奉命驰援雁门关，一一五师主力奉命向平型关急进，以打击进犯之敌。9月25日，一一五师取得了抗战史上著名的平型关大捷，歼灭日军1000多人，打破了日军不可战胜的神话，鼓舞了中国军民的抗战斗志。蒋介石在致朱德、彭德怀的贺电中说："25日一战，歼寇如麻，足证官兵用命，深堪嘉慰。"10月16日至24日，一二〇师多次在雁门关地区对日军汽车运输队进行伏击战斗，一度攻占雁门关，配合了国民党军的忻口防御作战。10月19日，一二九师一部夜袭山西省代县阳明堡飞机场，取得炸毁敌机24架的辉煌战果，削弱了日军进攻忻口的空中力量，有力地支持了正面战场国民党军作战。当平汉线南犯日军攻占石家庄，以主力进犯娘子关时，为挫败日军锋芒，八路军总部率一一五师主力由五台山地区驰援正太路，一二九师也向娘子关南及东南挺进，给日军以沉重打击。据不完全统计，八路军三大主力自9月份开赴抗日前线至11月初，共与日寇进行了大小战斗100多次，歼灭日军数千人，缴获步枪1000余支，轻重机关枪76挺，骡马1200余匹，炸毁敌机24架及汽车、坦克600余辆。八路军东渡抗日的辉煌功绩，将永远铭刻在中国抗日战争和世界反法西斯战争的历史丰碑上。

奇袭阳明堡飞机场

第六章　红色桥梁

中共中央在陕北的十三年，延安是中国革命的指挥中心，是中国革命的红都，是无数爱好和平、反对侵略的热血青年和仁人志士向往的地方，他们通过八路军驻西安办事处、安吴青训班、马栏等红色桥梁、红色驿站、红色交通线走到延安，奔赴抗日救亡前线。

第一节　八路军驻西安办事处

抗战期间，无数爱好和平、反对侵略的热血青年和仁人志士漂洋过海、不远万里向中国革命圣地延安涌来。这些爱好和平、追求光明的热血儿女，是如何走向延安的呢？他们大多要经过通向革命圣地延安的红色驿站——八路军驻西安办事处。“西安事变”和平解决后，中国共产党在西安市七贤庄设立了红军联络处，1937 年 9 月改为八路军驻西安办事处。办事处在宣传中国共产党抗日主张、巩固统一战线、运送抗战物资支援前线等方面做出了巨大贡献。

一、以牙科诊所为掩护的秘密交通站

八路军驻西安办事处，最早的名字叫七贤庄，始建于1934 年冬，1936 年冬落成。占地面积 13600 平方米，它外形为“硬山式”，俯视呈“工”字形，青砖白墙，错落有致。共有 10 套院落，坐北朝南，由西向东依次排列。

八路军西安办事处旧址

1935 年 10 月，红军长征到达陕北，医疗器械和药品十

分缺乏，周恩来指派在张学良身边工作的我党代表刘鼎在西安设立秘密交通站。1936 年春夏之交，刘鼎来到竣工不久正待出租的七贤庄，因这里距火车站较近，交通方便，南连杨虎城官邸，便看上了这所不起眼的小院。于是用 200 块银圆租下了七贤庄的一号院，并通过美国进步作家、记者史沫特莱女士介绍，德国共产党人温奇·冯海伯牙医博士将他在上海的诊所迁于此，以“德国医师冯海伯牙科诊所”做掩护，设立秘密交通站。诊所开张后，交通站为陕北苏区采买、转运了急需的药品、医疗器械和通信器材。还安装了一个小电台和一部扩大机，把中共中央设在延安的红色中华社的广播，转播到东南沿海、西南边陲，乃至苏联等地。如今这个秘密电台的发电设备还保留在一号院办公室下面的地下室内，深深的壕沟下古老的设备似乎让人感受到了一种紧张的氛围。

当然，这期间秘密交通站也转送过出入苏区的干部，如冯雪峰、丁玲等。这段时间内，冯海伯是诊所中最忙碌的人，除了每天要接诊之外，他还亲自查收所有采购物品，认真验收存放，没有任何一批货物发生过问题。当时西安的局势动荡不安，但冯海伯与交通站配合默契，使其高效运转了八个月。12 月 12 日，“西安事变”爆发，冯海伯在一阵阵混乱的枪声中走出七贤庄侧门时被流弹重伤而牺牲，这位伟大的国际共产主义战士最终长眠在了中国的土地上。

冯海伯牺牲后，因为“西安事变”的和平解决，中共在西安的活动基本公开，秘密交通站即转为半公开的“红军联络处”，门外挂着“国民革命军第十七路军第三十八教导队通信训练班”的牌子。由叶剑英、李克农负责日常工作，中共领导人周恩来、博古、李克农、罗瑞卿等从陕北到西安后都入住七贤庄，做和平解决西安事变的斡旋工作，协调红军、东北军和西北军“三位一体”的关系。

二、连通前线后方的红色驿站

全面抗战爆发后，红军被改编为国民革命军第八路军，红军联络处也发生了相应的改变。在七贤庄一号院大门上挂上了“国民革命军第八路军驻陕办事处”的牌子，后又改为“国民革命军第十八集团军驻陕办事处”，从以前的半公开转而变成完全公开。

“八办”成立后，组织非常健全，设有统战科、交通发行科、总务科、秘书科，还有机要科、办公室、电台与经理科，还下设了汽车队、仓库、招待所等，工作人员超过 300 人。办事处处长先后由伍云甫、周子健担任。中共中央驻陕代表林伯渠、董必武以及八路军高级参议宣侠父也常驻办事处，实际指导工作。

“八办”是传递中国共产党抗战声音的驿站。中国共产党的抗战政策和主张通过“八办”，传向国统区，传向全国。在红军主力部队改编为八路军后，办事处用电台向全国转发了八路军总指挥朱德、副总指挥彭德怀的就职《通电》，并将《通电》油印成宣传单，分发给西安各界。顷刻间引起社会极大反响，爱国知名人士、政界要人、军界将领对共产党不计前嫌、以民族利益为重的宽广胸襟大加赞誉，共产党的良好形象已在人们心目中扎下了根！

“八办”是运往延安的各类物资的驿站。七贤庄四号院，存放着采买、储存延安和红军所需要的各类物资。为了转运各类物资，工作人员想尽了一切办法，化整为零，变“非法”为“合法”，如把水银装在汽车轮胎里，把药品放到铁桶里，把钢材充作车轴等，用自己的智慧和才能，把各种急需物资源源不断地输送到前线和陕甘宁边区。

“八办”是各种抗日力量聚集的驿站。在“八办”设有“救亡室”，中共中央代表林伯渠、董必武曾多次接待爱国知名人士李公朴、闻一多、杜汉三等，同他们商讨抗战大计。很多抗日救亡团体的领导人经常汇集到这里开会，“八办”的工作人员向他们介绍我党的抗日主张、各地救亡运动情况和前方的形势。

“八办”是各类人员来往沦陷区、国统区和陕甘宁边区的驿站。那些从海外、沦陷区、大后方来到西安的进步人士都是经过“八办”来到了陕甘宁边区。中国人民的老朋友斯诺夫妇、史沫特莱、柯棣华大夫、白求恩大夫等都是以“八办”为中转站，离开“国统区”，奔向“天都更高更蓝”的解放区，将世界人民积极支持中国人民抗日战争的热情带往延安。党的领导干部和广大中共党员也都经过“八办”来往于国统区和陕甘宁边区，周恩来有 23 次过往这里，朱德在这里先后住过七次，刘少奇六次化名过往“八办”，有力地支持了党在国统区的工作。

三、爱国青年走向延安的红色桥梁

八路军驻西安办事处的另一个重要任务是招收和输送进步青年去延安，壮大革命力量。来自全国各地的进步青年，都是抱着对真理的追求，从八路军驻西安办事处出发，踏上了到延安的革命征程。为了保证这些爱国青年顺利到达延安，“八办”秘书科于 1937 年初设立了学生股，专门负责接待工作。

虽然国民党在到延安的路上重兵设卡，共设五道封锁线，阻拦、杀害进步青年。但是，马列主义的真理是封锁不住的，信仰的力量是不可抗拒的。延安，就像一颗光芒四射的红星，吸引着国统区和沦陷区的广大爱国青年。他们三三两两，男男女女，背着行李，挎着小包，以各种装扮，冲破重重封锁，日夜不停地

爱国青年云集七贤庄

奔向延安，成为西安到延安800里道路上的一道美丽的风景线。辽宁锦州人尹企卓1939年写的《投奔延安》就是这一情景的真实写照："渭水翻腾雾满天，追求真理奔延安。征途怒绕拦人岗，险路激吟战火篇。突破关山行峭壁，拨开重锁胜胡顽。"徒步800里，本身对于青年学生就是很大的考验。所以毛泽东说：步行800里就是考试合格。

爱国青年在西安到延安的路上

在长达10余年的时间里，大量进步青年通过"八办"这一红色桥梁到了延安，仅1938年5月至8月，经西安八路军办事处介绍送往延安的革命青年就有2288人。1937年到1938年，通过"八办"这一红色桥梁到达延安的就有两万多人。他们中有来时带着钻石首饰的华侨，有上海滩的女明星，有丁玲、冼星海、艾青、茅盾、萧军等著名的文化人，也有国民党军政要员的子弟，如张学良的弟弟张学思、杨虎城的儿子杨拯民、赵寿山的儿子赵元杰。他们在延安这所红色大学里学习锻炼成长，青春在奉献民族和人民的革命与解放事业中燃烧。

随着抗日战争的结束和内战的爆发，国共两党合作破裂，国民党反动派对办事处采取了"驱逐"的政策。朱德总司令命令"八办"撤回了延安，"八办"工作人员20人历时18天返回延安，七贤庄也被国民党接收。现在办公室中还挂了一个老式的挂钟，挂钟的时间指向22点，这是1946年9月10日"八办"工作人员撤离的时间，时间停留在那里，历史也铭记在这里。

第二节　陕甘宁边区的南大门

如果说延河桥和宝塔山是延安的象征，那么，工字房和七孔石桥就是马栏的象征。马栏有圣地延安前沿哨所之誉，"小延安"之称，是陕甘宁边区的南大门，是通往延安的重要驿站和红色通道。马栏也是陕甘宁边区关中分区的政治、军事、经济中心，也是培养革命干部的摇篮。

一、通往延安的红色通道

抗日战争和解放战争时期，马栏是陕甘宁边区的南大门，是西安乃至全国各地仁人志士和军用物资通往延安的红色通道。

马栏有座长 48 米、宽 5 米，历经了岁月考验和战火洗礼的七孔石拱桥，有民谣曰："马栏桥长又宽，八个墩墩七个眼。百姓走着心喜欢，南北相连通陕甘。"这座桥为中国革命做出了巨大贡献。陕甘宁边区包括延安需用的棉花、布匹、药品、文具等物资都是通过此桥运入。刘少奇、邓小平、彭德怀等老一辈无产阶级革命家均经过此桥出入延安。

1944 年关中分区军民修建的马栏七孔石桥

1936 年 2 月，刘少奇由陕北途经马栏，后辗转到达华北。1936 年 12 月，邓小平、聂荣臻、徐海东、杨尚昆等率领主力红军南下时，在马栏驻留达 8 个月之久。

1946 年 8 月，中原突围后，李先念、郑位三、陈少敏等中原解放区领导人在关中分区地下交通线护送下由陕南到达马栏。李先念在马栏的窑洞里居住 3 个多月后回到延安。

1948 年 3 月，西北野战军取得宜川大捷之后，转入外线作战。4 月 13 日，西北野战军主力部队近 4 万余人，在马栏秘密集结，司令员彭德怀召开了旅以上干部会议，部署西府战役的作战方案，准备发起西府战役。4 月 16 日，西北野战军三路大军同时开拔，揭开了西府战役的序幕。4 月 18 日，西北野战军解放了旬邑、彬县等地。5 月 12 日，西北野战军完成了外线作战任务，返回解放区的马栏休整。

著名教育家、民盟西北总支部负责人李敷仁在咸阳遭国民党枪击，被地下党营救接到马栏疗伤，后经马栏到延安，受到了党中央和毛泽东的称赞。

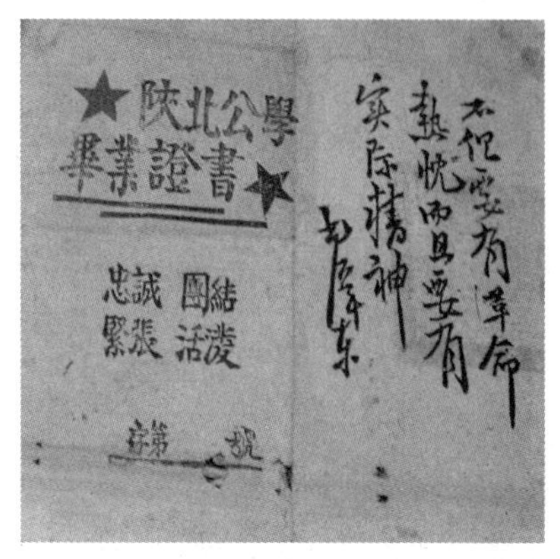

陕北公学毕业证书

二、中国革命英才成长的红色摇篮

马栏革命根据地曾是孕育中国革命英才的红色摇篮。抗日战争时期，党和边区的革命干部，大多数出身工农，革命积极性高，但缺乏马列主义基本修养，存在各种非无产阶级思想。尽管此时从全国各地奔赴边区的革命青年普遍有学识和爱国热情，但绝大多数青年尚是资产阶级世界观，不能适应民族革命战争的需要。直至抗战初期，关中分区还尚无一所中等学校。为了提高革命干部的觉悟与能力，给中国革命培养急需干部，并尽快适应民族革命战争的需要，边区党组织在旬邑这个革命青年奔赴延安的必经要地，从 1938 年至 1948 年，先后创办了鲁迅师范学校、陕北公学、抗日荣誉军人学校和陕甘宁边区第二师范等四所革命学校，为中国革命培养了众多治党治国治军的优秀人才。鲁迅师范在马家堡（今旬邑县职田镇辖）办学一年四个月，累计培养学生 300 多人，成为抗战初期“为争取国防教育之模范”。陕北公学 1938 年 7 月在旬邑看花宫设立分校，总校 1939 年 1 月从延安迁来看花宫与分校合并。陕北公学在旬邑一年多时间里，先后办班 54 个，培养抗战干部 6000 多名，吸收新党员 3000 多人。1938 年底，抗日荣誉军人学校迁到旬邑坪坊一带。这所肩负着伤残军人康复使命的革命学校，在旬邑办学一年多时间，不但使数万伤残荣誉军人的身体得到了康复、精神得到了新生，还使他们提高了文化水平，重新走上了革命战场。其中很多同志在后来的社会主义建设中，都成了各条战线上的领导骨干，为中国革命和建设事业立下了不朽的功勋。1940 年 3 月，边区为培养区乡干部和加强小学师资力量，在旬邑马家堡创办了陕甘宁边区第二师范。二师在旬邑办学八年多时间，先后六次搬迁、七次建校，历尽艰难坎坷，培养学生 889 名。在经受着国民党反动派不断制造军事摩擦、实行军事封锁、革命形势异常紧张的情况下，马栏革命根据地坚持“敌来我走，敌走我办，边走边办”的方针，大力发展

陕北公学学员合影

教育事业，为中国革命培育了大批优秀的革命干部。从这里走出的学员，被分配到了全国的各个抗日战场和各条战线上，为抗日战争和中国革命胜利做出了卓越的贡献。

本校第 二 期
第十五隊學員
學習期滿，
准予畢業，特發給
畢業證明書。
校長成仿吾

陕北公学毕业证书

三、关中分区的指挥中心

马栏革命根据地曾是关中分区的指挥中心。1936 年 1 月关中特委和关中特区苏维埃政府成立，机关设在马栏（马家堡村），贾拓夫、习仲勋先后任特委书记。从 1937 年 2 月陕甘宁边区关中特区（1937 年 10 月改称关中分区党委，习仲勋先后任关中特委、关中分区党委书记）党政军机关迁驻旬邑马家堡起，到 1941 年陕西省委、关中分区机关分别迁驻旬邑马栏，马栏成为中共陕西省委、关中地委首脑机关驻地和首府，并成为陕西国统区地下党组织一切工作的指挥中心。1945 年 7 至 8 月，张宗逊、习仲勋在马栏指挥了爷台山反击战。李先念中原突围后由陕南途经马栏，回到延安。彭德怀曾在马栏部署了西府战役。直至 1949 年 5 月各首脑机关迁离，马栏作为政治中心存在了 10 个春秋有余。这 10 年间，中共陕西省委、陕西省工委、中共关中地委领导分区军民广泛开展大生产运动、抗日救亡运动、人民支前运动，发展了生产和贸易，满足了革命根据地发展和军民所需，建立了广泛的统战关系，策动了众多武装起义，打破了国民党军的经济封锁和军事“围剿”计划，把马栏建设成了关中分区的政治、经济、文化中心。1946 年至 1947 年，中共河南省委、山西省委先后迁驻马栏办公，马栏曾一度成为陕西革命的大本营。

在这片红色热土上，在中共陕西各级地方党组织领导下，关中分区军民以山林为屏障，积极开展游击战争，建立红色政权，进行反围剿战斗，保卫了延安、保卫了党中央，守卫了边区的南大门，使红色革命根据地不断得到发展壮大。

知识链接

从群众中走出来的群众领袖　1936 年 9 月，中央决定习仲勋任关中中共特委书记、游击队政委。全面抗战爆发后，任中共关中地委书记、专员公署专员、军分区和关中警备区第一旅政委。1942 年 7 月调任中共西北中央局党校校长。1943

马栏革命纪念馆

年1月，中共中央西北局高级干部会议对领导经济建设成绩卓著的王震、习仲勋等22人给予奖励，毛主席亲笔为习仲勋书写了“党的利益在第一位”的题词。1945年抗战胜利后，在遴选西北局书记一职时，毛泽东在中央会议上明确说：“我们要选择一个年轻的担任西北局书记，他就是习仲勋同志。他是群众领袖，是一个从群众中走出来的群众领袖。”就这样，33岁的习仲勋于1945年10月担任了中共中央西北局书记，兼任陕甘宁晋绥联防军政委。

第三节　安吴青训班

抗日战争爆发后，中共中央青年工作委员会为适应抗战需要和广大爱国青年的要求，以西北青年救国联合会的名义，自1937年10月至1940年4月，在陕西泾阳县云阳镇的安吴堡连续举办了14期闻名中外的“战时青年短期训练班”和“战时青年训练班”，通称“安吴青训班”，先后组编127个连队，12000多名学员经过短期的学习和培训，走向延安，奔赴抗日前线和敌后根据地。

一、抢夺人才与考验人才

安吴青训班的创办，源自抗战爆发后中国共产党对复杂形势下人才的甄别和吸纳。

1937年9月下旬，中共中央青年部部长、西北青年救国联合会主任冯文彬，受党中央派遣到泾阳县云阳镇参加安置从国民党监狱获释人员的工作。事后，中共陕西省委贾拓夫等负责人与冯文彬商定，拟对西安事变前后西安青年运动中涌现出来的大批积极分子进行战时军事、政治的训练，以适应抗日救亡运动的需要。

1937年10月11日，首期青训班在泾阳县斗口农场正式开班，全称“战时青年短期训练班”，培训时间半个月，有学员150余人，主要是西安、三原、渭南等地的民先队干部和队员，特别是中等学校的民先队骨干，由省委负责输送。青训班活动经费及学工人员伙食费，由八路军西安办事处负责解决。衣服被褥等生活用品，由学员自己解决。冯文彬担任班主任兼教员，主要讲授抗日民族统一战线基础知识、抗日军事常识和青年群众工作。第二期于11月迁到云阳镇办学，有学员200余人，学习时间20天，由西北青救会宣传部部长胡乔木担任副主任。由于工作出色，1937年底，冯文彬奉命回延安向毛泽东汇报青训班的情况。毛泽东充分肯定了青训班的形式与内容，并从适应抗战形势需要出发，指示青训班要敞开大门、来者不拒，大量吸收青年知识分子参加革命。同时令中央有关方面从干部力量和物资供给上大力支持，并选派了一批经过长征的红军干部和具有较高理论水平的干部到青训班工作。在党中央和毛泽东的关怀下，从第三期起，战时青年短期训练班即从训练陕西青年积极分子转向全国广大爱国青年。许多外省爱国青年来校参加学习，并且人员越来越多，第三期开学时有学员300人左右，临结业时人数超过500人。1938年1月，由于学员人数越来越多，学习期限也越来越长，校舍紧张，青训班从云阳镇迁至安吴堡吴氏庄园。

为安吴青训班二周年纪念题词
（一九三九年十月五日）

带着新鲜血液与朝气加入革命队伍的青年们，无论他们是共产党员或非党员，都是可宝贵的，没有他们，革命队伍就不能发展，革命就不能胜利。但青年同志的自然的缺点是缺乏经验，而革命经验是必须亲身参加革命斗争，从最下层工作做起，切实地不带一点虚伪地经过若干年之后，经验就属于没有经验的人们了！

此　致
青训班二周年纪念

毛泽东

毛泽东为青训班成立两周年题词

安吴青训班旧址

青训班从第四期起，每期结业学员人数超过1000人，培训时间延长到1个月。1938年4月，战时青年短期训练班改名为战时青年训练班，发展进入鼎盛时期。5月，中共中央成立了青年委员会，进一步加强了对青年运动的领导。之后，青年委员会、西北青救会的机关也由延安迁至泾阳安吴堡，以青训班为基地，努力推动抗日青年运动的发展。至年底青训班连续举办了10期，招收训练青年上万名，百分之八十以上的毕业学员到陕北公学和抗大继续深造，少数被分配到抗日民众团体从事抗日救亡的组织和宣传工作。这其中，输送到延安其他学校继续学习或留在本校工作的，属于政治考验合格者。被派回到后方农村、机关、学校工作的，是政治考验不合格或存有严重疑点者。到敌战区、敌人后方和军队工作的，是政治考验有疑问，社会关系复杂者。派这些政治上有疑点的学员们到敌我共存的统一战线地区工作，是在工作中对他们继续进行考验。青训班实际是从白区到红区的中途“过滤站”，并且是一个高效率、精明能干的革命人才训练、甄别、考验机构。

1938 年 9 月至 11 月，中共六届六中全会召开期间举行的全国党的青年工作会议，一致主张将战时青年训练班改为中国青年干部训练班，担负起训练中、高级青年干部的任务。但 1939 年 1 月国民党五届五中全会召开后，国民党顽固派即掀起了抗战时期的第一次反共高潮，同时加紧破坏安吴青训班，给投奔安吴青训班的青年设置重重障碍。因此，青训班学员大为减少。鉴于这一情况，青训班从实际出发，不再按期招生，将现有学员编为若干大队，分预科和本科两个阶段，并组成 6 个战地工作团（对外统称西北青救会战地工作团），分赴晋东南和晋察冀战区发动民众抗日，开展青年运动。

1939 年下半年，国民党顽固派反共高潮愈演愈烈，形势越来越险恶，青训班不得不中断正规化训练青年干部的计划。8 月，青训班将主力并入华北联大，仅留下少量学员和工作人员就地坚持训练。1940 年 4 月 13 日，中共中央通知安吴青训班撤离泾阳，300 余名学员和工作人员在代理班主任朱致平等带领下，于 5 月初回延安转入毛泽东青年干部学校继续学习。

二、独特的教育方针和教育方法

青训班举行学习竞赛大会

青训班的教育方针，是实施战时抗日民族统一战线教育。它要求在最短的时间，授予学员各种战时政治、军事知识，使其能够在前后方进行抗日救亡工作。青训班培养干部围绕以下几方面展开：一是政治信仰，主要表现为坚定的政治立场，坚持抗日民族统一战线，为抗战胜利、为民族解放事业而奋斗；二是理论联系实际，要充分了解和把握好抗战的基本理论实践方法，对社会发展和中国革命的规律以及国内外政治形势做初步的掌握；三是开展实际工作，要把握青年运动的基本规律，对于农村的广大青年要做好领导、组织工作；四是工作效能，主动、独立、大胆地工作，迎难而上，创造各种条件和机会，敢于在困难的环境中创造奇迹。青训班在实践教学中形成的校训是：坚定刻苦、勇敢活泼、民主团结、虚心切实。

青训班学习的课程主要由两部分构成：一是关于抗战的理论问题（即政治课），一是关于抗战的军事问题（即军事课）。抗战理论主要讲授抗日民族统一战线、三民主义和社会科学等。冯文彬曾给学员讲抗日民族统一战线问题，胡乔木曾讲三民主义问题。军事课程主要是造就初级军事干部，使其具备实际参加战斗与指挥战斗的技能。

青训班的教学方式多样，避免简单灌输，突出发挥学员学习的自主性和积极性。每天 8 小时学习时间，有 3—4 个小时用在课堂讲授上。政治报告、工作总结、各种实践活动、集体讨论、答疑晚会、学习竞赛、组织实习，成为课堂教学最重要的辅助手段，目的就是使教育同抗日战争的生动实践相结合，避免青年成为只会读书的书呆子，真正成为抗日救亡的战士。

在学习方法上，每个学习班根据教务处的课表和队部的学习计划，按照全班学员的实际水平，确定每个周的学习中心和步骤，经本班全体学员讨论通过后坚决贯彻执行，并以此作为检查以后学习情况的根据，学员每天除上课外，有 4—5 小时的自习时间，主要用于看书或讨论。

青训班学员在安吴堡城外

考试办法也完全改变了。事先公布考试相关课程的考试题目，帮助学生选好参考书目，整理好笔记，做好答疑工作。考试时另外出题，考场允许查阅笔记、参考书，但必须用自己思考理解后的话语回答问题。评阅试卷由学员相互交叉进行，辨其正误，并将理由写好交给教员审阅。另外约定时间，由教员主持召开问答晚会，通过正确答案，学员根据正确答案改正自己试卷上的错误。这样的考试方式，真正调动了教员和学员两个积极性，增强了学员独立学习和独立分析问题的能力，为以后奔赴工作岗位、独立自主地开展工作奠定了良好的基础。

三、在实践中教育和锻炼学员

1938 年 5 月，青训班学员到泾阳县开展宣传。白天，学员们在街头大唱抗日救亡歌曲、演话剧、独幕剧，揭露和痛斥日本帝国主义侵略中国的罪行；晚上，在姚家巷小学指导学生排练抗日文艺节目，并协助姚家巷小学成立了中华民族解放先锋队，促进了泾阳县抗日救亡运动的开展。随后又将云阳小学的少先队改为儿童团，成立了云阳小学青年救国会，并在安吴堡周围各村成立青年救国会和抗敌后援会农民支会等组织。青训班学员在向三原、淳化、耀县等地演习行军时，沿途与各地党政机关和驻军伤员及群众举行联欢，高唱《大刀进行曲》《到敌人后方去》等抗日歌曲，写标语、做演讲，进行抗日救亡宣传，号召人民群众有钱出钱、有力出力，保卫家乡，掀起了抗日救亡的热潮。

青训班抗日文艺宣传队在街头演出

1939 年间，为克服经济上的困难，青训班组织学员开展垦荒生产运动。350 多名学员组成生产远征队到陕甘宁边区关中分区赤水县亮马台山区垦荒 800 亩；在学校驻地的嵯峨山开荒 80 亩，种植谷子、土豆、蔬菜等，建起了青年农场，开办了豆腐作坊，购置了四台织布机和一台缝纫机，基本实现了自给自足。青训班还多次组织学员帮助驻地群众修路、干农活。两年里，青训班先后四次出动 2000 多人帮助驻地群众收割小麦 470 亩、扁豆 51 亩；训练民众并发展党员，先后建立起四个农村党支部，与群众之间建立了密切的关系。群众都说：青训班好得很，真心帮助老百姓。1939 年青训班撤离时，由于夜间急行军，几个女学员便将子女托给当地群众抚养，直至新中国成立后才母子团聚。

青训班学员在亮马台开荒

安吴青训班以其正确的思想路线与灵活的工作方法，成为一所抗日青年的革命熔炉，为中国革命培养了一大批有理想、有纪律、有专长、能战斗的抗日将士，为抗日战争做出了贡献，谱写了中国青年运动的光辉篇章。正如毛泽东在1939年10月5日为纪念安吴青训班创办两周年的题词中所说的那样："带着新鲜血液与朝气加入革命队伍的青年们，无论他们是共产党员或非党员，都是可贵的。没有他们，革命队伍就不能发展，革命就不能胜利。"

知识链接

安吴青训班旧址　位于咸阳城北45公里处泾阳县蒋路乡安吴堡。安吴青训班革命旧址是中国共产党在抗日战争期间培训青年干部的重要场所。青训班以吴氏庄园为活动中心，其前部为青训班领导机关班部，中部为会议室和晚会处，后部为青训班二连驻地。望月楼为青训班副主任胡乔木及秘书处住处，其东挑角楼为青训班主任冯文彬和教务处住处，其西为学员住处，其南为卫生处和一连住处。大操场位于吴氏庄园门前，其西北角大榆树上悬挂铜钟，青训班作息以撞此钟为号。迎祥宫为青训班会场之一，系排演节目和举办晚会的场所。

第七章　新中国在这里孕育

西安事变发生后，我党同张学良达成协议，由红军执行延安的城防事务。1937年1月10日，中共中央和中革军委由保安动身迁往延安。13日，到达延安。从此，延安成为中国革命斗争的指挥中心和总后方，成为共产党人乃至全国人民心目中的革命圣地和精神家园。延安不仅是中国共产党中央机关所在地，是中国革命的指挥中心，抗日战争中八路军、新四军的总后方，还是中国共产党进行新民主主义政治、经济、社会建设的实验区。1937年，党的全国代表会议就明确提出要把陕甘宁边区造成抗日和民主的模范区。毛泽东在1945年党的七大预备会上指出："陕北已成为我们一切工作的试验区，我们的一切工作在这里先行试验，在这里开七大，在这里解决历史问题。"

第一节　"整风"开新局

遵义会议虽然结束了"左"倾教条主义错误在中央的统治，但"左"、右倾错误思想根源还没有彻底肃清。党内仍然存在着党风不纯、学风和文风不正的问题。抗日战争以来，共产党吸收了一大批农民和小资产阶级分子入党，许多非无产阶级思想被带进了党内。针对这种情况，党中央为了统一全党思想，争取抗日战争的胜利，领导全党进行了我党历史上第一次大规模的整风运动——延安整风运动。

一、"我的命令不出这个窑洞"

尽管毛泽东在1938年的六届六中全会上已经提出马克思主义中国化，要按照中国的特点去运用马克思主义，但在相当长的一段时间里，延安的理论宣传和教育工作引经据典之风盛行。在延安整风之前，对于一般党员干部来说，王明等留苏学生出身的中央领导人确实有一点理论权威的架势。1937年12月，党的中央政治局会议后，把王明提出的"一切经过统一战线"的口号写进了会议传达提纲——《中央政治局十二月会议的总结与精神》。为此，毛泽东曾说："十二月会议我是孤立的，我只对持久战、游击战为主、统一战线中独立自主原则是坚持到底的。"毛泽东曾对李维汉说："我的命令不出这个窑洞。"

抗战开始前后，毛泽东虽然已接连写了《实践论》《抗日游击战争的战略问题》《论持久战》，以及《新民主主义论》等一系列重要的理论文章和小册子，并没有得到负责理论报刊宣传工作的领导人的足够重视。《新华日报》竟拒绝发表他的《论持久战》。《新民主主义论》出来后，负责中央宣传部工作的同志也"只把毛泽东同志的著作，列入临时的策略教育与时事教育之内，只当作中央的一般政策文件看待"。毛泽东思想在全党得到普及，并被广大干部和群众所掌握而成为强大的精神武器，是在延安整风以后。

王明：《为中共更加布尔什维克化而斗争》

皖南事变的发生，直接促使党的最高决策者们做出整风决定。当时的党中央认为新四军的失败在于项英"对抗日民族统一战线中的独立自主原则认识不足，对国民党顽固派的反共阴谋缺乏警惕，在事变中犹豫动摇，处置失当，对新四军皖南部队遭受损失负有责任。"毛泽东认为项英太相信国民党，精神上早已做了国民党的俘虏。并认为错误的来源是抗战以来一部分领导同志"只知片面的联合而不要斗争、不要独立自主的政策"造成的。在抗日民族统一战线建立后，王明就提出要"一切经过统一战线""一切服从统一战线"。1940 年，王明在延安再版了他 1930 年为推行"左"倾冒险主义写的《为中共更加布尔什维克化而斗争》的小册子，实际上是向以毛泽东为代表的中央及其路线挑战。这说明我们党内的确有一部分党员和干部对王明的教条主义认识不清，没有把普遍真理的马列主义与中国革命的具体实际联系起来，甚至不了解中国革命的实际，不了解经过十年反共的蒋介石。因此，有必要尽快统一思想，纯洁组织，彻底肃清在中国共产党内存在的"左"、右倾机会主义思想。

二、小故事蕴含大道理

延安整风运动的主要内容是：反对主观主义以整顿学风，反对宗派主义以整顿党风，反对党八股以整顿文风。贯彻的方针是"惩前毖后，治病救人"，用"团结——批评——团结"的方式，以达到"既要弄清思想，又要团结同志"两个目的。整风的方法是学习理论，联系实际，总结经验教训，提高思想认识。以树立联系群众、调查研究、实事求是的优良作风，掌握马克思列宁主义的普遍真理同中国革命实践相结合的原则，为夺取抗日战争的最后胜利和人民民主革命在全国的胜利提供思想和组织保证。

但整风的开局并没有向广大革命干部和指战员讲授高深的理论知识，而是通过讲故事、说笑话的独特方式开始了历时四年之久的延安整风运动。

1941 年 5 月，毛泽东在延安高级干部会议上做《改造我们的学习》的报告，当时，他并没有讲稿，而是娓娓道来，讲了许多生动有趣的民间故事和典故，引得七八百高级干部不时哄堂大笑。

他首先讲了一个《笑林广记》中的故事：有一个人举着根长竹竿进城，城门小，竹竿长，横过来进不去，竖起来也进不去，急得满头大汗。一个过路人看了，说你这个人怎么这么笨，你把竹竿砍断不就可以进去了吗？这个举竹竿的人果真这么做了。其实，这两个人都犯了教条主义的错误。只知道把竹竿横着拿，就不知道把竹竿顺过来进去。

接着，他又讲了个秀才过沟的故事：有个秀才要过沟，怎么也过不去。一个农夫看到了，叫他跳过去。秀才两腿一并，往前一蹦，结果掉在了沟里头。农夫说，你的跳法不对，于是做了个示范动作。秀才看了埋怨农夫说，你一条腿在前一条腿在后叫作跃，两腿并起来才叫跳，你为什么不叫我跃呢？毛泽东讲完这个故事后说："这个秀才教条主义到了家，他比猪还不如。猪过河还知道用前腿探一下，调查研究一番……"逗得满堂干部捧腹大笑。

毛泽东还用一个民间传说挖苦了教条主义者的崇洋思想：有一个留美学生，得了个美国博士学位，回到家里，趾高气扬，谁也瞧不起。他爸爸问他在美国学什么，他说学烹调。老头一生就奉行孔夫子的脍不厌细、食不厌精，听见儿子是学烹调的，很高兴，便叫儿子给他炒个鸡蛋。这位博士抱来一大堆洋书，边翻边做，油都烘起了火，鸡蛋却还未下锅，结果鸡蛋炒焦了。老头子很生气，打了儿子两个耳光。这小子还摸着脸说："爸爸，你打我两个耳光没什么，可是你没有外国人打得好。"

毛泽东评论教条主义害死人，因为只会死搬硬套，不根据实际情况去办，所以必然要碰钉子。他说："学习马克思列宁主义是为了运用，决不能像那个博士一样，什么都是外国的好。教条主义者就是不顾中国的实际，马列主义词句背得朗朗响，就是不会用。"号召全党树立理论和实际相统一的马克思主义作风，从而拉开了全党整风的序幕。

三、党的建设伟大工程的创造性实践

整风运动从1941年5月开始，到1945年4月20日六届七中全会为止，长达四年之久。延安整风运动分为三个阶段进行：

王稼祥在学习

第一阶段（1941年5月—1942年2月）是准备阶段，即高级干部整风学习阶段。1941年5月，毛泽东在延安高级干部会议上做了《改造我们的学习》的报告，标志着整风开始。同年7月、8月，党中央先后做出了《关于调查研究的决定》和《关于增强党性的决定》。9月至10月，毛泽东先后做了反对主观主义和宗派主义问题的报告，指出"打到两个主义，把人留下来。反对主观主义和宗派主义，把犯了错误的干部健全地保留下来。"并组织在延安的高级干部学习马克思列宁主义理论，印制了由毛泽东亲自编辑的党内重要秘密文件汇编《六大以来》，成为整风学习中党的高级干部研究党史的重要材料。

第二阶段（1942年2月—1943年10月）为全党整风阶段。1942年2月，毛泽东先后做了《整顿党的作风》《反对党八股》的报告，全面阐明了整风的任务和方针。4月，中共中央宣传部发出了《关于在延安讨论中央决定及毛泽东同志整顿三风报告的决定》，一场以"反对主观主义以整顿学风，反对宗派主义以整顿党风，反对党八股以整顿文风"为主要内容的整风学习运动在全党轰轰烈烈地开展了。

5月，党在延安召开文艺座谈会，毛泽东阐明了革命文艺为人民群众服务的根本方向，会后发表了《在延安文艺座谈会上的讲话》，文艺界也开始进行整风学习，标志着新文学与工农兵群众相结合的文艺新时期的开始。许多作家在毛泽东文艺思想指引下，在塑造工农兵形象和反映伟大的革命斗争方面获得了新成就，在文学的民族化、群众化上取得了重大突破。涌现出茅盾、巴金、老舍、赵树理、丁玲等一批著名的文艺作家和剧作家，以及《小二黑结婚》《暴风骤雨》《白毛女》《太阳照在桑干河上》《王贵与李香香》等优秀的文艺作品。

第三阶段（1943年10月—1945年4月）为总结历史经验阶段。从1943年冬起，中央决定高级干部重新学习党的历史问题，分别召开了许多总结党的历史经验的座谈会，使干部从切身的实践经验中，更好地认识党的历史上的路线是非

战士们在学习

问题。1944 年 4 月，毛泽东在延安高级干部会上做了《学习和时局》的报告，对在整风学习中提出的一些重大问题发表了重要的看法。1945 年 4 月 20 日，在深入讨论的基础上，党的六届七中全会讨论并通过了《关于若干历史问题的决议》，标志着延安整风运动的胜利结束。

胡乔木说：“让我给整风打分，我不会打一百分。”主要就是指“在审干中伤害了不少好同志，冤枉了好人”。但如毛泽东所说：“这像洗澡，为了消毒，在水里放些灰锰氧，但放多了烧坏了皮肤，这很快会好的。”整风运动的开展，冲破了长期以来存在于党内的教条主义的束缚，是党的建设伟大工程的创造性实践，使人们的思想得到了一次大解放，在全党确立了一条实事求是的辩证唯物主义的思想路线，使全党达到在马克思列宁主义、毛泽东思想基础上的大团结，为争取抗战的胜利和人民民主革命在全国的胜利奠定了思想基础，对此，毛泽东说：“如果不整风党就变了性质，无产阶级其名，小资产阶级其实。”后来邓小平也认为：“没有那次整风，打败日本侵略者，打败蒋介石，是不可能的。”

战士们在学习

第二节　小土豆决定大命运

——延安时期的民主政治建设

中国共产党在延安的十三年，是中国共产党由小到大、革命力量由弱到强的辉煌发展时期。党历来以实现和发扬民主为己任，在这一时期，民主政治适应了中国社会的发展，取得了举世公认的成就。在政治思想方面，贯彻了“主权在民”的思想，实现了人民的民主自由权利；在政权建设方面，贯彻各抗日阶级联合执政的思想，成功地创建了以“三三制”原则为指导的政权建设模式。这些民主政治建设成就，调节了社会矛盾，促进了中国民主的进步，造成了社会的最大合力，使陕甘宁边区成为中华民族进步的旗帜。

一、走出历史周期率的根本之策

1945 年 7 月，黄炎培到延安考察，在杨家岭的窑洞里，他向毛泽东提出了一个长期以来萦绕自己的脑际而未能解答的问题。他说“我生六十多年，耳闻的不说，所亲眼看到的，真所谓‘其兴也勃焉’‘其亡也忽焉’，一人，一家，一团体，一地方，乃至一国，不少单位都没有能跳出这周期率的支配力。”“一部历史，‘政怠宦成’的也有，‘人亡政息’的也有，‘求荣取辱’的也有，总之没有能跳出这周期率”。他希望中国共产党能找出一条新路，来跳出这周期率的支配。面对黄炎培的忧思，毛泽东胸有成竹地回答：“我们已经找到新路，我们能跳出这周期率。这条新路，就是民主。只有让人民来监督政府，政府才不敢松懈。只有人人起来负责，才不会人亡政息。”这就是著名的“窑洞对”。

毛泽东的回答是中国共产党人民主执政的誓言，是对我国伟大的民主革命先行者孙中山先生提出的三民主义精神的发展，是对执政规律深入思考的结果。这里讲的民主，就是指建立人民民主政治制度，由人民管理国家事务，实现人民当家做主，从而防止腐败，建立为人民服务的廉洁政府。如何实现人民来管理国家事务？毛泽东认为：一个是要使“人人起来负责”，另一个是要让“人民来监督政府”。即通过民主和监督两条途径来实现，具体体现在民主选举和民主协商、法律监督和民主监督。对党的机关干部工作人员提出意见和批评，实现民主监督，可以帮助其改进工作，提高工作效率，克服官僚主义。

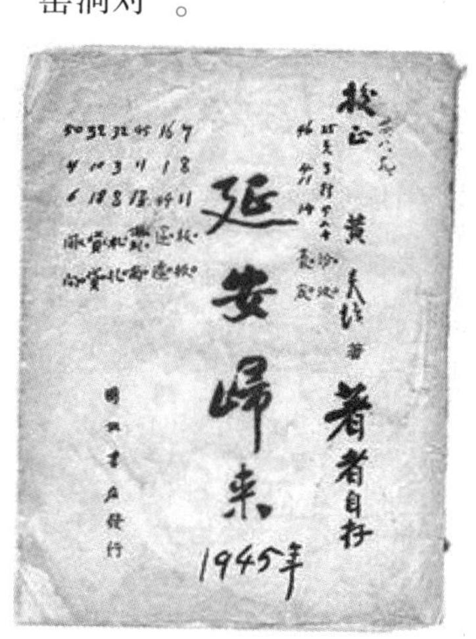

黄炎培的著作《延安归来》

为什么必须要有民主？毛泽东在 1937 年 5 月所做的报告中指出：“中国真正的抗日民族统一战线的建立及其任务的完成，没有民主是不行的，根据地实行新条件下的民主制度，造成抗日和民主的模范区。”“为民主即是为抗日，抗日与民主互为条件，民主是抗日的保证，抗日给予民主运动发展以有利条件”。他从哲学的高度概括地厘清了民主和抗日的关系问题，把民主和抗日等同起来，说明民主的极端重要性。

在民主权中参政权是人民一切权利中最大的权利，也是最根本的权利。它具体表现为选举权、被选举权、担任公职、管理国家和社会事业等的权利。罢免权也是参政权的重要组成部分。由于选举与任期之间必然存在时差，保障人民的罢免权就成为人民监督政权的一个重要手段。施政纲领的颁布明确了政府的责任，给人民的民主自由权利提供了有力的保障。《陕甘宁边区各级参议会组织条例》规定：边区参议会有“监察及弹劾边区各级政府之政务人员”的职权；县参议会有“监察及弹劾县政府及其以下之政务人员”的职权；乡参议会可“监察及弹劾乡政府之人员”的职权。各级政府机关工作人员要受同级参议会的监督；各级参议会议员又是人民直接选举起来的代表，直接受选民的监督。对政府机关和工作人员实行监督，这是民主制度的必然结果，也是克服官僚主义的法宝。

二、三三制建政

1935 年 11 月，中共中央成立了中华苏维埃共和国临时中央政府西北办事处。1937 年 9 月，西北办事处正式更名为陕甘宁边区政府，边区实行共产党领导的新型的民主政治体制。实行民主政治，扩大人民民主，自觉接受党内外群众特别是党外人士的意见和建议、批评和监督。谦虚谨慎，从善如流，是党在延安时期民主政权建设最重要的经验。

陕甘宁边区政府主席林伯渠和副主席李鼎铭（左）

陕甘宁边区民主政治建设最具特色的是各级参议会、政府的组成均实行“三三制”，即共产党员、非党左派进步分子和中间派人士各占三分之一。贯彻“三三制”时，为了保证非党人士的当选，党采取了“反保证”措施，即保证党提出的非党人士当选；在选举后采用共产党员“退让”而由非党候选人递补的途径，来保证“三三制”的实现；在必要的时候，党采取特聘的办法，吸收非党人士加入参议会。这样

延安群众为陕甘宁边区参议会送匾

做，不但对共产党员产生了激励作用，而且直接调动了中间人士的参政积极性，推动和巩固了党的抗日统一战线，使根据地政权具有了相当广泛和真实的民主性，受到各民主党派和无党派人士的赞扬和拥护。

陕甘宁边区第三届参议会第一次大会汇刊

1941 年 11 月 6 日至 21 日，在延安召开的陕甘宁边区第二届参议会第一次代表大会，就严格按照“三三制”原则选举产生了边区参议会和边区政府组成人员。高岗当选为边区参议会议长，谢觉哉和开明绅士安文钦为副议长。林伯渠任边区政府主席，开明绅士李鼎铭任副主席。在选举的 18 位政府委员中，有共产党员七人，刚超过三分之一，徐特立立即申请退出，由非党人士白文焕递补，体现了共产党实行“三三制”政策和自我约束的诚意和决心。以民主为原则指导政府的建设和施政，真正发挥了人民的监督作用，使根据地各级政府真正成为代表人民利益、勤政廉政的政府，与当时国统区的黑暗独裁政治形成了鲜明的对照。共产党靠实际行动赢得了各界人士的支持和拥护。正如谢觉哉在《边区政权工作经验点滴》一文中所指出的：“没有各阶层的人物当选，没有各阶层的意见反映，不仅非党的，工农阶级以外的，感到他们仍是被统治者，而且当政的党员也会因无监督无刺激而不紧张起来，妨碍工作的进步。”

“三三制”政权的成功实践，既争取和团结了各阶级、阶层和党派，巩固和扩大抗日民族统一战线，又保障了边区政权决策的民主性、科学性，为中国共产党领导的多党合作和政治协商制度的形成进行了初步探索并积累了丰富经验。

三、“投豆选举”

选举法是边区民主政治制度的重要组成部分，1939 年 1 月第一届参议会通过的《陕甘宁边区选举条例》规定：“凡居住边区境内之人民，年满十八岁者，无阶级、职业、男女、宗教、民族、财产与文化程度之区别，经选举委员会登记，均有选举权与被选举权。”选举方式

投豆选举

则“采取普遍、直接、平等、无记名之投票选举制”。有了选举制度保障，但在实际中能否有一套操作性强的选举代表办法，保证民众选出真正为人民服务、受群众拥戴的带头人则至关重要。乡政权是边区政权的基础，直接接触群众。把乡政府政权变成真正为人民服务的机关，直接关系到每一个农民的权益和抗日统一战线的巩固。因此，边区政府在领导选举工作中，始终把重点放在乡级选举上。

由于边区群众文化程度普遍不高，多数选民没有文化，很多甚至不识字。选票几乎是没有用的，因此，在基层选举中，不可能通过划票的方式选出自己心目中的候选人。结合当地实际，一种简便易行的投票方式便产生了。具体就是在选举时，在每位候选人的背后放一个碗，选举人往碗里投放黄豆，得豆多者当选，群众把它形象地叫作“投豆选举”。由于“投豆”选举缺乏隐蔽性，为了不得罪人，投豆的时候，选民穿长袖子衣服从每个碗边都划过去，旁边围观的人看不清楚豆到底投给了谁，这样，庄稼汉的智慧就解决了不识字的难题。

投豆选举

当时广为流行的《乡选歌》唱道：“男女都到来，会议开热闹。检讨工作真不少，全要转变好。边区要发展，选举要广泛。选举好人把事办，生活能改善。”还有民谣“金豆豆、银豆豆，豆豆不能随便投。选好人，办好事，投在好人碗里头”等，都真实地反映了群众的心声，表达了群众的意愿。就连美国记者安娜·路易丝·斯特朗也由衷地称赞：“千百万中国人民用投豆入碗的办法来进行政治上的选择，这些人如果是在欧美制度下，他们就根本不能参加选举。”

“三三制”政权和“投豆选举”以为群众喜闻乐见的形式保证了边区群众真正行使自己的民主权利，很好地体现了人民政府为人民的执政理念，破解了“历史周期率”的难题。它既为陕甘宁边区的选举提供了经验，调动了广大民众参与选举的积极性，让人们领悟了民主就是自己当家做主的真谛；又使陕甘宁边区成为全国民主政治建设的典范，为巩固抗日民族统一战线政权、反抗国民党一党专政、争取民主自由、夺取最终胜利奠定了坚实的基础，为新中国的民主政治建设积累了经验。

第三节　铸就共和国的司法基础

抗日战争年代边区的法制建设也是在群众基础薄弱，交通不便，经济、文化相当贫穷落后的山区起步和发展起来的。但在边区政府的努力下，民主法治建设取得瞩目的成就，民主选举，人人参政，司法公平，提高了普通老百姓的政治觉悟，调动起人们参政议政的积极性，出现了许多足不出户的小脚老太太也骑着毛驴翻山越岭参加选举和公审活动的奇特景象。

一、边区的法制建设体系

陕甘宁边区不仅重视民主建设，还非常重视法制建设，在司法制度上，严格贯彻“法律面前人人平等”的原则，以充分保障人民的权利和民主政治的实现，实现了法制建设与制度建设的统一。

1938 年陕甘宁边区高等法院全体合影

首先是选举制度保障。边区选举制度的基本特点是“普遍、直接、平等、无记名”。普遍是指选举资格的范围相当广泛，直接是指边区的各级代表、议员都由选民直接选举产生，平等是指每个选民在选举中享有同等的权利，无记名则保障了选举自由及防止对选举人打击报复。在投票方式上，为适应边区群众文化水平低、交通不便等情况，投票时，识字的采用选票，不识字的则采用画圈、划道、点洞、投豆子（即“投豆选举”）等方法来计算选票。

其次是政权制度的保障。陕甘宁边区政体的基本架构由参议会、政府和法院三个系统组成，一是最高权力机关，即边区、县、乡三级参议会；二是行政机关，即边区、县、乡三级政府；三是司法机关，即边区高等法院、分区的高等法院分庭、县法院。边区的一切权力属于人民，人民行使权力的最高机关是各级参议会。边区参议会的议长、副议长，边区政府的主席、副主席及政府组成人员，边区高等法院院长，均由边区参议会选举产生。

参议会是边区的权力机关，具有选举产生各级政府，监察、弹劾各级政府工

陕甘宁边区高等法院旧址

作人员，创制和复决重大事项等权力。陕甘宁边区的参议会通过的施政纲领，是边区的基本法制，它具有临时宪法的性质，起根本法的作用。政府是边区的行政机关，从立法地位上讲，政府机构的设置和人员的配备，都由参议会决定，它隶属参议会。但政府对参议会也有一定的制约权，二者互相独立，又相互制约。

法院是边区的司法机关。1939 年 4 月颁布的《陕甘宁边区高等法院组织条例》规定："边区高等法院受中央最高法院之管辖，边区参议会之监督，边区政府之领导。""边区高等法院独立行使其司法职权"。这就是说，法院在行使司法职能时是独立的，而在政治上、行政上要受政府领导。这种政权结构，既减少了某一方面滥用权力、错误执法的可能性，又能拓宽上级部门与人民群众的联系渠道，保证民意的上行下达和人民对权力的监督。

最后是司法制度的保障。司法制度的公正性是社会正义的最后一道防线。延安时期我们的司法体制虽有一些缺陷，却创造出伟大的成就，树立了光辉的典范。边区的司法制度着重体现了人民性，如当时著名的"马锡五审判方式"。

二、马锡五审判方式

陕甘宁边区高等法院院长马锡五

"马锡五审判方式"是抗日民主政权时期，边区陇东专署专员马锡五兼任陕甘宁边区高等法院陇东分庭庭长时，将群众路线的工作方针运用于司法审判工作的一种审判方式，开创了当时边区颇有亲民特色的法制建设新模式。

由于边区幅员辽阔、交通不便，边远县民众到延安告状，少则走几天，多则十几天。为了方便群众就近就地诉讼，边区政务会 1943 年 3 月决定在各专区设立高等法院法庭。《民事诉讼条例草案》中规定书面的、口头的诉讼都可以，都同样具有法律效力，这就省去了诉讼人找人写诉状的开支。

共产党员马锡五在长达10年之久的时间里，与陇东人民建立了深厚的情谊。他始终坚持走群众路线，实事求是，正确贯彻和维护党的政策与原则。为健全边区的法制，他几乎走遍全区所有村庄，走家串户，深入群众，调查研究，设立流动法庭，公开审理，公平办案。纠正了一审判决中的若干错案，及时审结了一些缠讼多年的疑难案件，如审理了著名的“封芝琴婚姻案”，平反了曲子县所谓的“三兄弟谋财杀人案”，释放了被错押的三兄弟，惩办了真正的凶手。受到了群众的热烈欢迎，被赞誉为“马青天”。他的审判方法为边区司法工作创造了良好的经验，被人们亲切地叫作“马锡五审判方式”。

“刘巧儿”封芝琴一家

以“封芝琴婚姻案”为例，这是1942年华池县温台区四乡的封芝琴大胆反抗买卖婚姻、要求婚姻自主的案件。封芝琴（小名封捧儿）的父亲封彦贵为贪图彩礼，骗自己的女儿与自幼定亲的张柏解除婚约，先将女儿许配给南塬村的张某，后被判处解除婚约后，封父又于1943年3月以高“聘礼”将封芝琴许配给庆阳县的富绅朱寿昌为妻。而封芝琴始终是非张柏不嫁。张柏之父张金才召集亲属20余人深夜抢亲成婚。封颜贵人财两空，以张家“抢亲”为罪名状告至县司法处。司法处遂判处婚姻无效，违法抢婚者判刑6个月，但对封颜贵屡次出卖女儿的不法行为却不予追究。为此，封芝琴告状到马锡五处。

马锡五受理封芝琴的上诉案后，立即向当地区乡干部和附近的群众了解事实真相，充分听取群众的意见，以及封芝琴本人的意见和真实想法。后在悦乐镇的柔远河畔召开了群众大会，公开就地审理，许多出席的老百姓都发表了意见。最后促成了一对美好姻缘，对所有违法人员做了相应的惩处。该案影响甚广，后在此基础上编成的剧本《刘巧儿告状》曾轰动了陕甘宁边区。著名评剧艺术家新凤霞主演刘巧儿，在全国公开放映，深受广大青年尤其是妇女的喜爱，产生了极具震撼力的效果。以婚姻自由为特点的新型婚姻关系在落后的边区开始诞生。

总结这一审判方式的主要特点就是：依靠群众、调查研究；不拘审判形式，方便群众诉讼。既使群众在审判活动中得到了教育，又促进了司法民主，正确迅速地解决纠纷和疑难错案，使当事人不因拖延而受讼累，减少了上诉案件。它的出现及推行，促进了边区司法工作的根本转变，为法制建设做出了重要的贡献。

三、依法惩处黄克功

黄克功（1911—1937），江西南康人，1927 年参加革命，1930 年参加中国工农红军，同年入党。他参加过井冈山斗争和两万五千里长征，历任红军班长、排长、连长、营政治教导员、师政治部宣传科长、团政委。在二渡赤水的娄山关战役中功勋卓著。延安时期任中国人民抗日军政大学第二期第 15 队队长、第三期第 6 队队长。“黄克功事件”就是指这样一位曾有着光荣革命历史、勇冠三军的红军将领、师团级干部黄克功，因情感纠纷，逼婚未遂，在延河畔枪杀了陕北公学女学员刘茜的恶性案件。

黄克功案件审判大会（影视资料照片）

以毛泽东为首的中共中央高度重视，亲自过问案件，保卫部门缜密细致勘察，最后确认凶手。此事发生后，在边区内外引起了很大的震动。在国统区，国民党的喉舌《中央日报》则将其作为“桃色事件”大肆渲染，攻击和污蔑边区政府“封建割据”“无法无天”“蹂躏人权”。这些叫嚣，一时混淆了视听，引起了部分不明真相人士的猜疑和不满。陕北公学的部分学生强烈要求严惩杀人凶手，甚至扬言要离开边区。延安舆论有枪毙和特赦两种看法，有不少干部和群众说情，建议留黄性命杀敌报国。黄克功也曾上书法庭并致信毛泽东，恳求念他“十年艰苦奋斗，留一条生命”，表达其宁愿到前线多杀日寇、战死到沙场的决心。

当时陕甘宁边区高等法院刚成立不久，法制建设还不健全。雷经天作为高等法院院长，该事件的审判长，也是与黄克功有过并肩战斗经历的老党员。他面对着国内外的舆论，面对愤怒的学生百姓，面对老红军的请求，承受着来自各方面的巨大压力。

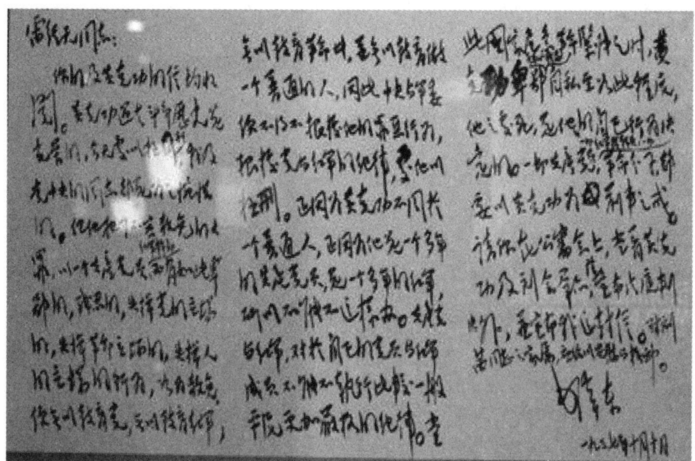

毛泽东给黄克功案件审判长雷经天的信

1937年10月10日，毛泽东就黄克功逼婚未遂开枪杀人致信边区高等法院院长和审判黄案的审判长雷经天，信上说：“黄克功过去斗争历史是光荣的，今天处以极刑，我及党中央的同志都是为之惋惜的。但他犯了不容赦免的大罪，以一个共产党员、红军干部而有如此卑鄙的、残忍的、失掉党的立场的、失掉人的立场的行为，如为赦免，便无以教育党，无以教育红军，无以教育革命者，并无以教育做一个普通的人。”“正因为黄克功不同于一个普通人，正因为他是一个多年的共产党员，是一个多年的红军，所以不能不这样办。共产党与红军对于自己的党员与红军成员不能不执行比一般平民更加严格的纪律”。并要求全体共产党员和红军指战员，都要以黄克功为“前车之鉴”。边区最高法院最后以公开、公平、公正的原则判处黄克功死刑并立即执行。

此事在延安甚至西安、太原等地都反响强烈，人们盛赞共产党和八路军公正无私、执法如山，相比于日呈腐败的国统区，大家不约而同把中国希望的曙光瞩目于延安那一方土地上。对待“黄克功事件”，我党坚持了“共产党员犯法从严治罪”的理念，为我军竖起了一座依法治军、从严治军、为民执政的里程碑。2014年12月4日第一个国家宪法日电影《黄克功案件》首次公映，再现了77年前尘封的往事。以历史的笔触再次告诫全党党员干部：共产党从没有特殊党员，谁犯罪都要伏法。

第四节　生产自救战日顽

面对侵华日军的疯狂进攻和灭绝人性的“三光”扫荡政策，以及国民党的消极抗日，积极反共，封锁边区，停发经费，加之华北等地连年遭受自然灾荒，致使整个抗日根据地财政经济发生极大困难，军队供给濒于断绝，陷入没粮吃、没衣穿、没被盖、没经费的困境。为了战胜困难，坚持抗战，自 1941 年起，党中央领导抗日根据地军民开展一系列以自给为目标的大规模生产自救运动，发展了根据地经济，改善了人民生活，支持了抗日战争。

一、“雷击事件”的启示

边区地处黄土高原，地瘠民穷，经济十分落后，财政经济困难，影响到边区群众的生活，表现为粮食紧缺和公粮缴纳负担过重，在农民中产生了不满情绪。

按说打雷是天象，雷打死人是天灾。但借雷打死人诅咒党的领袖，则不是一般的个人恩怨，而是党群干群关系问题，是天大的事。

“雷击事件”在延安发生过两次。第一次在 1940 年 10 月。清涧县农妇伍兰花因丈夫被雷电击死，大骂“世道不好”“共产党黑暗”“政府官僚横行”，遂被县保安科逮捕，送到延安拟审讯后交法院严惩。毛泽东得悉后，请伍兰花来，当面了解详细情况，在得知其家庭确实困难后，毛泽东立即指示放人并道歉，对于不作为的干部要处理。

第二次发生在 1941 年 6 月 3 日下午。陕甘宁边区政府召开县长联席会议，讨论征粮问题。突然天降大雨，电闪雷鸣，参加会议的延川县代县长李彩云被雷电击死，另有七人受伤。事后一个农民便说：“老天爷不长眼，你咋不打死毛泽东？”保卫部门把这件事当作反革命事件来追查，并且抓了人，毛泽东听说后对保卫部门的人说：“你们先把他放了，问问他为什么骂我？”这农民说：“你们共产党征粮征得太多，我们缺粮，我只知道共产党的头子是毛泽东，我就骂了毛泽东。”

这件事，对毛泽东触动很大，他认真反思：群众发牢骚、有意见，说明我们的政策有问题，要解决问题，必须进行调查研究。1941 年 8 月 1 日，中共中央通过了《关于调查研究的决定》和《关于实施调查研究的决定》，当时著名的调查有林伯渠的甘泉、富县调查，张闻天的《出发归来记》等，为党中央制定决策起了重要的指导作用。毛泽东经调查后发现，群众对共产党不满的症结在于征收救国公粮太多，老百姓不高兴，心里有怨气。为减轻人民负担，改善人民生活，支持长期抗战，边区政府推行了一系列发展经济的政策，比如，减租减息、对内自由贸易、实行累进税制、发展农工商业、推广生产合作社、开展大生产运动等。不但减少了救国公粮征收任务，还取消了 42 种税收。边区政府副主席李鼎铭和边区参议会副议长安文钦，身为地主的党外人士，以身作则减租减息，对于其他地主的减租减息，起了很好的带动和说服作用。

同时，边区政府也进一步认识到发展生产，自力更生，实行生产自救的重要性，随后便开展了轰轰烈烈的大生产运动。

二、开展大生产运动

陕甘宁边区政府根据中共抗日救国十大纲领，确立了“休养民力”、恢复和发展人民经济的政策。早在1938年，边区留守兵团的一部分部队就开始了农副业生产，诸如种菜、养猪、打柴、做鞋等，这些做法使他们的生活供给得到一定改善。党中央及时总结并推广这个好经验，1939年1月初，毛泽东代表中共中央在陕甘宁边区第一届参议会上讲话时，提出了“发展生产，自力更生”的口号。

大生产动员会

1941年11月召开的陕甘宁边区第二届参议会第一次会议上，当时米脂县参议会议长、开明士绅李鼎铭等11人有针对性地提出了“精兵简政”的主张。毛泽东等边区领导发扬谦虚谨慎、不骄不躁、不怕批评的作风，虚心采纳并照办，通过实施“精兵简政”，党政机关工作人员减少了四分之一。这一举措，减少了脱离生产的干部，休养了民力，节省了财力，支持了大生产运动，得到了边区人民的衷心拥护。

1942年底，党中央提出了“发展经济，保障供给”的方针，号召解放区军民自力更生，克服困难，开展大生产运动。边区政府成立了生产委员会，采取有效措施，鼓励生产。在延安，党政军学各界人士都被动员起来，数万人投入到大生产运动中，掀起了“人人动手”的大生

战士在南泥湾开荒

产热潮。一时间，延安的沟沟岔岔都是锄头的碰击声、人畜的嘈杂声，每个机关、每个部队、每个学校都有自己的生产计划、生产任务。“到生产战线上去”“我们要做劳动的先锋”“我们要做劳动的英雄”成为当时大家的誓言。

毛泽东不仅是大生产运动的倡导者，而且也是实践者。他在窑洞门前选了一块空地，自己动手开荒种地，施肥、浇水、锄草，收获了黄瓜、白菜和丝瓜、红辣椒。除了供自己吃外，他还经常拿这些劳动果实来招待客人，或送给周围的同志。党的其他领导人也率先垂范，投入大生产运动中，朱德也背着箩筐到处拾粪积肥；周恩来迅速成了纺线能手。

八路军战士坐在纺纱车前纺纱

因一首歌曲而闻名的“陕北的好江南”南泥湾，就是大生产运动中的典型。南泥湾曾经是野草丛生、荆棘遍野，人迹稀少、野兽出没的荒凉之地。八路军一二〇师三五九旅旅长兼政委王震率领部队，一方面保卫边区东线和南大门的安全，另一方面响应中共中央的号召，1941 年 3 月，进驻南泥湾，披荆斩棘，开荒种地，风餐露宿，战胜重重困难，屯垦开荒，实现了丰衣足食。1942 年，生产自给率达到 61. 55%；1943 年，生产自给率达到 100%。除了自给还能给国家上缴公粮，广大官兵用自己的双手和汗水，将“荒无人烟的烂泥湾”变成了“平川稻谷香，肥鸭遍池塘。到处是庄稼，遍地是牛羊”的陕北好江南，创造了自古以来当兵的不吃公粮而向政府交粮的奇迹。

三、发展工商业

抗战时期，得益于边区制定的税收、移民、植棉等一系列扶持政策，陕甘宁边区私营工商业取得了长足的发展，支持了整个边区的经济发展。

早在陕甘宁边区政府成立之前的 1935 年，当时的苏维埃政府就取消一切税收，鼓励发展工商业。一直到 1939 年前，边区政府在税收上一直采取免收营业税的政策，仅征收烟酒税、皮毛税、牲畜税和盐税等几个税目，而且税率很低。其目的是休养民力，保护和扶持私营工商业的发展，恢复和发展边区经济建设。1940 年边区正式开始征收工商税，指导原则是：既要解决财政需要，又要负担公平合理，顾及各阶层的利益，保护边区国民经济的发展。因此在税收上实行低税政策，征收的税目也较少，保护了公营和私营工商业经济的合法利益。当时边区税收政策的显著特点是：“第一是工业无税，不论是私营的、公营的与合营的；第二是政府奖励的事业免税，如植棉、纺织等。”到 1944 年底，边区的工商业经济得到了迅速发展，生活用品中的毛巾、肥皂、火柴、袜子、纸张等，已能全部自给或半自给。

丰足火柴厂

另外，边区对于大量的移民难民实施安置和优待的政策，为当地工商业提供了充足的劳力和广阔的市场发展空间，增加了边区人民对手工业商品和日用品的消费能力。移民和难民中的一些手工业工人，在当地政府的扶持下重操旧业，从事各种手工业的生产和经营，促进了私营工业的发展，丰富了边区工商业商品市场。同时引进了商业资本，少数商人靠自身特殊关系购进边区急需的商品物资，输出边区出产的一些富余产品，如食盐、药材、羊毛等。如延安市最大的私营商店盛德玉货庄老板王克温，仅在 1943 年就利用私人关系为边区输入了不少急需的商品物资，其中有石印机一架、缝纫机五架，以及油光纸、西药、印刷机零件等一批物资，极大地支持了边区工商业经济的发展。

延长县“中国陆上第一口油井”

抗战时期，为了打破国民党对边区的经济封锁，克服用棉用布的困难，陕甘宁边区自 1939 年开始实施推广植棉、奖励植棉、争取实现用棉用布自给的政策，使棉花自给率逐年上升，有效解决了边区军民穿衣用棉的困难。公营、私营纺织业得到很大的发展，纺织从业人员、纺织能力、纺织产品和产量增加都十分迅速。如1944年，纺纱比上年增加2倍，织布比上年增加3倍，是1942年的8倍，生产大布11.5万匹，比1941年已有长足的进展。

陕甘宁边区运输队

边区在积极发展公营工商业的同时，保护和发展合作社经济、个体经济及有利于国计民生的资本主义工商业。陕甘宁边区政府财政厅副厅长霍维德（陕西省绥德县人），从财力、物力上支持机关、部队、学校纺织织布，用羊毛代替棉花制毡帽、毡靴。他还发动群众试制并出售土染料，买回染布机、染料和“洋布”，改善被服局的生产条件。中共靖边县委书记惠中权（陕西省清涧县人）积极兴办供销合作事业，提出“一驮盐一匹布，一斗盐二斗麦”的号召，在他的带领下，仅1943年靖边县就驮盐3.5万驮，获利8700万元。1943年1月在西北高干会上被表彰为模范县委书记。毛泽东亲自为他题词：“实事求是，不尚空谈”。

边区工商业的蓬勃发展支持了边区的整个经济，为抗日战争胜利奠定了坚实的经济基础。

第五节　实现文化自信的边区教育

陕西地处西北内陆，人民生活困苦，文化教育极端落后，民众文盲、保守和思想愚昧很普遍。中国共产党在建立西北革命根据地、陕甘宁抗日革命根据地的过程中，非常重视根据地的教育发展和民众的教育问题，通过下大力气发展社会教育、干部教育和国民教育，以无产阶级的新文化启迪民智，以文化自觉、文化自信为新民主主义革命胜利提供智力支持。

一、社会教育的广泛发展

在抗日战争年代，根据地的广大工农群众承担着积极参军、支援前线、建设根据地等艰巨任务，打造一大批有政治觉悟、懂文化知识的干部群众队伍就十分重要。毛泽东曾称社会教育为长期的大学校，党在建立根据地的过程中主要从政治、文化、生活常识和开展群众文艺活动等方面对民众进行教育。

陕甘宁边区文教大会会场

在刘志丹、谢子长、习仲勋等领导创建照金陕甘边根据地的过程中，经常召集群众大会、讲演会，利用照金地区的通俗歌曲、小曲、书房、夜校等办法，把苏维埃政府的土地法令、劳动法令，非常通俗地在广大群众中广泛宣传，使群众从根本上认识到只有推翻统治阶级的政权，建立苏维埃政权，才是穷人唯一的出路。除了对广大民众进行政治教育外，刘志丹、习仲勋还对陕甘边地区的各种帮会、民团进行教育，对他们进行思想上的教育和引导。在此影响下，马锡五、李仲英、马海旺等哥老会的一些头目，纷纷带领其成员参加革命，他们中的许多人后来还成为党、政府和人民军队的重要领导人。

在南梁陕甘边根据地建立的过程中，苏维埃政府在一些村庄办起了扫盲识字班，发动群众广泛开展破除陈规陋习、移风易俗活动，用新思想、新文化教育群众，引导他们从封建思想的枷锁中解放出来。为了宣传党和政府的方针、政策，中共陕甘边区特委和边区苏维埃政府分别创办了《布尔塞维克生活》《红色西北报》，采用版面不大的油印纸，以醒目的红、黄、黑为色调，字迹工整地刻印了红军的战况、党和政府的相关文件精神，对团结、教育人民，建设根据地起到了有力的推动作用。

陕甘宁边区的社会教育以提高人民群众的文化政治水平、革命自信心和民族自尊心为目的。社会教育开设的课程有：文化、政治、自然常识、社会常识和军事常识等，内容包括知识训练、技能训练和生活训练。文化课以识字为主要内容；政治课以时事和党的各项方针、政策为主要内容；自然课以自然常识、农业生产知识和医药卫生及一般生活常识为主要内容；社会课以社会发展简史为主要内容；军事课以游击战争的基本常识和一般的防卫技术（如防空、防毒等）及战时工作技术（如构筑工事、救护、慰劳、侦查等）为主要内容。

为了有组织地开展社会教育，边区各县建立起多种教育组织形式，有识字组、识字班、夜校、半日校、冬学及民众教育馆等。其中冬学是陕甘宁边区政府开展民众教育最主要的一种组织形式，每年 11 月初至次年 1 月底农闲时开办，每期三个月时间。每逢星期天，还要进行社会活动，做群众工作，如政治宣传，协助政府收公粮、检查妇女放足等。1937 年 9 月，边区政府开展识字运动，并在冬季开办了第一次冬学，当年就有 10337 人参加，1938 年人数增加到 15824 人。这样在民众中营造了一种浓厚的学习风气，提高了人民对团结抗战的认识，随着工作的开展，边区文盲数量减少，民众教育成效显著。

鲁迅艺术学院学员

二、干部教育的加强

在建立农村革命根据地的过程中，不管是开展土地革命，进行武装斗争，还是做群众工作，都需要有一大批优秀的干部。由于大多党员干部出身于工农家庭，较少接受正规学校教育，导致文化水平、政治理论水平比较低下，甚至出现有基层干部是文盲的现象，加强干部教育成为一项迫切任务。

中央党校礼堂

早在陕甘边根据地开辟初期，刘志丹、谢子长就以军政训练班、军政训练队、红军随营学校等形式，开设政治课和军事课，学习游击战争的战略战术以及政治工作训令、纪律条例等，培养军政干部。1934 年秋，中共陕甘边区特委和边区革命委员会在南梁荔园堡开办了陕甘边红军干部学校，由刘志丹兼任校长，习仲勋兼任政治委员。学员主要是红军、游击队中的中、下级干部以及地方干部，主要教授政治、军事、文化和政权建设等内容。在办学十分困难的环境和条件下，红军干部学校前后举办了三期，共培训了200多名军政干部，为陕甘边革命根据地的巩固和发展做出了贡献。

在延安时期，毛泽东创立了一种符合当时实际的干部教育体制，即在整个教育中，规定干部教育放在第一位，干部教育包括干部学校教育和在职干部教育两大方面，又将在职干部教育放在第一位。干部教育的任务主要是提高干部的文化水平，中央在关于延安干部学校的决定中郑重地指明：没有较高的文化水平，马列主义理论的学习是不可能的。

陕甘宁边区的干部学校主要培育党政、军事、科技、医务、农业等各方面的人才，直属中共中央的高级干部学校也是边区当时的高等教育，学校主要有中央党校、中国人民抗日军政大学、鲁迅艺术学院、军事学院、马列学院、中国女子大学、泽东青年干部学校、陕北公学、延安大学等，这些学校教育都把政治思想教育放在一切工作的首位，采取灵活机动的教学内容、教学方法、组织机构或学制，在短期内培养了大批政治、经济、军事、文化方面的高级干部和专门人才。

鲁迅艺术文学院

中、初级干部学校由边区政府或教育厅管辖，主要是为边区培养中层和基层干部，主要有鲁迅师范、关中师范、延安师范、陇东中学、三边师范、绥德师范、米脂中学、子长中学、边区警校等，这些学校从边区工作的实际需要出发，培养学员的马克思主义思想水平，掌握一定的文化和技术知识后，分配到各个急需的岗位上去。为了解决在职干部不可能随时有充足时间进行学习的问题，边区政府在强制规定党员干部每天两小时的学习时间的情况下，精简其学习课程，确保学习时间的最有效利用。通过干部学校教育和在职干部教育，培养了大批革命干部，边区干部尤其是基层干部整体素质有了明显提高，为完成新民主主义革命的任务做出了重要贡献。

三、国民教育的普及

在革命战争年代，中国共产党不但把干部教育和民众教育作为重点，而且同样重视国民教育，努力创造条件创办小学教育和中学教育。

陕甘边根据地建立前，南梁荔园堡及其周边没有一所学校。苏维埃政府建立后，提倡兴教办学，刘志丹、习仲勋等领导同志委派边区文化委员会委员长蔡子伟于 1934 年 3 月在南梁荔园堡村转咀子办起了陕甘边第一所红色学校——列宁小学。霍建德任校长，张景文任教员，在校学生 60 余人。学校教材是蔡子伟自编的油印本或手抄本，将文化教育与政治教育相结合，多采用顺口溜形式，通俗易懂，好学易记，既是文化课本，又是政治教材和军事教材。后来，边区政府又在太白、九只窑口等地陆续办起了列宁小学。

延安保育院儿童在唱歌

陕甘宁边区原有的文化教育基础也极端落后，边区 150 万人口中有 100 多万文盲，旧的小学不过一二十所，农民子女大多无条件入学读书，农村方圆几十里找不到一所学校，儿童失学率达 95%以上。能够上学的只是地主阶级的子弟，中学生更是沧海一粟，屈指可数了。有些教员文化低得惊人，连一般常识都不懂。为了改变边区文化教育落后的面貌，在经费十分困难的情况下，边区政府投入了大量教育经费，积极发展中小学教育，鼓励和倡导人民群众自办小学。在办学体制上有公办小学和民办小学，在教学内容和方法上做到与群众需要、边区实际相结合，使边区中小学数量和入学人数迅速增加。

陕甘宁边区政府最早对小学教育进行立法，1937 年 10 月，边区政府教育厅起草了《小学教育制度暂行条例草案》，宣布对学龄儿童实施普及免费五年制义务教育。1940 年 3 月 29 日，边区政府颁布《陕甘宁边区实施普及教育暂行条例》，规定“7 岁至 13 岁未入学之学龄儿童，不分性别、成分，均应一律就学，读毕小学学程”“有疾病或特殊原因，不

延安中学

能入学者，其家长得向当地县政府请求准许缓学，有痼疾者得免学”，抗属子女及贫苦子女无力入学者，当地县政府得酌量采取优待措施，对高级小学生供给部分或全部伙食。要求党政机关和群众团体工作人员的子女，应首先入学，并做群众工作鼓励家长送孩子入学。这些条例和办法为边区儿童享受义务教育的权利提供了法律保障，真正服务于人民大众。《新中华报》曾报道了延县北二区李明山、李明秀兄弟到区长处状告其父、争取上学的事，引起了很大的社会反响。

抗战时期陕甘宁边区的国民中等教育，经历了一个从无到有、不断探索、逐步成熟的过程。1937 年以前，边区只有三所中等学校，即延安的陕西省第四中学、绥德的陕西省立第四师范和米脂的米脂中学（1940 年以前，属边区政府领导的只有延安中学）。1937 年 3 月，西北办事处成立了边区第一所自办中等学校“鲁迅师范”。1938 年 4 月，成立边区中学。后通过新建、合并，相继成立了边区第二、第三、第四师范和米脂中学等，到 1941 年边区共有 11 所中等学校，其中师范学校五所、普通中学两所、中等专业学校四所。

边区的各类红色教育，开启了民智，凝聚了民心，支持了根据地的文化建设，为延安时期实现文化自信奠定了基础。

第六节　开辟中国文艺发展新时代

延安时期是中国共产党进行新的文化创造的重要时期，毛泽东关于民族的、科学的、大众的新民主主义文化的发展方针和《在延安文艺座谈会上的讲话》，为延安新文化运动的发展指明了方向。来自全国各地的大批文艺工作者云集延安，以饱满的热情发展革命文艺事业，产生了一大批优秀作品，开辟了中国文艺发展新时代。

一、解决“笔杆子”的方向问题

瓦窑堡会议确立了建立抗日民族统一战线的策略方针，解决了“枪杆子”的方向问题。抗战爆发后，全国各地大批文艺工作者奔赴延安和各敌后抗日根据地。他们运用美术、舞蹈、音乐、戏剧等各种形式，热情讴歌抗日根据地的对敌斗争，创作了一批优秀作品，极大地鼓舞了根据地军民的抗日斗争。

但是，各抗日根据地特别是陕甘宁边区的文艺界，仍然存在一些问题，一些人主张文艺要所谓的“暴露黑暗”问题，一个时期，“暴露黑暗”“不歌功颂德”，使用“讽刺笔法”“还是杂文时代”等主张，几乎成为一种时髦；一些文

中央办公厅楼礼堂

艺工作者主张艺术脱离政治，艺术高于政治，作家可以不要马列主义的立场、观点，认为“马列主义妨碍文艺创作”；文艺作品脱离实际、脱离群众，大戏、洋戏充满了舞台；讲写作，就是契诃夫和莫泊桑的小说，不少作者把自己关在窑洞里，不与农民往来；相当多的作家由于出身于小资产阶级，又只在知识分子中找朋友，所以就把注意力放在研究和描写知识分子上面，甚至对知识分子的缺点也加以同情、辩护和鼓吹。同时，20 世纪 30 年代左翼文艺运动中就存在的宗派主义情绪，又被带到了延安，影响着文艺工作者的团结进步。

延安文艺座谈会参会代表邀请函

为了纠正文艺界的各种非无产阶级思想，解决文艺为什么人服务的问题，中央决定召开文艺座谈会，“拟就作家立场、文艺政策、文体与作风、文艺对象、文艺题材等问题交换意见”。为了开好文艺座谈会，毛泽东用了几个月的时间调查研究，他当时给许多作家写信，找许多作家谈话。毛泽东亲自个别约见谈话与写信征求意见的延安文化人有：丁玲、艾青、萧军、萧三、罗烽、舒群、刘白羽、欧阳山、周文、草明、于黑丁等人。毛泽东以“集体谈话”的方式与鲁艺的部分党员文艺家进行交流的人员有周扬、何其芳、严文井、周立波、曹葆华、姚时晓等。对于上述文化人中间的一些重点人物，如萧军、欧阳山、草明、艾青等，毛泽东多次约见谈话与写信征求意见，让他们帮助搜集材料，提供有关文艺的意见。

在经过充分的准备后，1942 年 4 月 27 日，毛泽东与时任中共中央宣传部代理部长的凯丰联名发出了用粉红色的“油光纸”印制的“延安文艺座谈会请帖”，邀请一百多位延安文艺工作者参加文艺座谈会：

某某同志：

为着交换对于目前文艺运动各方面的问题的意见起见，特定于5月2日下午一时半在杨家岭办公厅楼下会议室内开座谈会，敬希届时出席为盼。

毛泽东　凯丰

二、影响深远的座谈会

5月2日下午1点多，延安文艺界代表人物——周扬、丁玲、艾青、陈荒煤、何其芳、林默涵、刘白羽、周立波、华君武、吕骥、陈波儿、萧军等120多位文艺家代表汇聚到了杨家岭中央办公厅小洋楼一楼会议室，召开第一次会议。会议室摆了20多条长板凳，上首放上一张木桌，铺了一块白布，就算是延安文艺座谈会的会场主席台。

延安文艺座谈会代表合影

会议开始，由中宣部代理部长凯丰主持，毛泽东在主旨讲话中风趣地说：我们有两支军队，一支是朱（德）总司令的，一支是鲁（迅）总司令的，即“手里拿着枪的军队”和“文化的军队”。而文化的军队是“团结自己、消灭敌人必不可少的一支军队”。他指出：我们今天开会，“就是要使文艺很好地成为整个革命机器的一个组成部分，作为团结人民、教育人民、打击敌人、消灭敌人的有力武器，帮助人民同心同德地和敌人作斗争。”他还根据文艺工作本身的任务和延安文艺界的状况，提出应该解决的一些问题，“即文艺工作者的立场问题、态度问题、工作对象问题、工作问题和学习问题”等五大问题，要大家讨论。

5月16日，举行了第二次会议。当时会场气氛活跃，参会代表争论激烈。

有人提出文艺的基本出发点是人类之爱；有人认为人性是文艺的永恒主题；有人说还是杂文时代，需要鲁迅笔法；有人提出文艺和政治都是为人民大众谋福利，为大多数的劳苦的人类而奋斗，彼此殊途同归；有人说学习马列主义辩证法，老是觉得影响创作情绪。毛泽东和朱德都出席了会议，毛泽东没有正式讲话，主要听取与会者对文艺问题的意见，并认真做了记录。

5月23日，举行最后一次大会。会议气氛更加热烈，先是由与会者发言，到了下午，朱德做最后发言。他针对前两次会上出现的一些思想观点和情绪指出：要看得起工农兵，中国第一、世界第一，都得由工农兵批准；不要怕说“转变”思想立场，不但要转变，而且是投降，他说自己就是从一个旧军人投降共产党的。“八路军、新四军为了国家民族流血牺牲，既有功又有德，为什么不该歌？为什么不该颂？”有人引用李白“生不用封万户侯，但愿一识韩荆州”的诗句，现在的“韩荆州”是谁呢？就是工农兵。朱老总的发言深入浅出、生动有力，很受艺术家们的欢迎。

朱德发言后，趁着落日的余晖，由摄影家吴印咸拍摄了与会者合影留念的照片，这就是著名的“在延安文艺座谈会上的合影”照片。

秧歌剧《兄妹开荒》剧照

晚饭后，由毛泽东做结论。由于人数增加，会址只好改在中央办公厅小楼外的院子里。在汽灯下，毛泽东手里拿着讲话提纲，侃侃而谈。他把问题归结为一个“为什么人”的问题，即是“一个为群众的问题和一个如何为群众的问题”。文艺“为什么人的问题，是一个根本的问题，原则的问题”，“我们的文艺必须是为人民大众的，首先是为工农兵的”。这个问题不解决，其他许多问题也就不易解决。他希望文艺工作者积极投入整风运动，克服唯心论、教条主义、空想、空谈、轻视实践、脱离群众等等缺点，创作出为人民大众欢迎的优秀作品。

在如何为工农兵服务的问题上，毛泽东着重谈了普及和提高的关系。他认为：我们的提高，是在普及基础上的提高；我们的普及，是在提高指导下的普及。在目前条件下，普及工作的任务更为迫切。“所谓普及，也就是向工农兵普及，所谓提高，也就是从工农兵提高。”这就需要解决如何向工农兵学习的问题，如何同新的时代相结合的问题。

关于文艺批评，毛泽东说：我们要求的是“政治和艺术的统一，内容和形式的统一，革命的政治内容和尽可能完美的艺术形式的统一”。

三、为人民而百花齐放

毛泽东《在延安文艺座谈会上的讲话》，为文艺工作者指明了方向，文艺界提出“到农村去，到工厂去，到部队中去，成为群众的一分子”的行动口号，文艺工作者纷纷下乡、下厂、下部队，创作了大批反映群众斗争生活、反映抗日战争重大题材的作品。许多优秀作品如《兄妹开荒》《改造二流子》《南泥湾》《小二黑结婚》《李有才板话》《太阳照在桑干河上》《血泪仇》《白毛女》《黄河大合唱》等风靡边区，并迅速传播到其他根据地，产生了深远的影响并流传至今。边区革命斗争的实践造就了一大批有作为的文艺工作者。电影从无到有，先后拍摄了《南泥湾》《延安与八路军》等十分珍贵的纪录片。

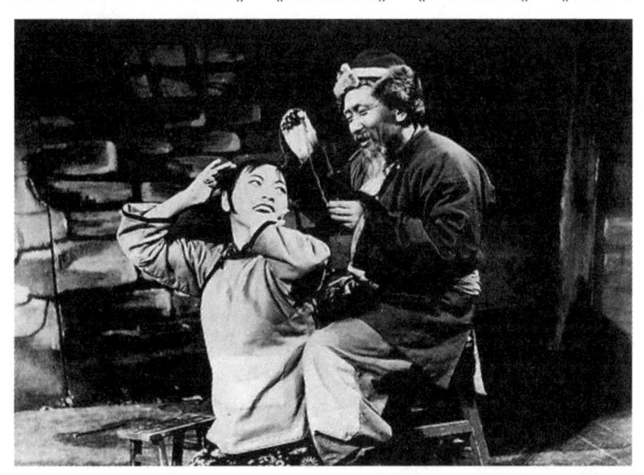

歌剧《白毛女》剧照

延安时期的文艺，继承和发扬了“五四”运动以来的革命传统，在服务人民大众，服务抗战方面书写了彪炳史册的业绩，开辟了中国文艺发展新时代。

知识链接

“昨日文小姐，今日武将军。”1936 年，丁玲奔赴陕北，成为到达中央苏区的第一位知名作家。丁玲没有辜负时代的厚望。她从描写知识女性的苦闷和痛苦的狭隘天地里挣脱出来，开始正面描写社会革命斗争，表现共产党人英勇斗争的革命精神。1937 年 2 月，由丁玲主编的《红军长征记》，是一部具有文化史学价值、军事史学价值、历史文献价值的纪实文学作品。该书文体朴实无华，语言鲜活异常。全书作品洗练、简洁，没有浮泛之笔，寥寥数语便勾勒出一个个形神兼备的人物，塑造出一个个色彩鲜明的性格。毛泽东 1936 年 12 月写的词《临江仙·给丁玲同志》，称赞丁玲：“纤笔一枝谁与似？三千毛瑟精兵。阵图开向陇山东。昨天文小姐，今日武将军。”

第七节　建设风清气正的新社会

延安时期，边区政府下大力气边革命、边生产、边建设，通过反贪污、取缔神婆巫医、提高妇女地位、改造二流子等措施，建设一个与国统区有鲜明对比的风清气正的新社会，取得了瞩目的成就。毛泽东曾这样评价延安的社会风气：“这里一没有贪官污吏，二没有土豪劣绅，三没有赌博，四没有娼妓，五没有小老婆，六没有叫花子，七没有结党营私，八没有萎靡不振，九没有人吃摩擦饭，十没有人发国难财。”“十没有”真实地描绘了陕甘宁边区新社会的新气象，与国民党统治区的黑暗和腐败形成了鲜明的对照，给苦难的中国人民带来了希望。人们除了称陕甘宁边区为民主中国的模型外，国内外进步人士还把延安和陕甘宁边区誉为“西北的红星”“中国的希望”“新中国的试管”。

一、在“廉洁政治”的地面上拔掉“肖玉璧”式的莠草

建设风清气正的社会，首先就要有廉洁奉公的政府，要有一心为民、干干净净的好干部。陕甘宁边区实行严刑重典惩治腐败。在 1938 年陕甘宁边区政府就颁布了《惩治贪污暂行条例（草案）》，该条例中明确规定，克扣或截留应发给或缴纳的财物、敲诈勒索、收受贿赂等 10 种行为均为贪污，贪污数目在 1000 元以上者，判处死刑；贪污数目在 500 元以上者，判处 5 年以上之有期徒刑或死刑；贪污数目在 300 元以上 500 元以下者，判

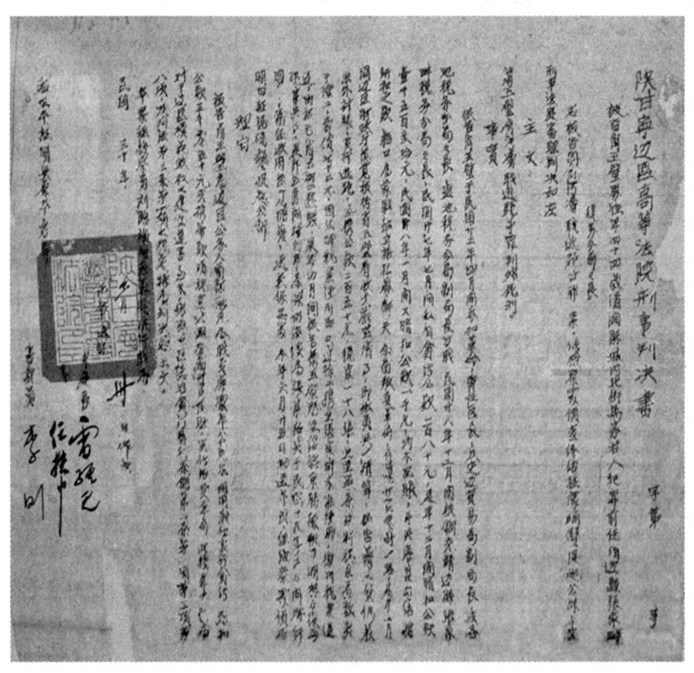
陕甘宁边区高等法院刑事判决书

肖玉璧死刑判决书

处 3 年以上 5 年以下之有期徒刑；贪污数目在 100 元以上 300 元以下者，判处 1 年以上 3 年以下之有期徒刑；贪污数目在 100 元以下者，判处 1 年以下之有期徒刑或苦役。除依法判处刑罚外，必须追缴其赃款赃物、没收罪犯财产以及罚金。1941 年制定的《陕甘宁边区施政纲领》还特别规定：“共产党员有犯法者从重治罪”。在制定法律法规的同时，边区还特别重视法律法规的执行使制度运行起来，严惩贪污腐败分子。边区反贪污腐败，建廉洁政府的典型事例就是“肖玉璧案”。

肖玉璧，出身贫苦，1933 年参加工农红军。作战勇猛，冲锋陷阵，屡建奇功，身上留下 80 余处枪伤、刀伤，1935 年以后因伤势太重没有再上前线，养病复原期间，毛泽东把中央特批自己的每天半斤牛奶送给肖玉璧。但病愈出院后，这位身经百战立下赫赫战功的红军英雄，在后方较为和平的条件下反而居功自傲、贪图享受，在担任清涧县张家畔税务所主任期间，作为边区公务人员，不能克己奉公、廉洁自律，罔顾党和人民的利益，罔顾党的法律和纪律，甚至把根据地奇缺的食油、面粉卖给国民党，以谋图私利，贪污受贿、克扣公款、腐化堕落，共贪污公款达 3050 块大洋。更为可憎的是，在国民党仍坚持反共、溶共和限共的背景下，勾结国民党旅长常崇耀，联合招募新兵，企图叛变革命。1939 年 1 月，在边区财政部调查期间，肖玉璧仍以外出讨外账为由，携带公款、税票逃跑，后来在潜回原籍清涧时被民众发现被依法逮捕。

曾任張家畔稅局長
肖玉璧判處死刑
貪污公款三千餘元
交際處
招待友黨友軍及

有关肖玉璧被处决的报道

肖玉璧被抓后对其所犯罪行供认不讳，但把曾经的赫赫战功作为贪污腐败的资本，觉得罪不至死。后经边区高等法院审判为死刑，边区政府主席林伯渠亲自请示毛泽东，毛泽东以刚处理完的“黄克功事件”为例，支持法院裁判结果。1941 年 12 月，为革命屡立战功的红军英雄肖玉璧，作为延安贪污犯的典例被执行枪决。这一事件在边区引起很大的反响，在双重政权的边区，既让国统区媒体消除对边区政府的污蔑诋毁，又让开明绅士看到了共产党和国民党政府鲜明的对比，同时对边区一些意志不坚定，有可能走上贪污腐败、变质变节的革命干部也有很强的震慑作用，在边区人民群众心目中树立了共产党良好的形象，为抗日战争和新民主主义革命的胜利奠定了坚实的基础。

1942 年 1 月 5 日，边区《解放日报》为此发表评论：“肖玉璧判处死刑了，因为他贪污，开小差，为升官发财以至叛变了革命……我们一定要做到：在‘廉洁政治’的地面上，不容许有一个‘肖玉璧’式的莠草生长！有了，就拔掉它！”

“肖玉璧”案件前后，陕甘宁边区掀起了反腐惩贪风暴，据统计，1939 年至 1940 年，边区政府先后查出贪污分子乡级干部 150 名，区级以上干部 27 名；1942 年又查处了 180 多名贪污腐败分子。取得了“只见公仆不见官”的显著成效，大大提高了党和政府的公信力。1944 年 6 月，美国作家斯诺在美国《星期六晚报》上发表文章，称赞抗日解放区，“这个国家有一个政府，直到现在真正当得起清廉政府的称号。”

二、取缔神婆巫医

抗日战争时期，陕甘宁边区文化教育、医疗卫生事业极端落后，封建迷信盛行，神婆巫医比医生还要多，欺骗了群众，延误了病情，祸害了百姓身心健康。时任边区政府秘书长的李维汉曾这样描述：“（陕甘宁边区）经济文化十分落后……封建、文盲、迷信和不卫生。知识分子缺乏，文盲高达 99%……文化设施很缺，人民十分缺乏文化生活；卫生条件极差，缺医少药，人畜死亡率很高，婴儿死亡率达 60%，成人达 3%；全区巫神多达 2000 余人，招摇撞骗，为害甚烈。”

延安中央医院旧址

现代大型红色歌舞剧《延安保育院》中也有这样一个片段：边区一位老百姓的孩子得了重病，请巫神做法治病未果，路过的保育院八路军慷慨提供了药箱中仅有的一支稀缺西药，救了孩子的生命，老百姓磕头万分感谢，尽显军民鱼水深情。这也反映了当时边区医生和医药奇缺，老百姓普遍迷信神婆巫医的现实情况。

巫神主要利用道教的跳神、

医务工作者下乡

画符、咒语、捉鬼等巫术活动，为患病者祛病免灾，降魔祈福。这是一种明显的封建迷信和蒙蔽群众的做法，也是与新社会新文化所格格不入的。但苦于没有文化教育，当地老百姓深信不疑。《解放日报》曾尖锐指出：“巫神与新民主主义社会是不能相容的。新民主主义社会里，不能容许巫神这种‘职业’公开或秘密地存在。”面对巫神的泛滥和村民的盲从，为保护人们身体健康，净化社会风气，中共迫切需要对边区进行现代社会改造，发展经济、加强学校教育，改善医疗卫生状况。

边区政府一方面坚决取缔巫神的祸害活动，处罚伤害人命与造谣惑众的巫神，劝导他们改邪归正，使其变成自食其力的劳动者。另一方面，边区政府认识到“要消灭巫神的势力，首先要普及卫生运动和加强医药工作，否则就是主观的空想。”“必须动员一切部队机关中的西医除为部队机关服务外，兼为群众服务，尽量给老百姓看病或住院，并经常组织巡回医疗队下乡。必须动员和帮助一切中医和一切药铺认真为群众服务”。

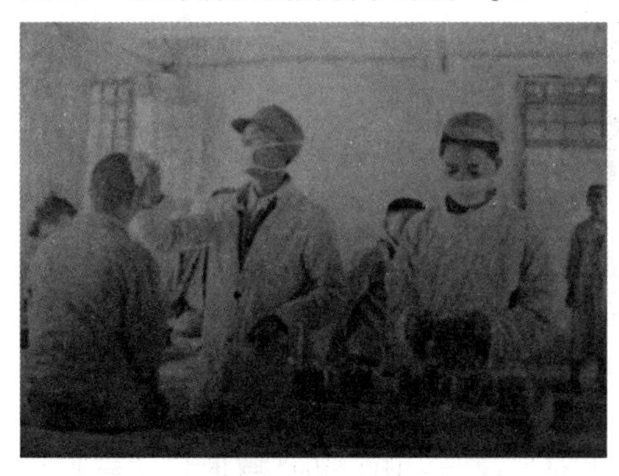

中央医院病房

1939 年 11 月，延安中央医院正式成立，这是一所为边区党政军民共用的医院，在医院艰辛发展过程中，受到党中央和各界友好人士、医学界人士的关怀和大力支持，如周恩来、宋庆龄、傅连暲等。延安中央医院为边区医疗卫生事业的起步和发展起了重要的作用。

1944 年春，延安郊区农村出现严重的传染病疫情，大量人畜死亡，人心惶惶。边区西医很少，且多集中在少数村镇和机关，没有办法仅依靠西医遏制疫情。而中医很多，人们还普遍相信巫神。面对这一现实，边区政府一边发布救治五项措施，另一方面发动医疗宣传，成立“陕甘宁边区医药学会”，采纳开明绅士李鼎铭的建议，采用“中西医合作”的办法，结成医疗统一战线，挽救了人民群众的生命，为边区社会稳定做出了贡献。在边区政府的极大努力下，卫生宣传教育活动有声有色，卫生事业开始发展，相信医学科学反对封建迷信的社会风气逐步形成。

三、妇女撑起半边天

陕甘宁边区作为全国抗日战争的出发点和指挥全国抗日的大本营，不仅在政治、经济、军事、文化等方面取得巨大的成绩，也是保障妇女权益、提高妇女地位的楷模。

在当时经济、文化极端落后的延安，受旧社会族权、神权、夫权等的压迫，妇女地位极端低下，身心健康饱受摧残和折磨，生存权都时常受威胁，更何谈政治权、文化权等。妇女在社会中的地位如何，是观察人类社会文明发展程度的一个重要标志。陕甘宁边区政府成立以后，首先将保障妇女的生存权作为重要任务来抓。毛泽东也主张将妇女解放运动和社会解放运动相联系，并称妇女解放运动是社会解放运动的重要组成部分。

鲁艺女学员

如果人没有劳动权利，那么生存权就根本谈不上。1937 年 8 月洛川会议以后，边区政府先后出台了一系列政策决定，号召将妇女组织起来，组成各种抗日妇女救国会、边区妇女联合会等，鼓励妇女参加生产，抗日救国。广大妇女开始走出家门，积极投身于经济建设和抗日洪流中。1938—1939 年，在非常困难的情况下，边区妇女赶制鞋袜、手套、棉衣棉被，仅鞋就赶制近 2 万双，极大地支持了边区的革命事业。在大生产运动中，广大妇女不畏艰辛，丝毫不逊于男性，积极参加各种劳动互助组，与男同志一样奔赴生产第一线，积极为克服边区经济困难、改善人民生活状况做贡献，实现了经济独立，摆脱了经济上对男性的依附。边区政府也注意吸纳一些妇女进政府机关、学校和工厂。还通过法律制度手段保障妇女的权益，《陕甘宁边区劳动保护条例》第七条明确规定：“孕妇、哺乳妇禁止做夜间工作。”第十四条规定：“女工、青工和男工做同样工作者，即给同等工资。”极大地鼓舞了妇女的劳动生产热情。

陕甘宁边区积极鼓励妇女参政议政，制定的选举法保障了妇女拥有与男性平等的选举权和被选举权，并制定措施确保女性当选，从边区流传的一首民歌中可以看出当时妇女对选举权的积极性：“人口四万万，妇女占一半，国事家事全要管，事情才好办……男女都有选举权，工作要改变。妇女有任务，纺线又织布……宝娃快把门照好，妈妈当代表。”很多妇女被选为区、县参议会议员，撑起边区另一半天。

陕甘宁边区政府为了维护妇女权益，保障妇女在经济、文化、社会生活中的权益，促进男女平等，还颁布了一系列法律法规，利用法律确立和强制执行了男女平等原则、教育平等、一夫一妻制、妇女财产继承权和婚姻自由权等，这在《陕甘宁边区婚姻条例》《陕甘宁边区优待抗属代耕工作细则》《陕甘宁边区禁止妇女缠足条例》《陕甘宁边区施政纲领》等文件中都有明确的规定。

四、改造“二流子”

何为“二流子”？主要指边区一些没有正当职业或土地等生产资料，不参加生产劳动，以招赌、偷盗、卖淫、做巫神等为生活来源的一些无业游民和地痞流氓。这些人大都有赌博、偷盗、抽大烟等恶习，但又不同于那些穷凶极恶的地痞流氓。“二流子”的来源除旧社会历史原因以外，有些是因天灾人祸、家道中落形成，有些是由抗日战争逃到边区的大量移民难民而形成。据保守估计，陕甘宁边区 140 余万总人口中，“二流子”约有 7. 8 万人左右。

大量“二流子”的存在严重影响到边区的经济发展、社会稳定和抗战大计。首先，“二流子”多数家徒四壁，靠救济、乞讨与打短工为生，消耗掉边区大量救济粮，使物质匮乏的边区社会经济更加困难。其次，“二流子”不仅不务正业，好吃懒做，不参加生产，而且还对干得热火朝天的群众说风凉话、泼冷水，甚至有的散布谣言，极大地伤害了人民群众的生产积极性，其言行成为大生产运动中极不和谐的音符，严重影响甚至破坏大生产运动的顺利进行。个别村庄受“二流子”影响世风日下，许多人变成好吃懒做的人。如赤水二区北袁家村，全村 17 户村民都“不积极生产，有些人好吃懒做，村子里到处都是牛粪马粪，人家过去称这村叫懒袁家”。再次，“二流子”影响到家庭的和谐稳定和社会治安，据中共中央西北局对神府县统计，大多典卖土地者皆因抽大烟所为，贺家川有 10 户典土地，其中七户是因抽大烟家用不足造成；孟家沟有九户典地，有六户是因吸大烟所为，婆姨带孩子离家出走时有发生。最后，边区本来地广人稀，“二流子”既造成大量人力资源的浪费，又败坏社会习俗。一些生活无着落的

“二流子”不仅不参加抗日斗争，还往往为日寇和国民党顽固派所利用，沦为汉奸走狗，严重威胁着边区政治的稳定与安全。

《改造二流子》剧照

边区政府为了确保大生产运动顺利开展，维护社会治安稳定，促进社会新风气、新文化和和谐家庭的建设，做出改造“二流子”的决定。毛泽东曾告诫各级党委和政府，一定要做到“所有二流子都要受到改造，参加生产，变成好人”。

一般采取以下几种改造方式：一是通过调查，根据标准确定真正的“二流子”、半“二流子”。采取政府批评教育与群众监督帮助相结合方式改造“二流子”。各地在改造“二流子”活动中还探索出一些因地制宜的办法，如三边专署为把改造“二流子”的生产训练班办好，在群众中开展捐款赠物送“二流子”到训练班的运动。一些地方政府将教育后的“二流子”交给农村中的劳动英雄或有威望的人士劝导监督，如劳动模范申长林就帮助了两个“二流子”转变，杨朝臣帮助了六个“二流子”转变。二是通过选出带队人，将顽固“二流子”组织起来，以强制其参加生产的方式进行改造。三是制定村民公约，约束“二流子”的不良行为。文艺部门则编排、演出各种节目，针砭“二流子”，宣传改造“二流子”的意义，如秧歌剧《改造二流子》、信天游《笑话二流子》。最后，政府还给“二流子”提供生产、生活上的实际帮助，帮助他们制定生产计划，帮着调剂、租种土地，提供农具、牛力、土地、籽种等生产条件，对其悔过自新起到了积极作用。

通过边区政府的艰苦努力，改造“二流子”取得了显著成效。不少“二流子”主动上交了赌具和烟灯，大批“二流子”被改造为自食其力的劳动者乃至劳动英雄。大大激发了边区人民的生产积极性，对边区新民主主义文化建设和和谐社会建设起到了积极作用。

此时，新中国的航船已经启航，新中国的婴儿已经诞生。东方已见光芒四射喷薄欲出的一轮红日，它必将很快地照亮整个神州大地。

第八章　走向红色中国

延安时期是中国共产党领导的中国革命从失败走向胜利的重要转折时期，中国共产党人实现马克思主义中国化的重要成果——毛泽东思想走向成熟。在毛泽东思想的正确指引下，中国共产党人同国民党进行了“两个中国”命运的较量，代表中国最广大人民根本利益的中国共产党人，以永立时代潮头的精神气质，实现了从被国民党“剿匪”，到打败国民党的华丽转变，带领中国人民从延安走向红色中国。

第一节　毛泽东思想在这里成熟

在延安时期，在抗日战争这一中国革命最为困难、最为艰苦的时期，毛泽东著作大量高质涌现，毛泽东思想光华高度迸发，毛泽东思想迅速成熟。而这一思想达到巅峰，实现了马克思主义中国化的第一次历史性飞跃，保证了抗日战争的胜利，指明了中国革命最终胜利的道路，勾画了新中国的蓝图。

一、小地方做起大文章

在中国共产党领导新民主主义的前、中期，到处是国民党的白色恐怖，革命者在反革命势力眼里，就像一个怪物，一出现便进行“围剿”追捕，总想一口吃掉它。中国共产党关于中国革命的思想体系的酝酿和成熟，丝毫没有时间和空间的保障。这种格局到了延安时期开始有所改变。中国共产党到延安后，获得一个较长时间的相对稳定的生存和发展空间。如毛泽东1938年在陕北公学做讲演时所说：“王羲之说‘大块假我以文章’，岂只大块地方可以做文章呢？小块也行，有人说中国亡了，我说不会全亡，城市亡了，乡村未亡；大路亡了，小路未亡；白天亡了，夜里未亡。”并且驳斥了那种借口“统一”妄图取消共产党的谬论，说：“目前谁也不能吞并谁，国民党要取消共产党是不可能的。”正因为具备了这一定的时间和空间的前提条件，以毛泽东为主要代表的中国共产党人就在陕北这“小块”地方，夜以继日地做起如何夺取中国民主革命最后胜利这篇文章，从而使毛泽东思想臻于成熟。

在延安杨家岭毛泽东的窑洞里，摆放着一张木床、一张桌子、一个书架和一个木箱，还有一些小木凳。毛泽东习惯于晚上通宵的学习和工作。当时延安没有通电，毛泽东晚上写文章和批阅文件，都是点着蜡烛照明，昏暗不稳的烛光使眼睛非常疲劳。他感到累了，就用双手干洗几下脸，揉一揉双眼，再到窑洞外活动活动腰腿，走一走，又回到窑洞继续写作，一直到第二天的凌晨才睡觉，上午10时起床继续学习和工作。

在延安枣园毛泽东故居的办公桌上，还放有一根铁条，这是在大生产运动中，延安炼出的第一炉铁的样品。当时，延安人民怀着喜悦的心情，把这根来之不易的铁条样品敬献给毛泽东，并向他报喜。毛泽东十分珍爱这根铁条，爱不释手，并把它摆放在案头。既作镇尺用，又用于健身。有时候毛泽东写作时间长了，手指发酸时，他就拿起这根铁条握一握，使手指放松一下再继续写作。

在延安时期，毛泽东读了大量马列著作。由于曾经被讽刺为“狭隘经验主义”，毛泽东说：“我因此，到延安就发愤读书。”他读了如《资本论》《列宁选集》《国家与革命》《马恩论艺术》，其中读得最多的是《两个策略》《共产主义运动中的“左”派幼稚病》。通过自己的切身体会，认识到学习理论知识的重要性。1939年1月28日在一次演讲中，毛泽东对大家说：有了学问好比站在山上，可以看到很远很多的东西；没有学问，如在暗沟里走路，摸索不着，那会苦煞人。

毛泽东读书学习和写作时非常专心，当时，延安的条件非常艰苦，冬天也很冷，有时他的手脚都冻麻了，便放一盆炭火在桌子底下，炭火经常把他的棉鞋烧坏，他把棉鞋上的火熄灭后，继续坚持读书写作，用智慧构建符合中国革命特点和实际情况的马克思主义理论大厦。一部部闪耀着马克思主义思想火花的理论巨著不断问世，如《实践论》《矛盾论》《论反对日本帝国主义的策略》《反对日本进攻的方针、办法和前途》《抗日游击战争的战略问题》《论持久战》《〈共产党人〉发刊词》《中国革命和中国共产党》《新民主主义论》《论联合政府》等一系列重要著作，这些著作传到抗日的前线、后方，成为中国革命走向胜利的指针。

延安时期，是毛泽东著作大量高质涌现的时期。《毛泽东选集》（1—4卷）所收集的158篇文章中，有112篇主要是毛泽东在延安时期写的。这些著作阐明了中国共产党全面抗战的路线和战略策略，科学地揭示了中国新民主主义革命的发展规律，在许多方面丰富和发展了马克思列宁主义，构筑了毛泽东思想的比较完整的理论体系，成为领导中国革命走向胜利的思想武器。陕甘宁边区和延安因此被誉为“抗日的灯塔”和“革命的圣地”。

二、用中国化的马克思主义解决中国的问题

毛泽东思想在全党得到大普及，并被广大干部和群众所掌握而成为强大的精神武器，是在延安整风以后。1944 年整风运动临近尾声之际，康生曾经公开讲过这样一个鲜为人知的情况。他说，如果不是搞了整风运动，毛泽东几乎不敢来中央党校做报告！这件事听起来似乎有点匪夷所思，但却是千真万确的事实。在延安整风之前，对于一般党员干部来说，王明等留苏学生出身的中央领导人确实有一点理论权威的架势，即使是像毛泽东这样当时已经有了相当理论成就的党的领袖，也不能不对他们敬而远之，尽可能不去涉足他们的“专业领地”。

全面抗战开始前后，毛泽东已接连写了《实践论》《抗日游击战争的战略问题》《论持久战》以及《新民主主义论》等一系列重要的理论文章和小册子，却没有得到负责理论报刊宣传工作的领导人的足够重视。《新华日报》竟拒绝发表他的《论持久战》。《新民主主义论》出来后，负责中央宣传部工作的同志也“只把毛泽东同志的著作，列入临时的策略教育与时事教育之内，只当作中央的一般政策文件看待”。尽管毛泽东在 1938 年的六届六中全会上已经提出马克思主义中国化，要按照中国的特点去运用马克思主义，但在相当长的一段时间里，延安的理论宣传和教育工作引经据典之风盛行。

直接使党的最高决策者们做出整风决定的是 1941 年发生的皖南事变。皖南事变发生，新四军总部近万人大部分牺牲，部分被俘，蒋介石公开宣布新四军为“叛军”，取消了新四军的番号。新四军的失败首先就在于，项英“对统一战线的了解，是犯了右倾机会主义错误的”“他对于国民党的反共政策从来就没有领导过斗争，精神上早已做了国民党的俘虏”。项英的错误是怎么来的？毛泽东明确讲过，这是抗战以来一部分领导同志“只知片面的联合而不要斗争、不要独立自主的政策”造成的。项英执行的是王明的错误路线，在抗日民族统一战线建立后，王明就提出要“一切经过统一战线”“一切服从统一战线”，1940 年王明在延安再版了他 1930 年为推行“左”倾冒险主义写的《为中共更加布尔什维克化而斗争》的小册子，实际上是向以毛泽东为代表的中央及其路线挑战。这说明我们党内的确有一部分党员和干部对王明的教条主义认识不清，没有把普遍真理的马列主义与中国革命的具体实际联系起来，甚至不了解中国革命的实际，不了解

经过十年反共的蒋介石。王明在土地革命战争时期搞的那一套究竟是对还是错，就成了一个必须回答的重要问题。

三、旗帜鲜明地高举毛泽东思想的伟大旗帜

经过延安整风，毛泽东思想被确立为指导思想已是呼之欲出的事。1943 年 3 月，毛泽东被授予对处理日常事务的中央书记处会议所讨论的问题“有最后决定之权”。7 月，党的领导人王稼祥第一次正式使用毛泽东思想的概念。

当然，毛泽东思想的成熟并确立为党的指导思想，是具有强大的群众基础的。延安时期毛泽东在广大党员干部、群众心目中，威信大增，广大干部群众对毛泽东的敬爱之情是由衷的、热烈的。诗人陈学昭的诗生动地表达了广大党员干部、群众对毛泽东的爱戴之情：

共产党的英明领袖毛泽东，
中国革命的道理顶精通。
他理论联系实际宗宗好。
他政治军事样样通。
他文的武的都能行。
他实事求是好作风。
……
毛泽东同志——
我们的旗帜
是这样树起来的。

在 1943 年底，边区劳动英雄向毛主席的献词中更是表达了对毛泽东的无限赞美：“毛主席，你像一盏明灯发出亮来，在前面给我们指点着路，我们就永远跟你走。”并喊出了“毛主席万岁”口号。民间歌手则表达出人民群众对毛泽东的崇敬心情：“东方红，太阳升，中国出了个毛泽东，他为人民谋生存，他是人民大救星。”正因为毛泽东在党内具有如此人格魅力，所以讲党的思想理论用“毛泽东”命名，理所当然地被全党所接受。

把毛泽东思想确立为中国共产党的指导思想，也是同国民党进行斗争的需要。刘少奇是这样诠释“七大”确立毛泽东思想为党的指导思想：“（1）解放区分散，不能群龙无首；（2）为了反击蒋介石一个民族一个主义一个领袖的论调；（3）为了抵制第三国际教条主义指挥，根据实际情况，当时毛泽东同志水平最高，贡献最大，应该提毛泽东思想。”

中国共产党于1945年4月23日至6月在延安召开了第七次全国代表大会。毛泽东在大会上做了《论联合政府》的政治报告，他还把中国共产党在长期奋斗中形成的优良作风概括为三大作风，即“理论和实践相结合的作风，和人民群众紧密地联系在一起的作风以及自我批评的作风”。在党的“七大”通过的新党章总纲中确定：“毛泽东思想，作为我们党一切工作的指针。”中共七大旗帜鲜明地高举毛泽东思想的伟大旗帜，使我们党在中国化的马克思主义——毛泽东思想的旗帜下空前团结、统一和强大。

第二节　两个中国之命运的较量

1945年，正当中国人民的抗日战争即将取得胜利的时候，在赶走日本帝国主义之后，中国向何处去的问题，中国共产党和中国国民党，这两个足以影响中国前途命运的政党，围绕这一问题进行了激烈的斗争。

一、黑暗中国之命运

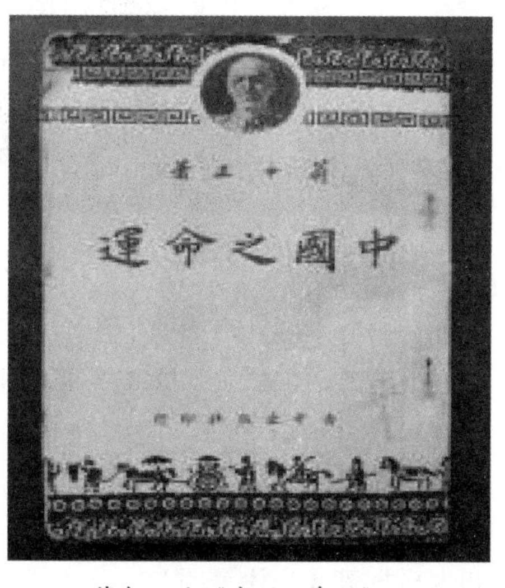

蒋介石的《中国之命运》

在整个抗日战争时期，国民党坚持实行内战独裁的政策，连续发动了三次反共高潮，制造多次摩擦。1943年3月，蒋介石公开发行了《中国之命运》的小册子，书中借宣扬中华民族的所谓“固有的德性”“中国人的思想、中国人的精神、中国人的情感、中国人的品性”，攻击中国共产党人信仰马克思主义，他说：“中国国民对于西洋的文化由拒绝而屈服，对于固有文化，由自大而自卑，屈服转为笃信，信其所至，自认为某一外国学说的忠实信徒；自卑转为自艾，极其所至，忍心侮蔑我们中国的固有文化遗产。”书中提出“中国从前的命运在外交……而今后的命运，则全在内政”，要在两年之中解决“内政统一”问题；着力渲染“一个主义”“一个党”，把三民主义说成是“国民革命不变之最高原则”“民族复兴唯一正确之路线”等，据此，其他党派应当放弃各自的主张；强调中国国民党是“领导革命建设国家的总机关”“永为中国唯一的革命政党”等，为国民党“一党独裁”进行粉饰。书中公开提出反对共产主义和自由主义，暗指中国共产党领导的武装力量和敌后抗日根据地是“新式封建与变相军阀”。

蒋介石把自己和自己领导的国民党说成是中国命运的决定者。《中国之命运》的发表，标志着蒋介石及其领导的中国国民党决心把内战独裁政策贯彻到底，把中国引向黑暗的前途。在1949年5月5日至21日召开的中国国民党第六次全国代表大会上，大会的中心议题就是决定继续坚持国民党“一党专政”的独裁统治和动员国民党全党力量，准备发动反共内战。大会通过了《对于中共问题之决议案》，强调当务之急在于团结本党，建立反共体系。由此观之，当中国人民的抗日战争即将胜利的时候，面对中国向何处去的问题，蒋介石和他领导的国民党决心把中国引向黑暗的前途。

中共七大代表步入会场

二、光明中国之命运

在蒋介石的《中国之命运》发行后，国民党的一些御用文人也在报刊发文，鼓吹“一个主义”“一个政党”，扬言要取消马克思主义，取消中国共产党。面对这种反共言论，中国共产党在《解放日报》等报刊上连续发表文章，反击蒋介石法西斯独裁统治的同时，积极准备召开中国共产党第七次全国代表大会，以系统地总结中国革命的经验，为彻底打败日本侵略者、实现光明的中国之命运做准备。

1945年4月23日，中共七大在延安杨家岭中央礼堂召开。出席会议的代表共有755人，其中正式代表547人，候补代表208人，代表全国121万名党员。代表分为中直（包括军直系统）、西北、晋绥、晋察冀、晋冀鲁豫、山东、华中和大后方等8个代表团。

在延安中央礼堂的主席台上悬挂着两面鲜艳的党旗和毛泽东、朱德的画像。在主席台的正上方，是巨大的手写体会标，横跨主席台的是一条引人注目的横幅：在毛泽东的旗帜下胜利前进！主席台两侧墙上边插着24面红旗，象征着中国共产党24年的奋斗历程。

在庄严的《国际歌》歌声中，大会秘书长任弼时宣布中国共产党第七次全国代表大会开幕，毛泽东致《两个中国之命运》的开幕词。他指出：我们的大会是在反法西斯战争最后胜利的前夜召开的。在中国人民面前摆着两条道路、两种命运：一个是独立、自由、民主、统一、富强的新中国；一个是半殖民地半封建的、分裂的、贫弱的旧中国。我们的任务就是为着打败日本侵略者，建设一个独立的、自由的、民主的、统一的、富强的新中国而奋斗。

会议期间，毛泽东做了《论联合政府》的政治报告，他指出：在人民面前有两个前途：光明的前途和黑暗的前途，党和全国人民的任务就是全力去争取光明的前途，打败日本侵略者，解放全国人民，建立一个新民主主义的中国。朱德做了《论解放区战场》的军事报告，刘少奇做了《关于修改党章的报告》。大会通过的新党章把以马克思列宁主义的理论与中国革命的实践相统一的思想——毛泽东思想作为党的一切工作的指针。在大会讨论过程中，周恩来做《论统一战线》的重要发言。

中共七大会场

大会至 6 月 21 日结束，完成了三个历史性任务：决定了党的路线，通过了新的党章，在充分发扬民主的基础上选举产生了以毛泽东为中心的新的中央委员会。

中共七大是中国共产党成立以来最盛大、最成功的一次代表大会，也是民主革命时期最后的和最重要的一次代表大会，它为中国共产党领导中国人民争取中国光明之命运奠定了政治上、思想上、组织上的基础。解放战争的胜利，证明了中共七大是把中国引向光明的中国的伟大的会议。

三、“以谈对谈”争取光明中国之命运

蒋介石早已是铁了心的要消灭中国共产党，打内战，搞独裁。但是，面对抗战胜利后全国人民要求和平、争取民主、反对内战的浪潮，面对舆论的压力，蒋介石不得不做出谈判的姿态，曾三次邀毛泽东去重庆谈判。为了尽可能挽救和平，毛泽东于 1945 年 8 月 24 日电复蒋介石：“随即赴渝。”8 月 28 日，毛泽东、周恩来、王若飞及其随行人员，在蒋介石的代表张治中和美国驻华大使赫尔利的陪同下，飞赴重庆与国民党进行了为期 43 天的谈判。

重庆谈判从 8 月 29 日开始，经过了普遍交换意见、针对实质问题进行谈判、达成协议三个阶段。分为毛泽东和蒋介石的直接交谈，周恩来、王若飞与张群、

王世杰、邵力子、张治中的磋商。

谈判前，双方已经确定了各自的基本态度。8 月 28 日下午，毛泽东在机场发表书面谈话指出："现在抗日战争已经胜利结束，中国即将进入和平建设时期，当前时机极为重要。目前最迫切者，为保证国内和平，实施民主政治，巩固国内团结。国内政治上军事上所存在的各项迫切问题，应在和平、民主、团结的基础上加以合理解决，以期实现全国之统一，建设独立、自由与富强的新中国。希望中国一切抗日政党及爱国志士团结起来，为实现上述任务而共同奋斗。本人对于蒋介石先生之邀请，表示谢意。"宣告了中国共产党代表全国人民的利益和愿望，谋求和平、民主、团结的诚意。

8 月 28 日，蒋介石制定了国民党谈判必须遵守的总体原则，即通过谈判对中共"政治与军事应整个解决，但对政治之要求予以极度之宽容，而对军事则严格之统一不稍迁就"。在 8 月 29 日蒋介石制定的国民党谈判三原则中，强调不能组织联合政府。由此可见，国民党在谈判中对"政治"既不宽容，对"军事"尤其"严格"，其方针是确定的。

谈判开始，国共双方主要围绕"政治民主化、军队国家化、党派平等合法化"等三个问题进行了激烈的争论，但争论的主要问题是解放区政权和军队问题。中共要求国民党政府承认解放区和解放区政权的合法性，国民党却坚持所谓军令、政令的"统一"，要求中共"放弃地盘"，取消解放区，因而谈判过程一波三折，斗争十分尖锐复杂。在谈判的过程中，国共双方的军事斗争始终没有停止。9 月 20 日，毛泽东收到延安方面通过西安隐蔽战线获得的蒋介石密令："目前与奸党谈判，乃系窥测其要求与目的，以拖延时间，缓和国际视线，俾国军抓紧时机，迅速收复沦陷区中心城市。待国军控制所有战略据点、交通线，将寇军完全受降后，再以有利之优越军事形势与奸党做具体谈判。如彼不能在军令政令统一原则下屈服，即以土匪清剿之。"10 月初，晋冀鲁豫军区主力部队及地方武装，在山西上党地区（今长治市境内）对国民党第二战区司令长官阎锡山所部进行反攻，歼灭国民党军队 3. 5 万人，促使"双十协定"的签订。

在重庆期间，毛泽东广泛接触民主人士，参加国际活动，接受各国记者采访，处处显示出一名政治家的睿智与气度。到达重庆的第三天，毛泽东亲往张澜府中拜访，当张澜对毛泽东讲到蒋介石在演鸿门宴时，毛泽东风趣地说："民主也成了蒋介石的时髦货！他要演民主的假戏，我们就来他一个假戏真演，让全国人民当观众，看出真假，分出是非，这场戏也就大有价值了！"随后，毛泽东又向张澜介绍了中共在此次和谈中提出的几项主张，张澜连声说："很公道，很公道！蒋介石要是良知未泯，就应采纳施行。看起来，这场戏倒是有看头。”

在重庆，毛泽东不但与各界民主人士把酒言欢，还主动接触国民党中各派大佬。毛泽东当时的秘书王炳南记得，起初大家都感到很意外：“像陈立夫、戴季陶这样的反共专家，我们平时都看作冤家对头，相顾眦裂，有什么好见的呢？”毛泽东则开导大家：“这些人是反共的。但是我到重庆来，还不是为跟反共头子蒋介石谈判吗？国民党现在是右派当权，要解决问题，光找左派不行，他们是赞成与我们合作的，但他们不掌权。解决问题还要找右派，不能放弃和右派的接触。”

毛泽东与陈立夫一见面，毛泽东就提起当年国民党背信弃义、残酷屠杀共产党人的往事。毛泽东说：“我们上山打游击，是国民党剿共逼出来的，是逼上梁山。就像孙悟空大闹天宫，玉皇大帝封他为弼马温，孙悟空不服气，自己鉴定是齐天大圣。可是，你们却连弼马温也不给我们做，我们只好扛枪上山了。”毛泽东谈笑间蕴藏机锋，搞得陈立夫异常尴尬，连声表示要对这次国共和谈“尽心效力”。

毛泽东在重庆与各界人士的交往，留下了很多佳话，其中影响最大的还要数《沁园春·雪》的发表。重庆期间，毛泽东与南社名宿柳亚子交往中，屡有诗词应酬。1945 年 10 月 7 日，毛泽东手书旧作《沁园春·雪》一词，赠给了柳亚子先生。11 月 4 日，重庆《新民报》刊出传抄件，《新华日报》发表了柳亚子先生的唱和之作，其他报纸竞相转载，不久《沁园春·雪》就在重庆传开了。

重庆谈判的结果是国共双方达成《政府与中共代表会谈纪要》（即“双十协定”），国民党政府接受了中共和平建国的方针，给中国人民带来了和平、民主、团结的希望和曙光。

第三节　统一战线工作的范例——横山起义

1946 年 10 月，在毛泽东的亲自部署和习仲勋的策划指挥下，国民党陕北保安部副指挥官胡景铎将军率领 5000 名国民党军队官兵弃暗投明，史称“横山起义”，它使延安中共中央本部在胡宗南大举进攻时有了撤出危险区、回旋到安全区的地域和路径；也是习仲勋统战工作完美成功的典型范例。

一、毛泽东召见习仲勋亲自部署

抗日战争胜利后，国民党反动派加快了反共反人民的步伐，国内形势迅速恶化，陕甘宁边区四周的气氛也显得异常紧张。它的南面是蒋介石的嫡系——胡宗南的20万大军；西面是马鸿逵的两个骑兵师；北面是国民党第十二战区晋陕绥边区总部及其所属的二十二军和保九团；东临滔滔黄河，与晋绥解放区隔岸相望。陕甘宁边区完全处于国民党军队的包围之中。而陕甘宁边区只有两万多军队，敌我力量对比相当悬殊，形势非常严峻。

以毛泽东为首的中共中央确定了“针锋相对，寸土必争”的政治方针，要求各个解放区积极备战，同时采取措施，开展统战，瓦解国民党军队，坚决粉碎蒋介石的阴谋。

这时，习仲勋刚从中央组织部调到中共中央西北局任书记兼陕甘宁晋绥联军政委。他明白自己所肩负的神圣使命，那就是保卫党中央。因而一接到党中央的指示，他便开始研究敌情，制定政策。

4月，毛泽东特别召见习仲勋，听取习仲勋对陕甘宁边区备战情况，尤其是对边区北线方面的看法和设想。习仲勋是陕甘边、陕北和西北革命根据地的重要创建人之一，对陕甘宁根据地及其周边情况了如指掌。习仲勋分析了延安四面的形势，对主席讲了自己的想法：北线应以开展统战工作为主，军事配合为辅，策反国民党军，争取全部起义从共，或部分起义。

习仲勋的想法与毛主席的设想不谋而合。在习仲勋做了汇报后，毛泽东指示说：现在胡宗南顾不上采取大的行动进犯边区，你们要抓住这个时机，集中精力，组织北线战役，策动横山起义，解放榆横地区，使我们获得较大的回旋余地，以便对付胡宗南的进攻。

习仲勋按毛主席赋予的这一艰巨任务，主动积极采取统战措施，寻找国民党军的薄弱环节突破，瓦解国民党军内部，采取不战而统敌之兵，策划北线国民党军起义。

胡景铎

二、习仲勋周密策划

习仲勋根据中央和毛泽东的指示，主持召开西北局统战部工作会议，安排布置北线的统战工作，首先把陕北保安指挥部副指挥官胡景铎作为策动起义的对象。习仲勋之所以这样做，是因为当时国民党在榆林驻军中的胡景通、胡景铎同为著名爱国将领、旧民主主义革命知名人士胡景翼的胞弟，胡希仲则是胡景翼之子。此时，胡景通任国民党第二十二军副军长兼陕北保安指挥部指挥官，胡景铎为副指挥官，胡希仲任晋陕绥司令部参议。胡希仲、胡景铎受其父兄爱国主义思想影响较深，从小就追求进步，向往革命。虽身在国民党军中，但早有投奔革命阵营之意；且他们都是习仲勋在立诚学校时的同学，交情颇深，虽然身处不同阵营，但一直保持着长期的秘密统战关系。

习仲勋在利用自己同胡景铎的关系，做统战工作外，还特意将与胡景铎为同乡同学关系的师源由关中分区调到绥德地委任统战部副部长，专门从事对胡部的统战工作，专做与国民党陕北保安指挥部副指挥胡景铎的联络和统战工作。师源到绥德后，以国民革命军第十八集团军参谋身份，借谈判边界纠纷问题，公开去榆林，从国民党第二十二军副军长兼陕北保安指挥部指挥胡景通处得知胡景铎的横山驻防地。师源离榆返绥德后又选派武启政携带书信去横山波罗堡与胡景铎联系。拉通关系后，师源秘密去波罗堡会见胡景铎，从中了解到胡景铎的态度和要求，并向习仲勋做了汇报。

为了加快工作，根据胡景铎的请求，由习仲勋介绍，中共中央特别批准胡景铎加入中国共产党（无候补期）。胡景铎遵照党的指示，积极发展进步力量，防范顽固分子。他举办训练班对思想进步的士兵进行民主和反内战教育，秘密发展党员。同时，习仲勋指示由延属分区和绥德分区抽调 30 余名党政军干部，进入驻波罗堡、石湾等地的国民党陕北保安团队，由该部党组织以合法身份安排到不同岗位，秘密进行组织宣传工作，从而使胡景铎率部举行反内战武装起义有了可靠的政治保证和组织基础。

7 月 1 日，西北局常委扩大会议决定及时组织横山起义，并派西北局统战部处长范明去绥德进行起义准备工作。范明带着习仲勋写给胡景铎的密信，到横山县波罗堡国民党陕北保安指挥部面见胡景铎，向胡景铎传达了中共中央和西北局同意其起义的决定，一起商定了起义计划和行动方案。范明返回延安后，习仲勋仔细审查了起义行动方案并一起到枣园，向毛泽东做了汇报。毛泽东指示习仲勋、王世泰说："这个起义可以搞了。"他要求联防军集中六个团的兵力于北线，做好接应胡景铎起义的准备，解放无定河以南的大片土地。

三、胡景铎高举义旗

在经过充分的准备后，10 月 12 日晚，胡景铎按照预定计划在横山县波罗堡发动起义，指挥部队控制全城，把妨碍起义的顽固分子全部软禁起来，逮捕堡内所有反动地方头目。13 日，胡景铎率国民党军第二十二军八十六师、新编第十一旅及榆林保安指挥部、保安第九团全体官兵 5000 人通电全国，宣布"退出内战”。14 日，中共中央、西北局发来贺电祝贺横山起义成功。10 月下旬，胡景铎率起义部队集结武镇进行整编，受到当地政府和人民群众的热情接待和慰问。11 月 4 日，起义部队改编为西北民主联军骑兵第六师，胡景铎为师长，李振华、姚绍文为正、副参谋长，范明、师源为政治部正、副主任。在庆祝西北民主联军骑兵第六师成立大会上，贾拓夫代表中共中央西北局、边区政府、边区参议会及各群众团体到会祝贺，祝贺榆横人民获得新生。胡景铎发表《反对蒋介石、胡宗南卖国、内战、消灭异己，拥护邓宝珊将军为和平建国奋斗》的通电，宣布率部退出反革命内战，加入保卫陕甘宁边区的战斗行列。

12 月 17 日，胡景铎奉命率骑六师 2100 余名官兵开赴延安，22 日下午到达，受到西北局、边区政府、陕甘宁晋绥联防军司令部及延安市党政军民代表的列队欢迎。西北局、边区政府、联司设宴招待胡景铎将军。毛泽东、刘少奇、周恩来、朱德、彭德怀、习仲勋、王世泰等领导人接见了骑六师的干部。毛泽东拉着胡景铎的手寓意深长地说：“你们的行动给西北的旧军队指出了一条光明大道。”还用两只船做比喻说：“美蒋那只船现在虽然大些，但是一只破船，一遇风浪就会沉没。我们这只船现在虽然小些，但是崭新的，能够乘风破浪，胜利前进。”

已在延安的辛亥革命老人续范亭听到横山起义的消息后，还特为胡景铎赋诗祝贺：“关中豪杰胡景铎，意志如钢最坚决。革命诚无愧乃兄，义旗高揭横山缺。”

横山起义，先后有驻横山的国民党军 5000 多人起义，有 2100 余人编入陕甘宁晋绥联防军序列，壮大了解放军的武装力量，国民党军损失近 7000 人；解放了榆横 12 万人口近 5000 平方公里土地，大面积扩展了解放区根据地，拔除了插入陕甘宁边区北部的楔子，大大减弱了北线国民党军对边区的严重威胁，动摇了国民党的军心，对西北解放战场的胜利和促进全国解放战争的进程，起了积极的作用。

知识链接

毛泽东给习仲勋的九封信 1946 年初夏，《双十协定》签署不久，国民党军以 30 万重兵首先对中原解放区发起大规模进攻。毛泽东密切关注事态发展，就接应中原突围后的王震部安全返回边区及打击胡宗南部对边区的进犯等重要问题，在王家坪住地约谈习仲勋，当面征询他的意见，又在不到两个月时间里，接连给习仲勋亲笔写了九封信。7 月 26 日，毛泽东致信习仲勋，“请考虑派一二个大员去帮助李、王两部，如汪锋及其他适当之人”。8 月 10 日一天之内，毛泽东两次致信习仲勋。第一封信指出："请考虑派出几支游击队（武工队性质），策应李先念、王震创造游击根据地，以利将来之发展。"紧接着又在第二封信中提出："十七军八十四师开陕南佛坪堵击我王震部。八十四师内是否有同志及同情者，情况如何，请查明见告为盼！"8月19日，毛泽东致信习仲勋，要求"准备三个强的团""即速出动于边境附近，待命策应为要"。22日夜，毛泽东提笔致信习仲勋，询问长武、彬县、平凉、隆德、静宁、正宁、宁县、西峰、镇原、固原等地敌军兵力及布防情况。23日，习仲勋将南线出击及敌军布防情况电告毛泽东。毛泽东当日复函习仲勋，表示"来示悉，布置甚好，已告王震"。29日，359旅在长武、泾川间越过西兰公路，渡过泾河，在镇原屯子镇与警三旅胜利会合。当日，毛泽东难掩喜悦之情，再次致信习仲勋，指示："王震部主力已到边边（注：即陕甘宁边区的边沿地区），即在陇东休整，请令陇东党政军予以欢迎及帮助。"9月1日，毛泽东致信习仲勋："胡宗南似有向陇东进攻之计划，我们如何应付，请加筹划，并见告。"2日，在收到习仲勋关于敌我形势和作战方案的报告后，毛泽东再次致信习仲勋："来信收到。即照所定方针去做。作战时，注意集中绝对优势兵力歼敌一部，如来信所说，集中六至七个团，歼敌一个团。"习仲勋在回忆毛泽东九封来信的往事时，深有感触地说："毛主席把我叫去，问我路怎么走，从哪里过渭河，并要我派人接应。这期间，主席不几天就来一封信，有时隔一天一封，一个多月的时间，就写了九封信。"

第四节　保卫延安的战斗

蒋介石一贯善于耍阴谋，重庆谈判同样也是蒋介石的一个政治阴谋。由于蒋介石要打内战的方针早已确定，在美帝国主义支持下，于重庆谈判后不久便撕毁了《双十协定》，国民党军于1946年6月向中原解放区大举进犯，发动了全国规模的反革命内战。国民党军对解放区的全面军事进攻失败后，从1947年3月开始，集中94个旅的兵力，重点进攻解放区的东西两翼——山东解放区和陕北解放区。国民党军重点进攻陕北解放区，是妄图"首先解决西北问题，割断我党右臂，并且驱逐我党中央和人民解放军总部出西北，然后调动兵力进攻华北，达到其各个击破之目的"。

一、留给敌人一座空城

1947年2月下旬，蒋介石亲自飞抵西安，部署进攻延安，决定以胡宗南部

15 个旅由宜川、洛川一线向北担任主攻，另以五个旅随后跟进；以马鸿逵、马步芳部三个整编师向东，榆林邓宝珊部一个军向南，以资配合。全部兵力 34 个旅，约 25 万人。此外，国民党还调集 94 架飞机，对延安及其附近地区进行战略轰炸。

面对严峻的形势，1947 年 3 月初，中央书记处召开会议研究击破国民党军重点进攻的问题。毛泽东亲自制定了外线配合内线作战，保卫延安的计划。同时决定，必要时主动放弃延安。3 月 6 日，毛泽东一面向各解放区通报陕北军情，一面急调外线部队靠近陕甘宁边区，电令王震率两个旅由晋绥西渡黄河，同时调守卫边区南线的新四旅、三五八旅从淳化、合水一线回延安。3 月 8 日，延安万人举行“保卫边区，保卫毛主席，粉碎卖国贼蒋介石的进攻动员大会”，朱德、彭德怀、周恩来到会讲话。朱德号召边区军民“抛弃和平观念，切实坚壁清野，民兵积极配合主力歼灭敌人”。周恩来在讲话中指出：“不打垮蒋胡军的进攻，就没有真正的和平”“我们这里有毛主席、朱总司令的直接领导，一定能够打胜仗”。大会向全国各界同胞及海外侨胞发出通电，呼吁全国同胞更加紧密地团结起来，为建立一个独立和平的新中国而奋斗。

蒋介石行色匆匆到延安

3 月 10 日，胡宗南在洛川城召集旅长以上将领开会，部署进攻延安的计划。参加会议的中共地下党员、胡宗南的机要秘书熊向晖及时将这一军事部署报告了中共中央，并告中央：在胡宗南军发动进攻之前，国民党将调集近百架飞机轰炸延安等地，同时监视黄河各渡口，观察其他解放区人民武装驰援陕北的情况。3 月 11 日下午 4 时，一架国民党飞机窜入延安上空，低飞三圈后，投弹轰炸人民解放军总部。3 月 13 日拂晓，董钊和刘戡率领的两个兵团分别从宜川、洛川出发，向延安攻击前进。上午 8 时半至晚上 8 时半，25 架国民党飞机轮番轰炸延安，14 日和 15 日又连续轰炸两天，并轰炸了金盆湾、甘泉、安塞、瓦窑堡、清涧等地。胡宗南坐镇洛川，要求“三天占领延安”，彻底解决西北问题。

面对国民党军的疯狂进攻，陕甘宁野战集团军部署在南线的少数部队英勇阻击。战斗激烈时，中共中央军委副主席兼总参谋长彭德怀，中共中央西北局书记、陕甘宁野战集团军政治委员习仲勋亲自到富县、金盆湾前线视察，指挥作战，要求前线将士胜利完成一星期的阻击任务，以便中央机关和延安人民有比较充裕的时间进行转移。为了更好地组织解放区的部队与国民党军队作战，中共中央军委主席毛泽东于 3 月 16 日发布命令，将陕甘宁边区所有野战集团军编组成西北野战兵团，由中央军委副主席兼总参谋长彭德怀任司令员兼政治委员，中共西北局书记习仲勋任副政治委员，统一指挥。3 月 18 日晚，在国民党军进攻延安清晰可闻的枪炮声中，毛泽东、周恩来依依不舍地告别了居住了十年的延安，开始了转战陕北的伟大历程。临行前，毛泽东对前来送行的西北野战兵团的领导说，一定要让部队把房子、院子都打扫干净，并说："我军打仗，不在一城一地的得失，而在于消灭敌人的有生力量。存人失地，人地皆存；存地失人，人地皆失""我们要以一个延安换取全中国"。

在彭德怀、习仲勋的指挥下，陕甘宁野战集团军经过 6 昼夜的节节抗击，歼敌 5220 人，挫败了胡宗南"三天内占领延安"的狂妄计划，完成了掩护中共中央和延安各机关、学校及广大群众安全转移的任务，3 月 19 日主动撤离延安。当天，国民党军进占延安，"占领"了一座空城。

二、三战三捷

党中央撤离延安，交给胡宗南的是一座空城。然而，双方真正的较量才刚刚开始。

在彭德怀、习仲勋指挥下，西北野战军认真贯彻执行毛泽东为陕北战场制定的作战方针，采用"蘑菇战术"对付敌人，利用陕北的有利地形和广泛的群众基础，把胡宗南军队拖在陕北，使其往返奔波，疲于奔命，补给困难、士气低落，然后寻找战机逐步消灭其主力。在为期一年多保卫陕北解放区的作战中，西北野战军共与敌人进行了 16 次重要作战，逐步消灭了胡宗南集团的有生力量，经过内线防御、内线反攻再到外线反攻，西北野战军由弱变强，由被动到主动，最后终于取得了胜利。其中，1947 年 3 月到 5 月间组织的青化砭、羊马河、蟠龙战役三次歼灭战，堪称经典战例。

国民党军侵占延安后，急于找我主力决战。中国人民解放军西北野战兵团以小部兵力将国民党军主力诱向延安西北之安塞方向，而将主力集结在延安东北之青化砭以南设伏。1947 年 3 月 25 日，国民党军担任侧翼掩护的第三十一旅旅部及一个团进入我伏击圈内，解放军发起攻击，经一个多小时的战斗，全歼敌军 2900 余人，俘敌少将旅长李纪云。

西北野战军战士搭人梯攻上蟠龙镇城墙

青化砭战役后，敌始知我军主力在延安东北地区，便由安塞调头东进，寻找我军决战。1947年4月12日，敌9个旅向青化砭、蟠龙西北方向进犯，并令整编七十六师一三五旅由瓦窑堡南下配合。我军决定采取诱敌主力于西，歼敌一三五旅于东的作战方针，以三五八旅、独一旅一部于夏家沟、史家崖底、云山寺、元子沟一线，阻击诱惑敌人。13日，敌主力继续西进，我军节节抗击，以便给敌造成错觉。14日，敌一三五旅由瓦窑堡南下，我军三五九旅、新四旅、教导旅等部按预定部署，将敌分割包围在羊马河以北李家哨、三郎岔附近高地。经过8小时战斗，敌一三五旅4700余人全部被歼，少将代旅长麦宗禹被俘。羊马河战斗后，西北野战军为使敌人达到十分疲劳和十分缺粮的状态，然后寻机逐个歼灭，决定袭击胡宗南部在陕北的重要补给站蟠龙镇。

羊马河战役后，敌军急于寻找我军主力决战，屡遭扑空，于1947年4月20日窜回蟠龙、永坪补给。5月2日，我军向蟠龙守敌发起攻击，5月4日，我军攻占蟠龙，全歼守敌整编第一师一六七旅及地方民团6700余人，并缴获大批军用物资和粮食。5月11日，西北野战军收复金盆湾，歼灭国民党陕西省自卫总队第二纵队的大部，俘中将总队副司令兼第二纵队司令李侠。

青化砭、羊马河、蟠龙战役后，教导旅派来文工队慰问前线战士

这样，在中共中央撤离延安后的45天时间里，西北野战军在青化砭、羊马河、蟠龙镇三战三捷，消灭国民党胡宗南部1. 4万人，从而稳定了西北战局，增强了边区军民的胜利信心。

三、攻守易势的沙家店战役

西北野战军指挥员在沙家店战役中侦察阵地情况

西北野战军三战三捷后，5 月中旬，边区军民 5 万余人在安塞县真武洞举行祝捷大会，周恩来代表中共中央到会祝贺，公开宣布中共中央和毛泽东还在陕北的消息，鼓舞了全国人民的革命斗志。5 月 21 日至 7 月 7 日，西北野战军进行了陇东战役，歼敌 4000 余人。8 月 6 日至 11 日，为调动胡宗南主力继续北上，配合陈赓、谢富治兵团在晋南强渡黄河挺进豫西，西北野战军又对榆林发动围攻，全歼其外围防守部队 5200 余人。接着，西北野战军主动撤围，转移到米脂县东北的沙家店地区，准备围歼国民党援军。8 月 21 日，胡宗南部整编第三十六师主力 6000 余人自榆林南下追击解放军，进入伏击圈后全部被歼，少将旅长刘子奇被俘。沙家店战役扭转了西北战局，标志着西北人民解放军已粉碎国民党军对陕北解放区的重点进攻，由内线防御转入内线反攻。

四、围点打援的宜瓦战役

西北野战军攻打宜川城

在遭到一连串失败后，加之蒋介石从陕西抽调 3 个整编师前往豫西救援中原战场，胡宗南兵力减少，不敢再对陕北做深入进攻，遂将其主力部署于延安以南的洛川、黄陵、宜君地区，企图确保延安并阻止解放军南进。根据全国战局和西北战场形势的发展，中共中央和毛泽东指示西北野战军转入外线作战，配合陈谢兵团打击胡宗南，向南发展，威胁西安，策应中原解放军作战，于 1948 年春发动了宜瓦战役。

2 月 20 日，彭德怀发布作战命令。24

日，西北野战军第三、六纵队各一部围攻宜川县城。宜川守敌被围后惊慌失措，请求救援。胡宗南一面严令坚守宜川城，一面急电刘戡率整编第二十九军火速东进援宜。26日，刘戡率整编第二十七、第九十两个师兵力从洛川经由瓦子街东进。西北野战军第一、二、四纵和第三、六纵各一部立即按预定作战方案迅速向瓦子街以东洛（川）、宜（川）公路两侧急进，隐蔽设伏，待机打援。29日凌晨，整编第二十九军通过瓦子街后，西北野战军参战各纵队立即对敌断头截尾，分割包围，并同时从公路两侧向被围之敌发起猛烈进攻。3月1日拂晓，彭德怀下达总攻命令。战至下午4时，公路两侧敌军阵地全部被占领，压入沟底的敌人混乱不堪，纷纷缴械投降。下午5时，战斗结束，胡宗南部整编第二十九军全军覆没，中将军长刘戡自杀身亡。3月2日，西北野战军攻城部队又对宜川守敌发起总攻。战至3日8时，全歼守敌整编第二十四旅5000余人。

宜瓦战役是西北野战军转入外线作战取得的第一个重大胜利，开始改变了西北战场的形势；同时，打开了人民解放军向关中进军的门户。

五、进兵关中　调虎离山

自宜瓦战役后，国民党军集中重兵控制洛川，继续对延安的占领。国民党军后方的西府14县兵力空虚，宝鸡又是胡宗南的兵站基地。鉴于这种情况，西北野战军司令员制定了一个调虎离山、收复延安的作战方案：西北野战军三纵队围攻洛川；二、四纵队为左路兵团，切断西安至宝鸡的交通，主力迅速向宝鸡进攻；第一纵队为中路兵团，协同第二纵队夺取宝鸡；第六纵队为右路兵团，切断西安至兰州的公路，监视并抗击马步芳部随时可能的来援。1948年4月16日，西北野战军三路大军同时开拔，揭开了西府战役的序幕。

西府战役打响仅一天，中路兵团和右路兵团迅速攻占旬邑、职田等地，肃清淳化至长武间泾河北岸敌军的全部据点，并乘胜强渡泾河。胡宗南闻讯，急调防守西安的青年军二〇三师到永寿堵击。18日，常宁一战，二〇三师的两个团全军覆没。左路兵团同时占领永寿县城，首先切断了西兰公路。从19日到22日，右路兵团攻克长武、灵台；中路兵团夺取彬县、麟游；左路兵团进攻乾县、礼泉、武功间，攻克扶风，占领绛帐、锣鼓村两车站，截断了西安至宝鸡的铁路交通。至此，胡宗南、马步芳两军已被东西分割。4月25日夜，第一、第二纵队向宝鸡发起进攻，激战至26日，市内各处据守的敌军均被肃清，敌整编七十六师师长徐保毙命。

胡宗南闻知宝鸡失守，急调裴昌会兵团及马步芳军两部十几个旅，东西对进，夹击西北野战军。4月28日，西北野战军在破坏了无法运走的缴获物资后，撤出宝鸡，挥师北上。一路上经过几次苦战，打退胡宗南、马步芳军的追击和阻击，转战陇东、西府，于5月12日撤回马栏地区，粉碎了胡宗南围歼西北野战军的企图。

六、收复延安

西府战役进行时，胡宗南为了防守西安，确保他在西安的统治，命令延安、洛川守军准备回撤关中，以缩短防线。困守延安孤城的国民党军第十七师师长何文鼎早想溜之大吉，在接到撤离的电令后如获至宝，于4月21日拂晓率部弃城南逃。

西北野战军收复延安

何文鼎部刚一逃出延安城，在延安城外活动的陕甘宁晋绥联防军区延属军分区干部刘秉温等即带领高善祥游击队进入延安城内，被国民党军队占领一年一个月零三天的革命圣地延安胜利光复，验证了毛泽东关于“敌占延安，少则一年，顶多二年”的预言，极大地鼓舞了解放区军民夺取全国胜利的信心。

4月23日，延属分区的党、政、军领导机关从瓦窑堡返回延安。当晚，中共延属地委召开常委会议，决定戒严三天，划分地段，由分区保安处、市公安局等单位负责，组织力量清除市内和近郊的地雷，以保障人民生命财产安全；成立物资接收委员会，负责统一接收处理国民党军队逃跑时遗弃的一切物资。会议还对保护工商业、处理敌特人员等做出了一些具体规定。同时，延属分区行政督察专员公署和延安市民主政府联合发布《安民布告》，向延安人民表示亲切的慰问。4月24日，中共中央致电彭德怀、贺龙、林伯渠、习仲勋和西北野战军全体指战员，祝贺延安光复，特向

延安群众庆贺解放军收复延安

西北野战军和陕甘宁边区全体人民表示慰问。

5月4日，延安万人集会，隆重庆祝延安光复，中共中央西北局副书记马明方、陕甘宁晋绥联防军区副司令员王维舟等到会讲话。大会号召边区军民继续发扬创业精神，发展生产，恢复建设，迅速医治战争创伤，力争各项事业在一两年内恢复到战前水平。大会还分别向中共中央主席毛泽东和西北野战军发出致敬电。

知识链接

中共中央在陕北 1935年9月27日，中共中央政治局在甘肃通渭县榜罗镇召开常委会议，决定把中共中央的落脚点放在陕北。10月17日，中共中央和陕甘支队从陕西定边的五股掌、铁角城分两路进入西北根据地；19日，到达陕北赤安县（苏维埃县治，原属保安县）吴起镇；30日，离开吴起镇，向甘泉县下寺湾前进；11月2日，到达下寺湾，3日，中共中央政治局在下寺湾召开会议，决定张闻天、秦邦宪等率领中共中央机关前往安定（今子长县）瓦窑堡；10日，中共中央机关到达瓦窑堡，中华苏维埃共和国临时中央政府西北办事处在瓦窑堡成立。12月3日，毛泽东、周恩来到达瓦窑堡。1936年6月21日，国民党军高双城部袭击瓦窑堡，毛泽东、周恩来、张闻天率中共中央党政军领导机关安全撤出，西移保安县；7月3日，中共中央机关移驻志丹县城（为纪念刘志丹，中共中央在1936年6月将保安县改为志丹县）。1937年1月10日，中共中央机关离开志丹县城迁驻延安。13日，毛泽东等中央领导进驻延安凤凰山下。1947年3月18日，中共中央撤离延安，开始转战陕北。1948年3月23日，毛泽东、周恩来、任弼时率中共中央机关、人民解放军总部从陕北吴堡县川口渡口东渡黄河，进入山西临县，到达晋绥解放区，再前往河北平山西柏坡。

第五节 以一个延安换取全中国

从中共中央主动撤离延安到西北人民解放军转入外线作战，中央前委和人民解放军总部机关在陕北转战了一年零五天。这是西北战场最严峻、最艰苦和最困难的一个时期。在强敌压境的形势下，毛泽东、周恩来、任弼时等率领中央前敌委员会等机关（其番号先后为“三支队”“九支队”和“亚洲”部等）始终转战在陕北的崇山峻岭间，仅以四个半连的警卫部队与胡宗南的20万大军相周旋，始终在胡军的间隙中穿插迂回，牵着他们的鼻子走，一次次挫败其合围的企图，反而使胡军屡遭沉重打击，创造了中外战争史上的奇迹。在此期间，他们先后在延安、延川、清涧、子长、子洲、靖边、安塞、横山、绥德、米脂、佳县、吴堡12县的37个村镇工作和居住，行程1000多公里，和陕北人民生活战斗在一起，运筹帷幄，做出了许多攸关中国前途命运的重大决策，实现了以一个延安换取全中国的伟大目标。

一、正确的战略战术

1947年3月25日，毛泽东与朱德、刘少奇、周恩来、任弼时等在子长县王家坪会合，毛泽东从任弼时那里听到了山西文水县年仅15岁的女共产党员刘胡兰英勇就义的事迹，深受感动，当即挥笔写下了“生的伟大，死的光荣”八个大字，极大地鼓舞了全国人民坚决推翻国民党反动统治的斗志。3月29日，中央在陕北清涧县枣林沟召开会议，讨论中央机关行动问题。会议决定：毛泽东、周恩来、任弼时留在陕北，主持中共中央和人民解放军总部的工作。刘少奇、朱德、董必武等组成中央工作委员会，前往河北平山，担负中央委托的工作。随后，4月11日，又决定由叶剑英、杨尚昆等率领中央机关大部分工作人员到山西临县，组成中央后方工作委员会，统筹后方工作。

枣林沟会议后，留在陕北的中央机关、解放军总部工作人员以及警卫部队共800人组成四个大队，统归“直属司令部”（代号“九支队”）指挥，由任弼时为司令，化名史林，陆定一任政委，化名郑位。为了保密和安全起见，毛泽东、周恩来也分别用李德胜、胡必成的化名，表示解放战争必胜，中国革命必成。4月12日至6月8日，党中央在陕北安塞县王家湾停留56天，一个新的全国战略部署在这里酝酿形成。在此期间，毛泽东接连致电前方各战场高级将领，部署各路大军的作战行动，要求各解放区在内线大量歼灭敌人的有生力量，粉碎国民党军对陕北和山东的重点进攻，并准备转入战略反攻，将战场引向国民党统治区，从根本上动摇国民党蒋介石的反动统治。

毛泽东于4月15日发出《关于西北战场的作战方针》，提出著名的“蘑菇战术”，将敌磨得精疲力竭，然后消灭之。

遵照毛泽东和党中央正确的战略部署，5月中旬，华东野战军在山东孟良崮地区一举歼灭国民党军五大主力之一的整编七十四师3万余人。5月21日至7月7日，西北野战军进行了陇东战役，歼敌4000余人。6月30日夜，刘邓大军12万余人，突破黄河天险，发起鲁西南战役，揭开了人民解放军战略大反攻的序幕。

二、战略进攻的伟大决策

6 月 16 日，党中央由靖边县天赐湾转移到靖边县小河村，在这里停留了 45 天，为讨论第二年作战的基本方针，部署各地区在战略进攻中的协同配合问题，7 月 21 日至 23 日，在小河村农家院子里临时搭的凉棚下，毛泽东主持召开了中共中央扩大会议（又称“小河会议”）。出席会议的有毛泽东、周恩来、任弼时、陆定一、杨尚昆、彭德怀、习仲勋、马明方、贾拓夫、张宗逊、王震、贺龙、张经武、陈赓，以及胡乔木、王铮等。会议主要讨论了战争形势、人民解放军的战略部署和各个战场的作战配合等问题。

周恩来在会上发言，总结了人民解放军在战争第一年（1946 年 7 月至 1947 年 6 月）取得的歼敌 112 万的伟大战绩，分析了敌我双方军事实力的消长趋势。他指出，敌军在建制、人员、武器等方面，都损失了约三分之一，战斗力已大大削弱，这就为我们争取战争的最后胜利奠定了基础。毛泽东在会议发言中，根据战争第一年的作战情况。首次提出对蒋介石的斗争计划用 5 年（从 1946 年 7 月算起）时间来解决的设想，但不对外宣布，还是准备长期作战，5 年到 10 年甚至 15 年，不像蒋介石那样，先说几个月消灭我们，不能实现又说再过几个月，到了现在又说战争才开始。关于统一战线，毛泽东说，蒋介石在政治上更加孤立了。日本投降后的和平谈判是必要的，全部问题政治解决的目的虽然没有达到，但是教育了群众。关于土地改革，毛泽东提出，由于战争的迅猛发展，农民群众对土地有进一步要求，需要制订比《五四指示》更进一步的土地政策。他还强调：“三三制”不变，但解释是共产党员、进步分子、中间分子各三分之一，而不包括反动地主。

会议确定晋冀鲁豫野战军太岳纵队渡黄河南下，出击豫西，协助刘、邓大军经略中原，从战略上配合陕北战场。会议决定组成由彭德怀、习仲勋、王震、张宗逊、徐立清、刘景范、张德生组成西北野战兵团前委，彭德怀为书记，以讨论政策与执行战略任务；由陕甘宁晋绥联防军司令员贺龙统一领导这两个解放区的地方工作，使晋绥解放区进一步成为陕北的后方基地。

小河会议是解放战争处于转折关头的一次重要会议，为形成“中央突破，两翼牵制，三军挺进，互为犄角”的战略进攻态势创造了有利条件。对于解放军由战略防御转入战略进攻，迅速将战争引向国民党统治区，有着重要战略意义。

三、夺取全国胜利的纲领

10 月 10 日，在陕北佳县神泉堡，毛泽东为中国人民解放军总部起草的《中国人民解放军宣言》，宣布了中国人民解放军的八项基本政策。这个宣言第一次提出“中国人民解放军”全称，第一次以宣言的形式郑重向国内外宣布“打倒蒋介石，解放全中国”的口号。

10 月 18 日，毛泽东从神泉堡来到佳县县委视察工作，在县委书记张俊贤的提议下，亲笔为中共佳县县委题词：“站在最大多数劳动人民的一面”。

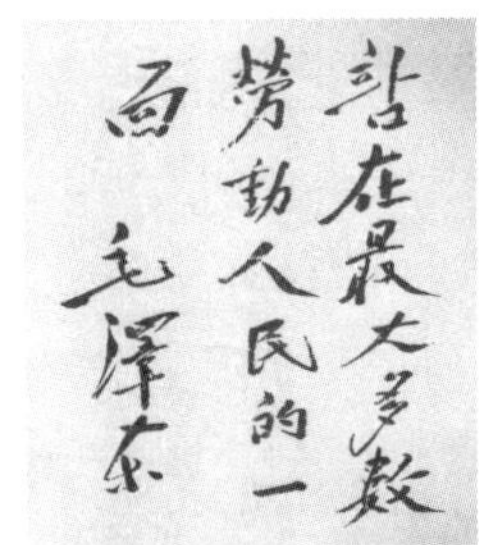

毛泽东为佳县县委题词

11 月 22 日，党中央移住陕北米脂县杨家沟，至次年 3 月 21 日。为了全面制定党的行动纲领，准备夺取全国胜利，12 月 25 日至 28 日，毛泽东在杨家沟主持召开中共中央扩大会议，这就是历史上著名的“十二月会议”。毛泽东在会上做了《目前形势和我们的任务》的书面报告，深刻地分析了人民解放战争的形势，对于中共目前阶段所要解决的军事问题、政治问题、经济问题，以及党组织整顿问题，都做了明确说明；是整个打倒蒋介石反动统治集团、建立新民主主义中国的时期内，在政治、军事、经济各方面带纲领性的文件。

十二月会议旧址

对于十二月会议的重大意义，毛泽东做过这样的评价：这次会议是一次很成功的会；20 年来未解决的革命力量在斗争中的优势问题，今天解决了，局面开展，胜利可期；在胜利发展的形势下，我们的工作虽然还有严重的缺点，困难还很多，但都是可以解决的。这次会议所制定的政治、经济纲领，比《新民主主义论》和《论联合政府》中提出的纲领有了进一步的发展。

十二月会议后，毛泽东和党中央分析了西北野战军顺利转入外线作战的新形势，为了更好地指导全国解放战争，创建新中国，中共中央决定东渡黄河，进驻华北。在 3 月 21 日离开杨家沟后，毛泽东、周恩来、任弼时等在绥德县吉镇、佳县刘家坪各住一夜。23 日中午，到达吴堡县川口村，在村南园则塔渡口登上渡船，前往华北解放区。当毛泽东下船站在黄河东岸时，毛泽东面向河西而立，深情地凝望着他生活战斗了 13 个春秋的陕北高原，动情地说："黄河真是一个大天险啊！如果不是黄河，我们在延安就住不了那么长时间，日本军队打过来，我们可能又到什么地方打游击去了。过去，黄河没有很好地得到利用，今后应该利用黄河灌溉、发电、航运，让黄河为人民造福。"显然，面对红色中国的曙光，毛泽东在离开陕北之际，已经开始思考未来新中国的建设。

知识链接

"站在最大多数劳动人民的一面" 1947 年 10 月 17 日，毛泽东一行从神泉堡来到佳县县城，进行调查研究。当晚，毛泽东在住处召集县领导干部谈话，了解县里的情况。毛泽东关切地问县委书记张俊贤："人民群众的生活怎样？生产怎么样？"张俊贤回答："困难是有的，我们现在正在研究解决办法。"毛泽东说："经过一场战争，粮也不多了，羊也杀了不少，庄稼也被糟蹋了不少，留下的又受了冻害，要很好地安排好群众的生活，组织好生产啊！"张俊贤表示："我们决心想尽一切办法，不叫群众的生活出一点麻达，而且要搞好土改，抓好生产，多打粮食，支援全国解放。"毛泽东又问："全县有多少人参了军？"张俊贤汇报："全县共有 3000 多人参军，还有 300 多人的游击队。在打榆林时，佳县派出担架三百多副，跟随野战军一个多月，临时向前方运粮、运草，随叫随到。"毛泽东听后高兴地说："好！好！有这样好的老百姓支持我们，我们一定能胜利！"当时，佳县县委正在召开战后第一次区委书记和区长联席会议，讨论配合大军反攻和土改复查等问题。毛泽东在次日晨接见出现会议的同志，勉励大家要继续带领群众搞好土改，做好支前工作，为解放全中国做出贡献。县委同志请毛泽东给佳县题词，当时找不到像样的纸，就将一块白布送到毛泽东面前，毛泽东挥笔写下"站在最大多数劳动人民的一面"13 个大字。中国共产党正是始终"站在最大多数劳动人民的一面"，获得了无穷的力量，取得了转战陕北的胜利，取得了新民主主义革命的胜利，建立了新中国。

第六节　换了人间

1948 年，中共中央所在地从陕北迁到西柏坡，它标志着中国革命的统帅部完成了从陕北向华北的战略转移，成为中共中央最后一个农村指挥所，近代中国经历百年漫漫长夜，在这里终于破晓，走向黎明。党中央和毛泽东在西柏坡指挥了辽沈战役、淮海战役、平津战役三大战役，历时 4 个月零 19 天，共歼灭国民党军队 154 万余人，使国民党赖以维持其反动统治的主要军事力量基本上被摧毁，为中国革命在全国胜利奠定了基础。1949 年 4 月 21 日，毛泽东主席、朱德总司令发布《向全国进军的命令》，号召人民解放军全体指战员奋勇前进，坚决、彻底、干净、全部歼灭一切敢于抵抗的国民党反动派，解放全国人民。

一、解放西安

1949 年，西北野战军攻占铜川、耀县等地，解放了渭北广大地区。胡宗南集团收缩兵力，向后撤退到泾、渭两河。为适应解放大西北的需要，中央军委决定，将华北野战军第十八兵团、十九兵团拨归一野建制，由晋入陕，参加解放西北的作战。进驻陕西部队抓紧训练，准备好吃大苦、打大仗，解放西安、解放大西北。1949 年 5 月 17 日晚，西北野战军张宗逊副司令员召集师以上干部召开紧急会议，经研究决定，罗元发的第六军向西安挺进，全歼河防守敌，胜利完成了抢渡渭河的光荣任务。

第一野战军第六军抢渡渭河

5 月 19 日晚，第一野战军第六军兵临西安城下。20 日上午 11 时，第六军四十九团进至西安城西门时，起义的国民党西安团管区和民众自卫总队撤出城防，解放军顺利进入西安市区，向城内搜索前进。第四十六团从南门攻入。第四十八团在第四十六团配合下占领飞机场。十七师五十团攻下三桥火车站后，共产党员李瑞五带领三桥车辆厂工人李平章等，前来迎接，随即开动火车，载着五十团的指战员直奔西安。中途，在火烧壁消灭了一小股敌军后，迅速占领了北门、火车站，与四十九团在钟楼会合。中午 11 时许，红旗高高飘扬在钟楼上，各路部队在市中心胜利会师，西安宣告解放，从发起总攻到会师钟楼，战事总共用了六个多小时便结束。下午 2 时，第六军军部进驻西安（军部设在杨虎城公馆“止园”）。

解放军部队进入西安

在解放西安的战斗中，第一野战军共歼灭国民党军第十七军四十八师、十二师及暂编第二旅各一部，俘官兵1274人，缴获各种枪1973支，各种炮51门，各种弹药17万发。

5月20日，长安县解放。

5月21日，人民解放军举行隆重的入城仪式。西北大学、西北工学院、西北农学院、西安高中等学校的师生和西安市民数十万人拥上大街，敲锣打鼓，鸣放鞭炮，高呼口号欢迎自己的军队，西安火车站及各条大街均张贴出“毛主席万岁”“解放军是人民的大救星”等巨幅标语。整个古城成为欢腾的海洋，人们热烈欢庆古城的新生。

5月24日，贺龙和贾拓夫来到西安，宣布西安市军管会成立，贺龙任主任，贾拓夫、赵寿山、甘泗淇任副主任。25日西安市人民政府成立，贾拓夫任市长。

二、决战西北战场的扶眉战役

西安解放后，国民党“西安绥靖公署”主任胡宗南和西北军政长官公署代理长官马步芳、副长官马鸿逵（俗称“二马”）仍不甘心于失败，从6月中旬开始，两股反动势力向咸阳、西安地区进兵，企图凭借有利地形联合作战，妄图围歼我第一野战军主力于关中西部。

毛泽东十分重视西北地区的这场战斗，他经过同中国人民解放军第一野战军总司令彭德怀多次商讨，最后中共中央、中央军委决定由第一野战军执行这次战斗任务，并确定了“钳马打胡，先胡后马”的作战方针。

1949年7月10日，彭德怀指挥的“扶眉战役”打响。为迷惑敌人，担任钳制“二马”任务的中国人民解放军第一野战军第十九兵团首先行动，在乾县、礼泉及以北高地构筑工事，阻击马步芳、马鸿逵部队。

扶眉战役纪念馆

10日晚，许光达率领的中国人民解放军第一野战军第二兵团，以第四军为前卫部队，从乾县西南临平镇西北地区出发，神速前进，直插敌后。许光达率领的中国人民解放军第一野战军第二兵团经过天度镇，绕过法门寺，一夜急行军150多里地，在11日凌晨占领了罗局镇

（今枣林镇罗局村）、眉县车站，切断了敌人西逃宝鸡的退路。彭德怀得知四军行动迅速，出色地完成预定计划后，十分高兴，当即发电嘉勉，并电令全军迅速合围，歼灭敌人。

第一野战军以雷霆万钧之势向敌发动攻击，使胡宗南部队猝不及防。战役发展异常顺利、迅速，只一天多时间已从东、北、西三面将胡部之第十八兵团部及第六十五、第三十八军，以及西北军政长官公署的第一一九军等包围于扶风、眉县地区。12 日，胡宗南的第六十五、第三十八军集全力向罗局镇突围，企图撤向宝鸡。坚守罗局镇是第一野战军歼灭胡宗南主力的决定性一环，而对胡宗南部来说能否夺取罗局镇是其生死存亡的关键。一场激烈的战斗在罗局镇地区展开。胡军轮番冲击 10 余次，企图突围。第一野战军第二兵团第四军在罗局镇展开了顽强的阻击战。指战员在“寸土不失”“堵住敌人就是胜利”的口号鼓舞下，与敌军反复拼搏，阵地屹立不动。

在中国人民解放军第一野战军第二兵团切断扶眉地区敌人西逃去路的同时，王震司令员率领的第一兵团由户县地区沿秦岭北麓和长益公路（今西宝南线）西进，切断了敌人南逃的退路，并策应渭河北岸主力作战。第一兵团的广大将士英勇奋战，其中以争夺金渠镇的战斗尤为壮烈。7 月 11 日，敌三十六军一六五师进至金渠镇地区，师部及主力驻在金渠镇，并控制了镇东南马家山制高点。马家山制高点在此次战役中具有极其重要的地理位置，它对第一兵团阻击敌人南逃汉中、全歼敌人具有非常重要的战略作用，我军若不占领控制马家山，就不能完成第一兵团的作战任务。12 日午后，根据上级命令，第一兵团六师十八团独一营营长栗政通，率领全营战士攻占被敌人占领的马家山制高点。在战斗中，栗政通带领三连战士冒着危险，不顾一切向敌人冲去，在快接近敌人占领的高地时，子弹不幸击中了栗政通的腹部、头部，血流不止，栗政通英勇牺牲了。战友们将栗政通的尸体掩埋后，高喊着“为栗营长报仇”的口号，冲上高地，消灭了敌人，攻占了马家山，切断了敌人的南逃之路。当晚 10 时许，我军主力包围了金渠镇，一夜激战，俘敌 2200 余人。中国人民解放军第十八兵团担任此次战役的正面主攻任务，在周士第指挥下由西凤公路、陇海铁路西进，首歼漆水河两岸及武功南北线之敌后，一部插入杏林、绛帐，击溃敌二四七师，歼灭一八七师主力，收复武功，继续进军至罗局镇东南与第二兵团会师，合歼残敌；杨得志率解放军第十九兵团在乾县、醴泉（即礼泉）阻击马鸿逵，保证了“扶眉战役”的胜利进行。

“扶眉战役”从 7 月 10 日开始到 14 日结束，历时 5 天，共歼灭国民党军4. 4

万余人，解放了武功、眉县、扶风、岐山、凤翔等八座县城，使胡宗南“西北王”的威风荡然无存，青宁“二马”也退至陇东平凉地区。这场战役完全解放了陕西关中，也为解放大西北奠定了基础。

三、为西南战场胜利奠基的牛蹄岭战役

1949 年 7 月 10 日，为配合第一野战军发起的扶眉战役，第十九军向陕鄂边界关垭子的国民党守军三个师发起攻击，歼第一四四师大部、第一五三师一部，俘师长符树蓬以下 1360 人，解放平利县城。7 月 17 日，第十九军继续西进，22 日直抵牛蹄岭。

牛蹄岭位于安康城东南，地形险要，易守难攻，是安康城的天然屏障。胡宗南以三个军的兵力，构筑坚固工事，背靠汉江固守。

牛蹄岭战役纪念碑

23 日 23 时，我军向大小牛蹄岭主阵地发起进攻。五十五师一六三团经县河口绕到牛岭坡根，沿牛岭沟攀岩而上攻打小牛蹄岭，五十五师一六四团经罗家山要攻打大牛蹄岭，五十五师一六五团由毛坝子攻夺漫坡梁，以清扫牛蹄岭以西外围阵地，以保证主力部队左翼安全，五十七师一七〇团和安康军分区独立团，扫清牛蹄岭以东外围阵地，以保证主力部队右翼安全。

24 日零时进攻牛蹄岭战斗打响，我军三面夹击，经过 1 个多小时激战，占领了小牛蹄岭。敌军组织强大兵力多次反扑，我军官兵奋勇抗击，打退敌军五次进攻，后因伤亡过重，弹药不足暂时退出小牛蹄岭。凌晨四时，我军一六三团一个营又从正面攻打小牛蹄岭，经过反复争夺，在五十七师一六九团的配合下，打得敌人伤亡大半，大败而退，与此同时我军一六四团和敌人在大牛蹄岭展开了殊死的争夺战，并取得胜利。经 19 次反复争夺，终于占领牛蹄岭。24 日晚，解放军攻进安康新城和老城的西关。此时敌军主力撤至汉江北岸，我军奉命停止进攻，并主力东移至平利休整。

牛蹄岭战斗是第十九军西进陕南打得最激烈最艰苦的一场山地争夺战，战斗持续近 40 个小时，主阵地反复争夺数十次，战斗最激烈时，不论炊事员饲养员、通讯员，还是机关干部都拿起武器投入战斗，十九军军长刘金轩、政委汪锋亲临

前线指挥。这次战斗击敌 2500 余人，我军亦付出伤亡 1300 余人的沉重代价。五十五师一六四团副团长孟俊岐同志就是在这次激战中光荣牺牲。牛蹄岭战斗为西南战场胜利奠定了良好的基础。

四、从此站起来

中华人民共和国成立后，陕西省级党、政、军领导机关相继在西安成立。

1949 年 11 月 30 日，中共中央军委电令中国人民解放军第十九兵团兼陕西省军区，以兵团首长兼军区首长。12 月，中国人民解放军陕西省军区成立，隶属西北军区（彭德怀任司令员，习仲勋兼政治委员，机关驻兰州）领导，第十九兵团司令员杨得志任陕西省军区司令员，马明方兼第一政治委员。

西安解放后新组成的中共西安市委员会部分成员合影

1950 年 1 月 6 日，中共中央批准成立中国共产党陕西省委员会，马明方任书记，张邦英、李合邦为副书记。1 月 10 日，陕西省人民政府正式宣告成立，省人民政府主席马明方，副主席张邦英、张凤翔、韩兆鹗。1 月 19 日，西北军政委员会成立，彭德怀任主席，习仲勋、张治中任副主席。

陕西省人民政府的成立，建立了人民当家做主的政权，宣告了帝国主义、封建主义和官僚资本主义在陕西统治的彻底结束，广大人民成了社会的主人，从此站起来了，陕西的发展进入了为实现中华民族伟大复兴的中国梦而奋斗的新时期。

第九章　陕西红色精神初探

中国共产党人在陕西领导进行民族独立和人民解放的艰苦卓绝的革命斗争中，无数共产党人和人民群众用生命和鲜血铸就了红色精神，它们贯穿于中国共产党人在陕西领导革命的各个时期，具有理想高远、求是创新、以人为本、拼搏进取、艰苦奋斗等共同内涵，是共产党人科学思想理论、崇高理想信念、高尚道德追求、优秀政治品格、优良工作作风、积极精神风貌、坚强意志品质的结晶，成为推动革命取得最后胜利的强大精神力量。

第一节　陕西党组织成立时的精神内涵

陕西党组织成立时期的精神内涵是中国共产党人理想信仰、优良作风、革命道德的集中体现，表现为“开天辟地、敢为人先的首创精神，坚定理想、百折不挠的奋斗精神，立党为公、忠诚为民的奉献精神”。

一、开天辟地、敢为人先的首创精神

开天辟地、敢为人先的首创精神反映了陕西中国共产党组织创建初期共产党人崇高的价值追求以及他们改变旧世界建立新社会的迫切愿望。

中华民族发展历史上有过灿烂辉煌的西汉盛世、大唐盛世、康乾盛世，西汉盛世、大唐盛世都发生在陕西。然而，在近代中国社会由一个全盛的封建帝国逐步沦为半殖民地半封建社会后，救亡图存成为近代中国面临的时代课题，也是近代陕西面临的时代课题。

为救陕西出水火之中，早期陕西的先进分子进行了前赴后继的斗争，资产阶级革命派井勿幕、张凤翙、钱鼎、张伯英等在陕西领导的辛亥革命，虽然推翻了清王朝在陕西的反动统治，资产阶级革命派建立了革命政权，但是和全国一样，陕西的资产阶级革命派，由于本身永远不可克服的弱点和没有广大工农群众的支持，在与右派及旧反动势力的斗争中，不得不败下阵来。在北洋军阀反动政权的

直接控制下，陕西半殖民地半封建的社会性质没有改变。陕西资产阶级革命失败的根本性的因素就在于没能够找到一个先进的思想武器，没能够找到一个先进的阶级依靠。

“十月革命”一声炮响给中国送来了马克思列宁主义，“五四”运动后马克思主义开始传入陕西，陕西籍在北京、上海、武汉等地读书的知识分子刘天章、李子洲、魏野畴、王尚德等，在接受了马克思主义后，他们放弃了在大城市工作的机会，回陕西传播马克思主义，建立中国共产党组织。中国共产党第一次全国代表大会之后，中共陕西早期组织相继成立，凝聚了革命力量，成为陕西新时代的开创者。

陕西早期马克思主义传播者王尚德，1891 年出生于陕西省渭南县（今渭南市临渭区），他在武昌中华大学读书期间，加入了恽代英、林育南等创办的利群书社，1922 年 7 月加入中国社会主义青年团。1922 年 8 月，受董必武指派，王尚德等回到陕西，在渭南赤水镇建立了陕西社会主义青年团组织。从 1922 年下半年起，他逐步把马克思主义的传播范围扩大到华县、三原、西安等地。1925 年 12 月，他转为中共党员，任中共赤水特别支部书记。1926 年，王尚德赴黄埔军校，在政治部宣传科工作。1927 年春，他到达西安，任国民党陕西省党部执行委员兼农民部部长，负责筹备建立陕西省农民协会。大革命失败后，王尚德受到匪特严密监视，处境险恶，他按照组织指示转入地下斗争，先后在崇凝、高塘地区创建苏维埃，开展兵运工作。1928 年春，他参加渭华起义，起义部队在河南邓县被打散后，在当地坚持秘密斗争。同年当选为中共豫西南特委委员，不久因叛徒出卖被捕，后经党组织营救获释。1933 年冬，王尚德返回家乡继续办学，从事革命活动，发展党的组织。西安事变期间，被任命为陕西省抗日民众运动指导委员会委员。中央红军到达陕北后，他把子女和大批学生送往延安。王尚德的革命活动引起了反动派的恐惧。1941 年 5 月，国民党军统特务逮捕了王尚德，逼他供出渭华一带党的组织。在监狱里，王尚德经受了各种酷刑折磨，拒绝了敌人的威逼利诱。1945 年抗战胜利前夕，在各方压力下，王尚德获释出狱。出狱后的王尚德不顾个人安危，不惧敌特威胁，毅然留在渭南坚持斗争。1946 年 8 月 13 日，国民党军统特务以卑劣的手段，将王尚德暗杀。

陕西第一位中国共产党员刘天章，1893 年 12 月出生于陕西省高陵县（现为西安市高陵区）一个农民家庭，1918 年夏考入北京大学预科，两年后进入化学系学习。1919 年作为北大学生会负责人之一参加了“五四”运动。为此他曾遭警察逮捕，但不久即获释。1920 年 1 月，刘天章和杨钟健、李子洲、魏野畴等人，将陕西旅京学生团改名为旅京陕西学生联合会，创办了《秦钟》月刊，向陕西人民传播新文化、新思想。1920 年春，参加李大钊组织的北京大学马克思学说研究会，同年冬加入社会主义青年团。1921 年 7 月，经李大钊介绍加入中国共产党。1921 年 10 月，刘天章和杨钟健、李子洲等人创办《共进》半月刊，并在《共进》半月刊社的基础上，创立了陕西旅京学生的进步团体——共进社。刘天章被选为共进社的常务主席兼编辑股主任。1922 年冬天，刘天章加入了由李大钊参加领导的进步社团——少年中国学会，并当选为第四届执行部副主任兼会计。1924 年 6 月，刘天章从北大毕业后，协助李大钊在北京做党的地下工作。同年秋，在李大钊支持下，刘天章弃文从戎，到当时倾向革命的国民军第二军胡景毅部所在地河南开封创办学生军，并在学兵队里建立了党团组织，任书记。1925 年秋，刘天章任中共豫陕区委委员兼军委委员，与书记王若飞一起创建了开封地区的党团组织。1927 年 2 月，刘天章受党派遣，赴陕西任中共陕甘区委候补委员，负责宣传工作，并兼任陕西《国民日报》社长。“四一二”反革命政变后，他利用《国民日报》揭露和批判蒋介石的背信弃义，同年 7 月 8 日，被国民党反动当局扣押。在狱中秘密组织监狱党支部，他担任支部书记。1929 年夏，在蒋、冯分裂军阀混战的形势下获释出狱。出狱不久，刘天章被派往中共顺直省委宣传部工作，任省委委员，公开身份是《天津商报》总编辑。1930 年春，刘天章在天津不幸被捕。在狱中，他备受折磨，但坚不吐实，一直未暴露自己的真实身份和党的秘密，是年 9 月被释放。1930 年 10 月，刘天章受中共北方局派遣前往山西，参与领导恢复和重建遭到破坏的山西党组织。他先后担任中共太原特委书记、山西省委书记、组织部部长等职。1931 年 3 月，在离石县九里湾正式成立中国工农红军晋西游击队。1931 年 7 月 4 日，刘天章参与组织驻平定县的国民党高桂滋部 2000 余人的武装起义，成立了工农红军第二十四军，并协助地方党组织建立了阜平县苏维埃政府。1931 年 10 月 21 日，刘天章等因叛徒出卖被捕。在狱中，敌人对他软硬兼施，酷刑拷打，妄图从刘天章等人身上获取我党的重要机密，但他始终坚贞不屈，经受住了残酷折磨和摧残，保守了党的机密，坚守了共产党员的革命气节。他深知敌人对他们最后要下毒手，牺牲是不可避免的，便脱下自己身上的破毛衣请狱中的党员转交给党组织，作为他最后交纳的党费。1931 年 11 月 13 日下午，刘天章在太原英勇就义，时年 38 岁。

二、坚定理想、百折不挠的奋斗精神

“对马克思主义的信仰，对社会主义和共产主义的信念，是共产党人的政治灵魂，是共产党人经受住各种考验的精神支柱。只有理想信念坚定的人，才能始终不渝、百折不挠，不论风吹雨打，不怕千难万险，坚定不移为实现既定目标而奋斗。”① 理想、信念是我们党与生俱来的品质，这个品质对广大共产党员来说，为了实现理想信念，就要具有百折不挠的奋斗精神。

蒋介石发动“四一二”反革命政变后，国民党陕西当局也疯狂镇压革命势力，他们派出大批密探，侦查党的各级机关住址；在西安全城实行宵禁；军警到处横行，勒令“街上行人，不准三五成群，不准交头接耳，违者以军法论。”在白色恐怖下，中共陕西省委先后15次遭受破坏，主要大破坏有三次：1928年11月，省委遭遇第一次大破坏，省委书记潘自力被捕，团省委书记马云藩被捕叛变，代理省委书记李子洲等被捕；1930年10月，省委遭遇第二次大破坏，由于叛徒告密，党、团省委负责人吉国桢、贾拓夫等30多人被捕；1933年7月，省委遭遇第三次大破坏，省委书记袁岳栋、二十六军政委杜衡叛变投敌。

陕北共产党发起人李子洲，1892年出生于陕西省绥德县。1917年夏考入北京大学预科，两年后入哲学系学习，参加了李大钊创建的北京大学马克思学说研究会。“五四”运动中，任北大学生会干事，被推举为“五四”游行大会主席团成员，积极参加了“火烧赵家楼、痛打卖国贼”等爱国活动。1920年1月，为使全国了解陕西社会情形及黑暗状况，李子洲与旅京陕西学生创办了《秦钟》月刊。次年10月更名为《共进》。1922年10月又成立了陕西旅京青年进步组织共进社。

1923年初，经李大钊、刘天章介绍，李子洲加入中国共产党。同年夏，从北大毕业回陕，先后在三原渭北中学、榆林中学任教。1924年秋，李子洲任绥德陕西省立第四师范学校校长。在他的指导下，绥师成立了学生会，组织了进步团体共进分社、陕北青年社，创办了进步刊物《陕北青年》，引导大批青年走上革命道路。1924年冬，李子洲等人在四师成立了陕北第一个社会主义青年团支部，并帮助榆林中学和延安四中建立了党团组织，选派刘志丹等一批党团员进黄埔军校学习军事政治，派党团员到陕北军阀部队做兵运工作，发展百余名官兵加入了中共党团组织，为这支部队后来发动清涧起义打下了组织基础。1926年12月，李子洲奉调到西安参加筹建国民军联军驻陕总司令部和改组国民党陕西省临时党部的工作。1927年2月，中共陕甘区执行委员会在西安成立，李子洲任执委

① 习近平：《在纪念朱德同志诞辰130周年座谈会上的讲话》，《人民日报》2016年11月30日。

委员，分管组织工作。“四一二”反革命政变后，李子洲和陕甘其他领导人一起，组织了西安人民讨蒋游行示威。1927年6月，冯玉祥追随蒋介石在陕西进行“清党”，并电令留守陕西的石敬亭逮捕李子洲等共产党人，他被迫转入地下坚持斗争。7月，中央撤销陕甘区委，成立陕西省委，李子洲当选为省委常委兼组织部部长。同年9月，兼任中共陕西省委军委书记，参与了省委对清涧起义、渭华起义的领导决策工作。1928年11月，李子洲代理中共陕西省委书记。1929年2月，由于叛徒出卖，省委机关遭到严重破坏，李子洲被捕入狱。面对敌人酷刑折磨，他坚贞不屈，与敌人进行针锋相对的斗争。“我不怕死，我一个人牺牲了，还有更多的人活着，将来的社会必定是光明的，不要为我伤心掉泪。”这是烈士李子洲被捕后在狱中写信鼓舞妹妹李登岳的话。由于李子洲入狱前已积劳成疾，加之敌人的残酷折磨，同年6月18日在狱中病逝，时年36岁。

陕西中国共产党组织创建的过程以及创建之后进行的革命斗争，充分反映了中国共产党人坚定的理想和信念，以压倒一切敌人、战胜一切困难的大无畏英雄气概，百折不挠推动革命事业奋进。

三、立党为公、忠诚为民的奉献精神

中国共产党区别于旧中国形形色色的各种政党的标志，就是共产党没有任何自身特殊的利益，有的就是人民的利益，共产党的本质就是立党为公。中国共产党立党为公的本质，要求共产党人全心全意为人民服务，忠诚人民，为人民奉献一切，包括自己的生命。

为了中国革命事业而壮烈牺牲九烈士。1928年4月22日深夜，国民党军警突然冲进省委秘书处，抢走重要文件，抓走正在紧张工作的李嘉谟、校明济、任醴、徐九龄、方鉴昭五人，押送至西华门军事裁判处看守所关押。军警从查获的文件中，得知在国民党陕西省党部工作的王德安也是共产党员，即派人将其逮捕；还将渭华暴动前后从渭南抓来的王文忠、冀月亭、李维俊三人，和他们一起关押。李嘉谟等九同志虽然身陷牢笼，遭受严刑拷打、残酷折磨，但始终严守党的机密，并利用一切可能的形式和机会，顽强地同敌人斗争，表现了共产党人高尚的革命情操。方鉴昭为了安慰家人和同志们，在一小片黑麻纸上写下“我在里边很好，你们不要操心我”的话语。冀月亭身处逆境，却充满对革命事业必胜的信念，经常向同牢房的难友们宣传马克思主义，讲解革命道理。年仅18岁的任醴，在狱墙上刻写下：“我兄（其兄在辛亥革命中牺牲）革命死，我今临其境。头可离颈，志不可灭。”李维俊给家人捎话，让家人不要替他难过，说：“我是

要和敌人干到底的！”在法庭上，他正告敌人：“我身上肉是你们的，留下骨头是我的，留下红心献给党，留下白骨照汗青！”6月17日，9位忠勇的共产党员，被反革命分子活埋在西安玉祥门外以北的红庙坡。临刑前，9位共产党员大义凛然，毫无惧色。李维俊愤怒地告诉国民党新军阀：“你们只能埋葬我们的肉体，却埋不了我们信仰的共产主义！”

陕西共产党人的杰出代表魏野畴，1898年出生于陕西兴平一户农家。幼年在本村私塾读书，1917年考入北京高等师范学校。1919年参加“五四”运动。受陈独秀、李大钊等人的影响，他接受了马克思列宁主义。1920年，魏野畴参与发起了陕西旅京学生联合会，并创办《秦钟》月刊，以“唤起陕人之自觉心”。同年冬魏野畴加入中国社会主义青年团。1921年，魏野畴撰写了《中国近世史》一书，初步运用马克思主义的立场、观点和方法解释中国近代历史。同年夏，魏野畴毕业回到陕西，任教于华县。1922年魏野畴再次来到北京，参与组织陕西旅京学生进步团体共进社，出版《共进》半月刊，任负责人，同时为《共进》撰稿。1923年初经李大钊介绍，魏野畴加入中国共产党。同年春，应邀到榆林任教，在青年学生中广泛进行革命宣传。1924年夏，魏野畴参与建立了西安市第一个青年团支部。1925年，魏野畴在西安先后领导了驱逐军阀吴新田和反对教育界封建顽固势力的群众运动。同年秋，魏野畴参与组建共青团西安特别支部，担任特别支部委员；后参加国民党陕西省党部筹建工作。在此期间，他创办了《西安评论》，成为当时陕西宣传革命思想、促进革命运动发展的重要阵地，被誉为陕西“革命舆论的唯一指导者”。1927年2月，中共陕甘区委在西安成立，魏野畴任委员，负责区委宣传工作。7月，魏野畴任陕西省军委书记。此时，国民党四处悬赏通缉魏野畴，他在陕西已难以立足，省委同意他接受杨虎城的邀请，前往河南展开工作。1928年1月，蒋介石派人打入杨虎城部活动，威逼其逮捕魏野畴等共产党员，遭到杨虎城拒绝。2月9日，魏野畴连夜召回70多名党员干部参加会议，会议通过了在皖北举行武装起义、建立豫皖平原根据地等决议，决定成立中共皖北临时特委，魏野畴任书记。4月8日晚，阜阳起义因叛徒告密提前行动，由于敌我力量悬殊，战斗非常惨烈。在敌人的重兵包围下，魏野畴仅率百余人突出重围，从阜阳转移到老集，但立足未稳又遭国民党部队包围，不幸被捕。魏野畴同敌人进行了坚决的斗争，他与胡怀西趁深夜看守懈怠之机，咬断身上的绳索撤退。魏野畴考虑二人同时撤离目标太大，让胡怀西单独转移，寻找组织汇报情况，自己留下坚持斗争。敌人发现后恼羞成怒，于4月10日凌晨将年仅30岁的魏野畴杀害。毛泽东给予魏野畴很高的评价：“魏野畴是老同志，有学问，他还有著作，我读过，写的有水平，陕西历史上人才是不少的。”①

第二节　照金精神的内涵

照金精神是在土地革命战争时期，刘志丹、谢子长、习仲勋等在带领广大共产党员和人民群众创建陕甘边、陕北、陕甘革命根据地的斗争实践中形成的革命精神，是延安精神的重要来源之一。

一、忠诚于党的坚定信念

刘志丹、谢子长、习仲勋等老一辈革命家在创建陕甘根据地的实践中，经历过极其艰苦复杂的斗争和无数的艰辛、曲折，进行了许多惊心动魄的斗争，无论是被敌人逮捕、战斗中负伤、失散后脱离部队、被“左”倾错误领导者错误地降职和无端指责，甚至被错误地“肃反”关押，但他们都能坚持真理、宁死不屈、相忍为党、顾全大局，表现出对党和人民革命事业的无限忠诚精神，体现了极强的党性原则。

谢子长身负重伤，却错误地遭到缴枪、撤销警卫班的不公正待遇，但他牺牲前仍想着给人民做的事太少。

子长县各界恭送刘志丹灵柩归籍公祭大会

1935 年 10 月，执行“左”倾教条主义错误的中共中央驻北方代表团和陕甘晋省委在西北根据地内发动了一场错误的“肃反”，以“莫须有”的罪名，将刘志丹、习仲勋、张策、马文瑞、刘景范、张仲良、黄罗斌、杨森、王聚德等一大批领导干部逮捕，对他们进行残酷的人身迫害，并且准备挖坑活埋。

党中央到达陕北后，为错误肃反中受到不公正待遇的同志平反，对蒙受不白之冤的同志，刘志丹告诉大家：

---

① 见《陕西农民报》1981 年 7 月 8 日。

“党内的历史问题不必性急，要忠诚为党工作，让党在实际行动中鉴定每个党员。”刘志丹对平反后在党校工作的习仲勋说：“向受过整的同志都说说，……要听从中央分配，到各自岗位上去，积极工作。后方的工作很重要，我们有了巩固的后方，前方才能打胜仗。”党中央在后来指出：“刘志丹等同志坚持的政治路线和立场是正确的”“当陕北‘肃反’问题未彻底弄清楚时，他们一贯地把握了布尔什维克立场和态度，这是值得我党同志们学习和效法的”。

谢子长灵柩移葬齐家湾烈士陵园

照金精神是陕甘边根据地、陕北根据地、西北根据地建立发展的精神动力，它培养和造就了一大批治党、治军、治国的高级干部，刘志丹、谢子长、习仲勋是其中卓越的群众领袖，在他们的领导和培养下，陕甘边根据地、陕北根据地、西北根据地还涌现出了高岗、马文瑞、阎红彦、杨森、杨琪、张秀山、张达志、王世泰等一大批领导干部，他们不仅为西北红军和西北根据地的建立和发展做出了重要贡献，也为抗日战争和解放战争的胜利立下了丰功伟绩，更是新中国建立和建设的中坚骨干。

二、顽强斗争的英雄气概

土地革命战争时期，南方许多革命根据地是在党中央的直接领导下建立的，像井冈山革命根据地、中央革命根据地；而西北地区距离党中央所在地路途遥远，加之20世纪20年代末期和30年代初期在中国共产党内连续发生了3次左倾错误，党内一些重要领导人叛变，党中央遭到严重破坏；中共陕西省委也先后15次遭受破坏，发生了省委主要领导人叛变的事件。刘志丹、谢子长、习仲勋等在陕甘边、陕北的斗争是在长期中断同党中央的联系，不能得到上级党组织指导的情况下进行的。

大革命失败后，中共陕西省委领导了清涧起义、渭华起义等多次武装起义和革命兵变，均以失败告终。刘志丹、谢子长、习仲勋等逐渐意识到，革命必须要不等不靠，要从陕甘边和陕北的实际出发，走出一条新路。

照金纪念馆油画《刘志丹（左）与习仲勋在杨柳坪会面》

两当兵变失败后，1932年8月，习仲勋在照金西四五里路的杨柳坪找到刘志丹时，刘志丹分析了几年来陕甘地区党领导的70多次兵变失败的原因时说："最根本的原因就是军事运动没有同农民运动结合起来，没有建立起根据地。"他们决心要建立自己的根据地。谢子长也叮嘱习仲勋说："过去我们没有根据地，现在要搞。……你要在发动群众的基础上，成立农民协会，组织游击队，开展游击战争。"

但是，根据地的创建并不是一件十分容易的事。以陕甘边、陕北来说，实际存在的困难就很多：一是自然条件较为恶劣，生存发展特别不易；二是反动势力较为庞大，虽然它们之间不团结，但在镇压革命方面是一致的；三是党组织建立时间较短，虽有一些群众基础，但较为薄弱；四是革命实践不足，革命理论尚不完备。

面对如此巨大的困难，刘志丹、谢子长、习仲勋等人硬是凭借顽强拼搏的精神，创造性地在梢林地带建立根据地；创造性地开展土地革命，如改造二流子，改造后表现好的地主也可以分得土地，只分川地，不分山坡地等；创造性地提出了红、白、黑"三色"革命的思想，红色指组建自己的武装，白色指做白军工作，灰色指做土匪工作、改造哥老会、收编山大王，在陕甘边、陕北开辟了一片新天地。到1935年西北根据地形成时，已拥有红二十六军、红二十七军、游击队等多种武装力量，在陕北、陇东、关中建立了20多个县工农民主政权，30多个县成为游击根据地。在南北1000公里、东西500公里的区域里，风展红旗如画，军民一片欢腾，为党中央和中央红军长征落脚陕北提供了一个稳固的据点。

三、扎根群众的工作作风

刘志丹、谢子长、习仲勋等老一辈革命家20岁出头就成为陕甘边、陕北出名的革命家、革命领袖，得到人民群众的广泛支持和热烈拥护，其根本原因就在于他们及其领导的共产党人和红军时时处处坚持全心全意为人民服务的宗旨，始终保持同最广大人民群众的血肉联系。

“要使全中国人民都过上好生活”，是刘志丹、谢子长、习仲勋等共产党人共同的人生价值追求。习仲勋回忆第一次见到刘志丹时，同志们都亲切地称呼他为“老刘”。刘志丹殷切地嘱咐习仲勋说：“你是关中人，种过庄稼，能跟农民打成一片。你一定要做好根据地的开辟工作。”并说：“只要政策对头，紧紧依靠群众，困难是可以克服的。”在陕甘边，习仲勋深入群众，同群众同生活、共劳动，一村一村做调查研究，一家一户做群众工作，相继组织起农会、贫农团、赤卫队和游击队。他同群众建立了亲情关系，在照金地区有许多拜把子的农民干兄弟，有几个干娘。他相信群众自己解放自己，积极在陕甘边培养农民干部，根据地农村政权负责人很多由农民担任。习仲勋以热情洋溢的文字回忆当时根据地的小伙子见红军回来了，高兴地唱起了信天游：“鸡娃子叫来狗娃子咬，当红军的哥哥回来了。”毛泽东称赞习仲勋“是群众领袖，是一个从群众中走出来的群众领袖”。

照金纪念馆油画《大家的“老刘”》

刘志丹与陕北群众的密切关系曾给周恩来留下了深刻印象。1970 年 3 月 26 日，周恩来在接见延安地区插队知青工作座谈会代表时深情地说：“刘志丹在陕北人民中很得人心，确实是人民群众的领袖。我和他东征到清涧时，群众听说刘志丹来了，都来看望他。其中，有两个瞎子看不见，跑到窑洞里，摸他的手。这一点，我现在印象还很深刻。”所以，陕北大地上才有“正月里来是新年，陕北出了个刘志丹，刘志丹是清官，他一心要共产……”的民歌广泛流传。谢子长被陕北老百姓称为“谢青天”。

知识链接

毛泽东为谢子长撰写的纪念碑文　谢子长，名德元，安定人，一九二五年在北平加入共产党。自此即以共产主义为解放中国人民之道路，创办农民讲习所，组织农协会，领导人民参加反帝、反军阀运动，人民因有“谢青天”之称。一九二七年大革命失败后，子长起义于清涧，继参加渭南暴动，败不丧志，奔走西北、华北各地。“九一八”事变后，于陕甘之间组织反帝同盟军，改为中国工农红军陕甘游击队，即是第二十六军之前身。一九三三年赴察哈尔参加抗日同盟军，失败后回陕北组织第二十七军，协同刘志丹诸同志，创建了陕甘宁边区。一九三四年于河口之役负伤，一九三五年春因伤逝世。党政军各界感子长之功德，改安定县为子长县，以志纪念。于政府及人民为子长立墓时书以叙之。

毛泽东　中华民国二十八年七月初九日

第三节　苏区精神照耀巴山汉水

苏区精神反映的是土地革命战争时期陕南苏区可歌可泣的那段革命斗争历程和当年苏区军民感人至深的精神风貌。陕南苏区精神是老一辈无产阶级革命家和陕南苏区军民在创建和巩固苏区、进行艰苦卓绝的军事斗争和苏区政权建设的伟大实践中，所形成和表现出来的特有的优秀品质、思想作风和精神风貌。

一、建国执政的坚定信念

1932 年 7 月 14 日，蒋介石调动约 30 万人的兵力对鄂豫皖根据地进行第四次“围剿”，而鄂豫皖地区的红军主力红四方面军只有 45000 余人。由于当时担任中共鄂豫皖中央分局书记兼军事委员会主席的张国焘积极执行临时中央关于攻打中心城市、争取一省数省首先胜利的“左”倾冒险主义方针，导致鄂豫皖根据地第四次反“围剿”的失利，红四军主力离开鄂豫皖根据地，经过两个多月的浴血奋战，翻过秦岭，渡过汉水，在 1932 年底，由陕南进到川北地区，开辟了川陕边新的革命根据地。

红四军主力转移后，只留下少数部队（先后组成红二十五军和红二十八军）在当地艰苦奋战。由于王明“左”倾冒险主义的错误领导，第五次反“围剿”战争失败后，根据中央指示精神，1934 年 11 月 11 日，中共鄂豫皖省委在河南光山县花山寨召开了第十四次常委会，决定进行战略转移，经过 20 多天的实地考察和艰难行军，1934 年 12 月 10 日，红二十五军到达陕西洛南县，省委在庾家河（现属丹凤县）召开第十八次常委会，会议通过了建立鄂豫陕省委，为创造鄂豫陕苏区而斗争的决定。

由此可以看出，红四军和红二十五军是在鄂豫皖根据地革命斗争遭受严重挫折的情况下才进行战略转移，并创建了川陕和鄂豫陕革命根据地，鄂豫陕和川陕革命根据地的陕西南部地区统称陕南苏区。在陕南苏区的建立过程中，虽然“没有上级指示”，但是在艰苦的武装斗争环境中，红四军和红二十五军始终把建立苏维埃政权作为首要的革命任务，每到一地，广泛发动群众，打土豪，斗地主，分田地，建立苏维埃政权。陕南人民在歌谣中对苏维埃表示了高度的热爱之情：“红四军一来，遍地鲜花开；鲜花名叫苏维埃，穷苦人儿都喜爱。”

建立苏维埃政权，极大地调动了广大群众的革命积极性。红岩寺区苏维埃干部和群众，为掩护红军和游击师的伤病员，100 多人被杀，39 户被杀绝，一家被杀两人以上的 40 户。鄂陕边区苏维埃政府主席程家盛、副主席阮英豪，牛耳川乡苏维埃政府主席许祖德、瓦沟乡苏维埃政府主席张智仁及其子张永有、二峪河乡苏维埃政府主席易恩兴、马家山乡苏维埃政府副主席向大富等 200 多人被杀。但根据地的人民并没有屈服，他们积极支持鄂豫陕特委和红七十四师同国民党军队的“围剿”进行坚决的斗争。鄂陕边区苏维埃政府主席程家盛牺牲后，其妻倪世莲历经艰险，将程家盛交她保存的鄂陕边区苏维埃政府铜印，于新中国成立后交给了人民政府。

青鹤观苏维埃政府遗址

苏维埃政权是大革命失败后，中国共产党在农村根据地建立的工农民主政权，采用苏俄革命政权的组织形式——苏维埃来建制，在中央根据地建立了中华苏维埃共和国临时中央政府。苏区是新中国的最初雏形，苏维埃政权是中国共产党在战争环境中，首次在军事、经济、政治、文化等各个领域对国家进行治理和管理的一次实践。苏维埃政权的建立，反映了中国共产党人推翻国民党反动统治、建立新中国的信心和决心，是中国共产党人对社会主义和共产主义理想信念的实践。

陕南苏区苏维埃政权的广泛建立，反映了中国共产党人虽历经磨难、历经挫折，但在中国建立无产阶级专政的社会主义国家的信念从未动摇和改变，并且为实现建国执政的信念不懈地进行浴血奋战。

二、执政为民的宗旨观念

在陕南苏区苏维埃政权建立后，苏区党政干部牢记“真心实意地为群众谋利益”的执政宗旨，自觉地、真心实意地为苏区群众谋利益，切实解决群众的实际困难。为了使贫苦农民获得梦寐以求的土地，党和苏维埃政府领导苏区农民群众开展了轰轰烈烈的土地革命。鄂豫陕省委在领导红二十五军的斗争中，虽然战斗频繁，仍把土地革命当作重要任务之一。省委庾家河会议指出："彻底执行苏维埃的土地法令劳动法令经济政策，坚决与忽视工人利益的倾向，与没收富农资本家的过早办法作无情的斗争，要在彻底执行苏维埃政纲改善群众生活的工作当中来动员广大群众参加革命战争。"鄂豫陕省委及其领导的苏维埃政府在根据地广泛深入地开展了打土豪、分田地运动。仅在华阳地区一处，红军就将 60 户地主的 3200 亩土地、600 多石粮食和一批财物，分给了贫苦农民。并且帮助当地群众建立了华阳街、石塔寺、常家坝、吊坝河、瓦子沟、红石窑、小华阳七个乡的革命政权。从而使人民群众获得了政治上、经济上的翻身解放，当地群众高兴地唱着："从前妇女锅台转，只有男州没女县；自从建立苏维埃，天下事情管一半。"红四方面军在陕南苏区苏维埃政权建立的过程中，也积极开展分田分地运动，许多无地少地的农民得到了土地，农民在歌谣中唱："你挖窝，我打桩，木桩入土三尺三。分田莫忘红四军，打下木桩做纪念。"

为了保卫巩固苏区，改善群众生活，党和苏维埃政府制定了一系列经济政策，努力发展苏区经济，千方百计地帮助群众搞好生产。在商业政策方面，1934 年 12 月 20 日，鄂豫陕省委以红二十五军的名义，颁布了中国工农红军北上抗日第二先遣队司令部、政治部《关于商业政策问题》的布告。这一布告共提出七条商业暂行条例，它明确规定了"苏维埃商业政策的原则是保证贸易自由，反对奸商，取消一切苛捐杂税厘金关卡，实行统一的累计税"，并申明"凡军阀官僚卖国贼汉奸民团首领以及一切反革命分子所开的商店一律没收""凡没有参加反革命即令是地主的商店，如能遵守苏维埃的法律，仍保证其继续营业""凡没有参加反革命的商店，在红军行动境内，准其运输行走"。红军占领洛南县城后，没收了反动分子的粮财，分配给贫民，对正当经商的"致中和"山货店、"丁裕恒"中药铺、"瑞义合"食品店等按商业政策加以保护。商县龙驹寨街是水旱码头，商贾云集，生意兴隆，红二十五军在这里整训时，积极维护商业秩序，组织合作社，支持商户的正当经营。潘家河街是旬阳县通往西安的交通要道，红七十四师多次经过此地，并不惊动街上的行商坐贾，受到商户的好评。由于这些政策的正确制定和执行，不仅孤立了少数敌人，而且团结了广大群众，实现了广大人民群众的利益。

为了使苏区群众的文化教育水平和健康水平得到提高，党和苏维埃政府在苏区大力普及文化教育，对苏区儿童普遍实行免费义务教育，对成人实行扫盲教育。正因为党和苏维埃政府做到了执政为民，真心实意地为人民群众谋利益，才赢得了苏区群众的拥护和支持，苏区群众积极参军参战，使苏区的存在获得了坚强的根基。

三、人民当家做主的主体精神

中国共产党进行中国革命的目的，就是要推翻帝国主义、封建主义和官僚资本主义在中国的反动统治，把人民从被剥削、被压迫的境遇中解放出来，建立人民群众当家做主的革命政权。在陕南苏区苏维埃政权建立的过程中，中共鄂豫陕省委、中共川陕省委以及红四方面军和红二十五军中党的组织，充分尊重广大人民群众在革命中的主体地位，真正实现了受苦受难的贫苦农民当家做主。在根据地建立的各级苏维埃政权中，主席和委员绝大多数都由当地贫苦农民担任。按照《川陕省苏维埃组织法》，县苏维埃政府一般由主席及若干委员组成，并设有军事指挥、财政、经济、交通、土地、粮食、内务、劳工、文化教育等部、委、局；区、乡、村苏维埃政府一般设主席和分管土地、粮食、内务、劳工、经济、文化教育等工作委员会。据新中国成立初期的调查和不完全统计，川陕根据地陕南苏区各级党组织和苏维埃政府的干部有 1719 人。为了培养农民干部，提高他们的思想政治觉悟和执行党的路线、方针、政策的能力，红二十五军先后在湖北郧西县泗峡口小阳坡、陕西和湖北交界的大磨沟脑、镇安县店垭子举办了三期干部训练班，参加学习的人数近 300 人。训练班政治课学习的主要内容是关于红军的宗旨和性质，提高学员对打倒帝国主义、消灭封建势力、进行土地革命等中国革命主要任务的认识；训练班还学习军事课程。

农民在参加苏维埃政权建设的同时，自己还组织并且积极参加贫农团、雇农工会、妇女委员会、农民协会和农民游击队等各种群众组织，农民在歌谣中唱："这样会，那样会，土汉条子爱农会。农会好，农会好，农民组织起来了。吃人虫，你莫怪，看你还敢把人害。当官的，你莫跑，跑了和尚跑不了庙。地主鬼，你莫装，想进农会没指望。

旬阳红军墓

办农会，主义真，从此再不信鬼神。”显示出农民高度的革命积极性和主人公精神。

在陕南苏区苏维埃政权建设中农民主体地位的确立，充分调动了农民在革命和生产中的积极性、主动性和创造性等主体精神。川陕根据地陕南苏区先后组建各级游击队 164 支，有游击队员 6700 多人；他们担负着维护苏区治安，组织侦察、防谍等活动，对群众进行军事教育和训练，扩大红军和支援、配合红军作战等任务，在川陕根据地陕南苏区共有 4000 多人参加了红四方面军。在鄂豫陕根据地，红二十五军由入陕时的 2500 余人，到西江口整编发展到 4000 余人；由 300 名红军老战士为主体组成的红七十四师，到云阳整编时增至 2100 余人。这一时期，根据地内约有 5000 余人参加了红军。

农民在参军、参战的同时，还积极参加土地革命和根据地的各项经济建设。在陕南苏区的土地革命中，主持分田工作的是在县、区、乡政权中成立的由贫苦农民组成的土地委员会，依靠贫雇农，团结中农，以乡、村为单位，进行分田工作。农民在分得土地后，积极参加生产劳动，农业生产获得了大发展。川陕根据地陕南苏区的坝溪区碑坝乡焦岩溪村共 78 户，1933 年分配土地前全村粮食总产量为 8 万斤，分配土地后连续两年丰收，每年粮食总产量均在 16 万斤上下。

在陕南苏区革命斗争中农民主体精神的发挥，有力地推动了陕南苏区政治、经济和军事斗争的开展，可以说，没有农民在革命斗争中所表现出来的主体精神，就没有陕南苏区的存在。

知识链接

旬阳红军墓　1935 年，红七十四师转战旬阳潘家河途中，红七十四师二营特务队指导员高中宽和红七十四师二营特务队的尚班长壮烈牺牲。高中宽生前曾为百余贫苦农民治过病，当地人称他为妙手回春的“神医”。当地群众冒着生命危险偷偷地把他俩合葬在潘家河丰积乡碾子沟，暗地里修坟、立碑、塑像，并在家里供奉烈士牌位，尊之为“红军老祖”。新中国成立以后，红军烈士墓所在的碾子沟改名为红军沟，安家村改名为红军村，丰积乡改名为红军乡，潘家河改为红军河，这里成为全国唯一一个以“红军”命名的地方。红军纪念馆内有介绍当年红军革命斗争的展览，园区有红军烈士纪念碑一座，碑文为原红七十四师师长陈先瑞将军亲笔题写的“红军烈士永垂不朽”。

第四节　光照千秋的延安精神

中共中央在陕北的十三年，是中国革命从曲折发展走向伟大胜利的十三年，在陕北的黄土地上留下了丰富的宝贵的红色文化资源，形成了伟大的延安精神。延安精神是我们党的性质和宗旨的集中体现，是我们党的优良传统和作风的集中体现，是中国共产党人崇高品德和伟大情怀的集中体现。延安精神是中国共产党领导中国人民夺取革命战争胜利的精神动力，也是建设中国特色社会主义的强大精神动力。

一、坚定正确的政治方向

1937 年 5 月的中共中央的一次会议上，毛泽东亲自为抗日军政大学题写了“坚定正确的政治方向，艰苦朴素的工作作风，灵活机动的战略战术”的教育方针。坚定正确的政治方向，是延安精神的灵魂。

对马克思主义的坚定信仰、实现社会主义和共产主义的崇高理想、必胜的革命信念是延安时期中国共产党人和全国各族人民唯一正确的政治方向。中国共产党自成立起，就以马克思主义作为自己的指导思想，把追求中华民族和全人类的解放、实现共产主义作为自己的远大理想和奋斗目标，并为之奋斗不息。

抗日战争期间，延安成为革命者向往和敬仰的地方，许多青年不畏艰难险阻奔赴延安，这是因为延安有伟大的理想、崇高的信仰、壮丽的事业；延安寄托着民族的希望，代表着国家的未来，反映了时代的需求。他们在这座革命的大熔炉中，经过血与火的洗礼，使自己的灵魂得到净化，思想境界得到升华，从而坚定了共产主义信念，将共产主义远大理想作为一生的奋斗目标。

坚定正确的政治方向，
艰苦朴素的工作作风，
灵活机动的战略战术。
毛泽东

毛泽东为抗日军政大学题词

在抗日战争最艰苦的岁月里，陕北抗日根据地有 140 余万人口，其中红军主力不足 3 万，中国共产党人靠着坚定的信仰和理想信念战胜了比自己强大许多倍的敌人。延安时期，党非常重视理想信念的建设，号召每一个共产党员都要做一个自觉的共产主义者，要有坚定崇高的共产主义理想，为新民主主义和共产主义而奋斗。为使全党牢固树立共产主义理想信念，坚定革命必胜的信心，毛泽东在这一时期，撰写了大量的政论文章和著作，如《为人民服务》《纪念白求恩》《论联合政府》等，宣传共产主义的理想信念。刘少奇也撰写了《论共产党员的修养》等党内报告，引导和激励广大共产党员做一个真正的马克思主义者。

为配合全党开展理想信念教育，党在延安创办了干部学校。抗大的教育原则之一是：教育学员掌握马列主义，注意克服资产阶级及小资产阶级的思想。毛泽东经常到抗大讲课，做报告。他讲课的内容很广，包括政治、军事、哲学、历史等，引导学员扩大视野。他说，有了学问，就好比站在山上，可以看到很远很多的东西。他注重引导学员理论联系实际，认识中国社会和中国革命发展规律，使青年的爱国热情、抗日愿望升华到为民族解放而奋斗的高度，逐步确立起共产主义的理想信念。陕北公学以培训政工干部为主，教学安排是七分政治、三分军事。陕公的大部分学员来自全国各地大、中学生和归国华侨。它的培养目标，正如毛泽东为公学题词中所指出的："要造就一大批人，这些人是革命的先锋队。这些人具有政治的远见。这些人充满着斗争精神和牺牲精神。"延安时期，通过各种形式的教育培训，使广大党员干部的马克思主义水平有了很大提高，坚定了为实现共产主义理想而奋斗的决心。

正是中国共产党及其广大党员凭着革命到底的决心和对共产主义必胜的信念，中国共产党领导中国人民打败了日本侵略者，取得了自中国近代以来，反对列强侵略的第一次伟大胜利。

二、自力更生、艰苦奋斗的创业精神

自力更生、艰苦奋斗是无产阶级的政治本色，是党在长期革命斗争中形成和发展起来的优良传统，也是我党战胜困难、求得胜利的一件重要法宝。毛泽东用"愚公移山"的故事，形象地概括了这种艰苦奋斗的精神，把它作为中国革命的巨大精神支柱和推动力。

陕北是一个贫瘠之地，1935 年中共中央到达陕北之后，就面临着异常困难的局面。全面抗战爆发以后，边区政府实行争取外援、休养民力的财政政策。当时边区的财政收入主要依靠外援，其中，绝大部分是国民党政府发给八路军的经费。抗战进入相持阶段后，日本侵略者调整侵华政策，把中共创建的敌后抗日根据地作为军事进攻的重点，国民党顽固派对陕甘宁边区实行军事包围、经济封

三五九旅开垦南泥湾

锁，在边区周围设置五道封锁线，其中第一道封锁线就有碉堡6300个，陈兵40多万，并不断制造摩擦事件，到1940年11月，国民政府停发了给八路军的军费，边区外援断绝，致使1941年到1942年陕甘宁边区和中共领导下的敌后抗日根据地，陷入严重的困难之中。面对被困死、饿死的局面，中国共产党人并没有灰心丧气、畏首不前，而是迸发出无与伦比的自信、自立、自强、自尊的无产阶级主体精神和创造精神，毛泽东号召边区军民自己动手、丰衣足食，开展大生产运动。其中三五九旅开垦南泥湾成为当时的模范，在他们的努力下，荒无人烟的南泥湾变成了“陕北的好江南”。在大生产运动中，毛泽东坚持以身作则、率先垂范。他在杨家岭的河边开出一块菜地，种上了辣椒、西红柿、土豆、白菜等，一有空余时间，就在地里锄草、施肥、浇水，年年获得丰硕的果实。毛泽东穿着缝有补丁的衣服，住在土窑洞里，但这丝毫不影响他的光辉形象，人民群众更加崇敬这位生活朴素的伟人。在毛泽东的影响和带动下，延安军民发扬自力更生、艰苦奋斗的拼搏精神，他们一手拿枪，一手拿锄头，基本实现了粮食、棉布等日用品的自给，战胜了困难。在这一时期内，人民群众的创造性和积极性得到充分的运用，也正是这种创造性和积极性才使得我们在面对困难的时候没有退缩，迎难而上，并最终取得了革命的胜利。

三、实事求是的精神

实事求是作为党的思想路线，是在延安时期的革命战争实践中逐渐形成的。

毛泽东为中央党校题词

对于实事求是的科学内涵，毛泽东把马列主义和中国的具体实践相结合，在总结中国革命的实践经验的基础上，做了精辟的概括：“‘实事’

就是客观存在着的一切事物，'是'就是事物的内部联系，即规律性，'求'就是我们去研究。"延安时期的中国共产党人，正是把实事求是作为一种科学的世界观和最高、最普遍的方法论，用以观察、认识、分析问题，不唯书，只唯实，坚持一切从实际出发，理论与当时具体的革命实践相结合，并在实践中检验和发展真理。在延安时期，我们提出了持久战，因为"整个抗日战争，由于日寇是强国，是进攻的；我们是弱国，是防御的，因而决定了我们是战略上的防御战和持久战"。面对强大的日本侵略者，结合实际，我党提出了游击战的战略问题，如洛川会议就根据形势做出了开辟敌后战场的决策，体现了实事求是的精神。

实事求是是党的优良学风。这是对待马克思主义的态度问题。在延安时期，以毛泽东为主要代表的中国共产党人坚决反对教条主义，倡导理论联系实际的马克思主义学风。毛泽东在那一时期撰写的许多理论著作，从《实践论》《矛盾论》到整风期间发表的一系列重要文章，都反映了他在这方面所做的大量工作。他紧紧抓住主观主义特别是教条主义的学风同理论联系实际、一切从实际出发的马克思主义学风的根本对立，积极在党内倡导一条正确的思想路线。他说："学风问题是领导机关、全体干部、全体党员的思想方法问题，是我们对待马克思列宁主义的态度问题，是全党同志的工作态度问题。既然是这样，学风问题就是一个非常重要的问题，就是第一个重要的问题。"把解决学风问题看作是加强党的自身建设和关系革命成败的"第一个重要的问题"。

毛泽东在延安为中央党校题写的"实事求是"四个大字，提高了党的思想路线的丰富内涵。正是由于通过延安整风，才使全党的思想从教条主义的束缚下解放出来，统一到把马克思主义和中国实际相结合的正确方向上来，从而在全党确立了实事求是的思想路线。党的七大确立了毛泽东思想在全党的指导地位，这是党在思想理论上成熟的一个重要标志，从而为中国革命的胜利奠定了重要的思想基础。

四、全心全意为人民服务的精神

中国共产党是无产阶级性质的政党，其宗旨是全心全意为人民服务。马克思和恩格斯早在《共产党宣言》中就指出："过去一切运动都是少数人的或为少数人谋利益的运动。无产阶级的运动是绝大多数人的，为绝大多数人谋利益的运动。"从中国共产党创立的时候起，党所领导的一切革命斗争都是为了人民，为了人民的解放、自由和幸福。在延安时期艰苦的斗争环境中，面对日本帝国主义的侵略和国民党顽固派的封锁，为了取得人民革命斗争的胜利，我们党更是鲜明地提出了全心全意为人民服务的口号，把为人民服务提到了党的性质和党的作风以及关系到党的事业的兴衰成败的高度来认识，形成了完备的理论形态。1939 年 12 月，毛泽东在《纪念白求恩》一文中号召大家要学好为人民服务的本领，对技术精益求精，做好本职工作，像白求恩那样，做一个高尚的人，一个纯粹的人，一个有道德的人，一个脱离了低级趣味的人，一个有益于人民的人。1944 年 9 月，毛泽东在《为人民服务》中指出：我们的共产党和共产党所领导的军队“完全是为着解放人民的，是彻底地为人民的利益工作的”。他还强调：“‘人固有一死，或重于泰山，或轻于鸿毛。’为人民利益而死，就比泰山还重；替法西斯卖力，替剥削人民和压迫人民的人去死，就比鸿毛还轻。张思德同志是为人民利益而死的，他的死是比泰山还要重的。”1945 年，毛泽东在《论联合政府》中指出：“我们共产党人区别于其他任何政党的又一个显著的标志，就是和最广大的人民群众取得最密切的联系。全心全意地为人民服务，一刻也不脱离群众；一切从人民的利益出发，而不是从个人或小集团的利益出发；向人民负责和向党的领导机关负责的一致性；这些就是我们的出发点。”

白求恩在前线做手术

延安时期，党的工作路线以人民群众的基本利益为前提，使我们党得到了最广大人民群众的支持。为了减轻人民的负担，党领导了陕甘宁边区的大生产运动；采纳了党外人士李鼎铭的意见，实行“精兵简政”；推广刘建章合作社的经验，为人民办实事；开展赵占魁运动和吴满有运动，发展工业生产和农业生产；发动拥政爱民、拥军优属的双拥运动，增进了政府、军队和人民之间的相互联系，这些政策和措施，充分体现了

张思德在安塞烧炭

我党时刻关心群众、一切为了群众，虚心听取群众意见和尊重群众首创精神的思想。正是由于充分相信群众、依靠群众，才使党的凝聚力、感召力不断增强，从而实现了延安时期党的空前团结与统一的局面，形成了人民战争的深厚基础，直到夺取抗日战争的最后胜利。因此，密切联系群众，全心全意为人民服务，成为党领导革命事业兴旺发达的根本原因。

■后　记

本书是我在2010年《陕西红色文化软实力研究》、2021年《陕西红色文化教育》（小学段全一册、中学段全一册）等书出版后，出版的介绍陕西红色资源、陕西革命文化的著作，希望能够为弘扬革命传统、传承红色基因尽绵薄之力，能够为谱写陕西高质量发展的新篇章加油鼓劲。

中共陕西省委党史研究室汤彦宜处长审读了书稿，提出了宝贵的修改意见。

陕西人民出版社许晓光副主任和各位编审为本书细致校勘，使得本书能够及时出版。

本书的写作和出版，得到了陕西省中共党史学会、陕西学前师范学院学科建设与科研处、陕西省哲学社会科学重点研究基地核心价值观培育与红色文化基因传承协同创新研究中心、陕西学前师范学院马克思主义学院的支持，同时也吸取了学术界有关的研究成果，在此一并表示衷心感谢！

本书由我和潘秀红老师协同完成。由于能力和学识有限，本书难免会存在许多不足之处，敬请大家批评、教正。

万生更

2022年10月于西安